Emil Michael

Salimbene und seine Chronik 1889

Emil Michael

Salimbene und seine Chronik 1889

ISBN/EAN: 9783743656871

Hergestellt in Europa, USA, Kanada, Australien, Japan

Cover: Foto ©ninafisch / pixelio.de

Weitere Bücher finden Sie auf **www.hansebooks.com**

SALIMBENE UND SEINE CHRONIK.

EINE STUDIE

ZUR

GESCHICHTSCHREIBUNG

DES

DREIZEHNTEN JAHRHUNDERTS.

VON

EMIL MICHAEL S. J.

DR. THEOL. ET PHIL., PRIVATDOCENT FÜR KIRCHENGESCHICHTE
AN DER UNIVERSITÄT INNSBRUCK.

INNSBRUCK.
VERLAG DER WAGNER'SCHEN UNIVERSITÄTS-BUCHHANDLUNG.
1889.

Vorwort.

Es wäre für das Verständniss manches Geschichtswerkes alter und neuer Zeit sehr wünschenswerth, dass dem Buche eine Lebensskizze und Charakteristik des Verfassers voranginge. Denn es gibt historische Leistungen, die man vollkommen erst dann versteht, wenn man den Autor, seine äusseren Schicksale, vor allem sein Sinnen und Trachten kennt. Diese Rücksicht war in erster Linie massgebend dafür, dass ich der näheren Betrachtung einer der wichtigsten Quellen des dreizehnten Jahrhunderts, ich meine der Chronik des Minoriten Salimbene, auf Grund der von ihm selbst gebotenen Notizen eine eingehende Biographie und scharfe Zeichnung der Eigenart des originellen Mannes vorausschickte. Ueberdies bietet sein Leben ein sehr ansprechendes Zeitbild.

Ich erlaube mir an dieser Stelle, meinen verehrten Lehrern, den Herren Professoren Arnold Busson und Ludwig Pastor in Innsbruck, den hochwürdigen Patres Denifle O. Pr., Ehrle S. J. und Herrn Wilpert in Rom, Herrn Ledos in Paris, Herrn Ceriani in Mailand, ganz besonders Herrn Dr. Holder-Egger in Berlin für die gütigen Anregungen um Aufschlüsse meinen verbindlichsten Dank auszusprechen.

Innsbruck, April 1889.

Emil Michael.

Inhalt.

Einleitung. Die Mitte des dreizehnten Jahrhunderts ist eine Epoche der Weltgeschichte — Salimbene ein gleichzeitiger Chronist — seine Bedeutung für die Historiographie — Literatur 1—5.

I. Leben und Charakteristik des Fr. Salimbene.

1. Seine Biographie.

Jugendjahre — das grosse Alleluja — Verwandtschaft 6—10.

Ognibene wird Minorit — die Scene in Fano — ein Traum — neue Schwierigkeiten 11—14.

Namenswechsel — Salimbene in Lucca — in Siena — joachimitische Einflüsse 15—18.

Salimbene nach Pisa — ein Bettelgang — Abfertigung — wieder ein Traum — Festigung des Berufs — Erdbeben und die Kanzel — Einladung nach dem Süden 19—25.

Bruder Adamo in Cremona — in Parma — an der Tafel Gregor's von Montelongo 26—28.

Audienz bei Papst Innocenz IV. in Lyon — Salimbene's Freimüthigkeit — Begegnung mit Piano di Carpine 29—32.

Nach Provins — drei Joachimiten — nach Paris, Auxerre — Erfahrungen 33—36.

In Sens — eine Betrachtung — Begeisterung für König Ludwig den Heiligen 36—38.

Ein «grosser Joachit» — Salimbene Apologet des Propheten von Fiore — ein Triumph — joachimitische Freunde — wieder bei Fr. Hugo — Salimbene selbst Prophet 37—44.

Nach Genua — Salimbene und sein Provincial in Lyon — über Genua und Parma nach Ferrara 45—48.

Eine neue Periode im Leben des Minoriten — Einfluss der veränderten Lebensstellung auf seine literarische Thätigkeit — eine Beschämung — Schriftstellerisches 48—51.

In Modena — eine joachimitische Unterhaltung — Besuch in Fontanaviva — Giberto da Gente — die Geisler 52—56.

In Ravenna — Mittheilsamkeit Salimbene's — er vertheidigt den Joachimiten Br. Johann von Parma — Lectüre 57—60.

In Faenza — in Montefalcone — andere Reisen — Abschluss der Chronik in Montefalcone — über das Todesjahr Salimbene's 61—66.

2. Charakteristik des Fr. Salimbene.

Salimbene Sanguiniker — bitter gegen Papst Honorius IV. 66—68.
Seine Abneigung gegen den Weltklerus — der tiefere Grund dieser Stimmung — Widersprüche — Beschränktheit — schiefe Auffassung seines Berufes 69—73.
Salimbene Joachimit — wie hat er selbst seinem ascetischen Ideal entsprochen? 74—76.
Das Programm des Historikers — «bettelmönchische» Absichten? — über frühere Notizen 76—79.
Gerechtigkeitssinn — der Parmese über Kaiser Friedrich II. — sein Urtheil über andere Staufer 80—82.
Einfluss des Joachimismus auf die Geschichtschreibung Salimbene's 83—84.

II. Die Chronik des Fr. Salimbene und ihre geschichtlichen Grundlagen.

1. Die Chronik.

Codex Vaticanus 7260 Autograph — seine Schicksale 85—88.
Eine Pariser Copie — andere Abschriften 89—90.
Der Parmeser Druck — Mängel desselben — einzelne anderweitig gedruckte Stücke — eine kritische Ausgabe des Salimbene in Vorbereitung 91—94.
Die Stoffvertheilung der Chronik — zur Geschichte Oberitaliens und der Romagna — Ordensgeschichte — Mysticismus — Selbstbiographie 95—99.
Culturhistorisches — zur Sittengeschichte des Klerus — ein Teufelsbrief — Lichtbilder aus dem Priesterstand — Br. Berthold von Regensburg — Moden 100—105.
Ueber Franzosen — über Spanier und Lombarden — über Venetianer 106—108.
Herrschertypen — zur Papstgeschichte — Innocenz III., Gregor IX., Innocenz IV., Alexander IV., Urban IV., Clemens IV., Gregor X., Nikolaus III., Martin IV. — über das Verhältniss zwischen Staat und Kirche 109—115.
Form der Chronik — eine Erzählung — wie Salimbene malt 116—118.
Digressionen — Wiederholungen — Bibeltexte — Mercur Rächer der seligsten Jungfrau — Bilder 119—123.

2. Die Quellen der Chronik.

Eine Quelle Salimbene's ist die Chronik Sicard's, Bischofs von Cremona — nicht aber das Chronicon Sicardi Muratori's (SS. VII) — ein stichhaltiger Beweis dafür — zwei mangelhafte Beweise 124—128.
Rückschluss auf den Umfang der in der römischen Hs. Salimbene's fehlenden Partieen — ein wirklicher Sicardtext 129—130.
Die «monferratische Kreuzzugsgeschichte» eine Quelle Salimbene's — ihr Verfasser ist der Assistent des päpstlichen Legaten Peter d. h. Sicard von Cremona — eine Schwierigkeit — Muratori's glückliche Conjectur 131—135.
Salimbene und das Memoriale potestatum Regiensium — ein Schluss Muratori's — die Ansichten anderer über das Verhältniss des Parmesen zu dem Memoriale 136.
Dove's Entdeckung: der liber de temporibus, dessen zweiten Theil das Memoriale bildet, war eine Vorlage Salimbene's 137—138.

Die «Annalen von Reggio» in ihrer ursprünglichen Gestalt sind eine Quelle des Chronisten von Parma 139—140.

Dove's Papstchronik — es liegt kein Grund vor, ihre Abfassung in das Interregnum zu verlegen 141—142.

Prüfung der für ihre Existenz angeführten Gründe 143—152.

Der stärkste Beweis Dove's: das «cui successit» im Zeitbuch — der von Dove daran geknüpfte Schluss — eine Möglichkeit 153—156.

Eine andere Empfehlung der Papstchronik als selbständiger Vorlage Salimbene's — Salimbene und Vincenz von Beauvais 158—159. Martin von Troppau eine Quelle des Parmesen 160—161.

Die Biographie Papst Nikolaus' III. ist wahrscheinlich keine originelle Schöpfung des Zeitbuchschreibers, sondern ein auf den persönlichen Einfluss Salimbene's zurückzuführendes Werk desselben 162—164.

Die Vita Martin's IV. hat Salimbene zum Verfasser — Erklärung des Vorganges — eine Folgerung 165—167.

Kleinere Vorlagen — Salimbene und der liber pontificalis von Ravenna — Verflechtung des geschichtlichen Stoffes mit anderem Material 168—170.

Schluss: zusammenfassende Würdigung der Chronik als historischer Quelle 170—172.

Stammtafel der Familie de Adamo.

Personenregister 173—175.

Druckfehler.

S. 110 Z. 6 von unten lies: Honorius III. statt Honorius IV.

Einleitung.

Die Chronik des Minoriten Salimbene, eine für die Kenntniss des dreizehnten Jahrhunderts werthvolle Quelle, verdient in vollem Masse die Beachtung, welche ihr in jüngster Vergangenheit geschenkt wurde. Der Verfasser steht an der Grenze des eigentlichen Mittelalters. Denn mit dem Untergange des staufischen Hauses ist das ursprüngliche Verhältniss der beiden höchsten Gewalten, die Grundlage der universitas christiana, dauernd gestört. Neue Ideen tauchen auf. Zwar folgte dem Conflicte des vierten und fünften Heinrich mit Gregor VII. und dessen Nachfolgern das Wormser Concordat, den schismatischen Eingriffen Barbarossa's der Frieden von Venedig. Indess wenn auch die Versöhnung zu Ceperano kein Scheinfrieden war, so brach doch neun Jahre später der Weltkampf zwischen Friedrich's I. Enkel mit Gregor IX. zum zweiten Male mit solcher Heftigkeit aus, dass jede weitere Vermittlung zum vorhinein als unwahrscheinlich gelten durfte. In der That fand ein Ausgleich nicht mehr statt. Nach dem Tode des Kaisers 1250 wurde die allgemeine Zerrüttung in Deutschland während des Interregnums besiegelt, und der erste Habsburger überkam ein Reich, das sich von der schweren Heimsuchung nie wieder vollkommen erholt hat.

Die Zeit selbst war sich dieser grundstürzenden Wandlung der Dinge bewusst, und Salimbene ist nicht der einzige, welcher in dem Falle Friedrich's II. den Ruin des Kaiserthums überhaupt erkennen zu müssen glaubte. Was aber verleiht dem eigentlichen Mittelalter sein wahres Gepräge, wenn nicht gerade das harmonische Zusammenwirken der höchsten geistlichen und weltlichen Gewalt — oder doch die Idee davon?

Man täuschte sich, Friedrich II. ist der letzte Kaiser nicht gewesen. Doch die Verhältnisse waren ganz andere geworden.

Kampf gegen die bestehende Autorität, Auflösung, Zersetzung einerseits, Bildung neuer Formen andrerseits ist die Signatur der folgenden Periode.

An dieser so bedeutsamen Zeitenwende nun steht der Chronist Salimbene, ein Mann, der für die Eindrücke der Aussenwelt einen hohen Grad von Empfänglichkeit besass, aber auch mit einer Offenheit schrieb, die nicht selten an bedenkliche Naivetät grenzt. «In greifbarer Vollgestalt steht sein Charakter da neben den Flachreliefs anderer mittelalterlicher Autoren»[1]. In Salimbene und in seinem Buche muss sich die damalige Zeit spiegeln. Die Bedeutung der Katastrophe, welche um die Mitte des dreizehnten Jahrhunderts eintrat, steigert naturgemäss den Werth einer Leistung, welche mit seltener Klarheit Kopf und Herz des für die grossen Tagesfragen lebhaft interessirten Verfassers erschliesst.

Um so mehr ist es zu bedauern, dass seine Arbeit erst vor dreissig Jahren durch einen in jeder Beziehung sehr mangelhaften Druck weitern Kreisen zugänglich wurde. Muratori, welcher die Chronik Salimbene's nur aus Biondo und Sigonio kannte, hielt sie für verloren oder doch für unnahbar verwahrt[2]. Eine ausgiebigere Benützung fand die Handschrift des Franciscaners erst durch Sbaralea und Affò[3], für die Biographie des heiligen Bonaventura durch Bonelli[4].

Allmählich hat man dem merkwürdigen Geschichtswerke eine grössere Aufmerksamkeit zugewendet. Höfler sah in Rom das Manuscript. Die Ergebnisse seiner Studien trug er zusammen in einem Vortrage «über den Werth und den Inhalt der grossen handschriftlichen Chronik Salimbene d'Adami's von Parma»[5]. Sehr skizzenhaft ist das Vorwort Bertani's zu dem Parmeser Druck[6]. Einen Beitrag zur Beleuchtung der Quellenverhältnisse

---

[1] Alfred Dove, Die Doppelchronik von Reggio und die Quellen Salimbene's. Leipzig 1873. S. 1.
[2] Muratori, SS. IX, 757 f.
[3] Vgl. Affò-Pezzana, Memorie degli scrittori e letterati Parmigiani. Contin. Bd. 6. Abth. 2 (Parma 1827) S. 57.
[4] In dem Podromus ad opera omnia s. Bonaventurae. Bassani 1767.
[5] Abgedr. in den Münchener Gelehrten Anzeigen. Bd. 14 (1842) N. 84. 85. 86. Höfler erhebt gegen Raumer, welcher die wichtige Quellenschrift schon früher eingesehen hatte, den Vorwurf, dass derselbe sie für seine Geschichte der Hohenstaufen nicht in dem Masse, wie sie es verdiente, und, was mehr sagen will, dass er sie mit tendenziösem Eklekticismus benützt hat.
[6] Monumenta historica ad provincias Parmensem et Placentinam pertinentia. Tom. III. Parmae 1857.

liefert Barbieri in der Einleitung zu den Chronica Parmensia a seculo XI. ad exitum seculi XIV[1]). Doch will der Satz S. IX: «Si giudichi Salimbene con Salimbene: egli è un raccoglitore, un compilatore, un annotatore» sehr gut erklärt sein, wenn er kein durchaus falsches Bild von dem subjectivsten und darum in einem vollkommen wahren Sinne originellsten Schriftsteller des Mittelalters verursachen soll. Tabarrini, der für kritische Fragen gar nicht in Betracht kommt, erzählt in engem Rahmen Salimbene's Leben, schildert seine Schreibweise und bespricht die Auffassung des Autors in Bezug auf mehrere einzelne Punkte seiner Chronik[2]).

Einige culturgeschichtliche Notizen stellte Mussafia im Jahrbuch für romanische und englische Literatur zusammen[3]).

Das Gebiet der Quellenforschung betritt einige Zeit später Alfred Dove mit seiner verdienstvollen Studie: Die Doppelchronik von Reggio und die Quellen Salimbene's, Leipzig 1873. Es ist zweifelsohne weitaus die tüchtigste Arbeit, welche dieser Gegenstand erfahren hat. Unter der Doppelchronik von Reggio versteht der Verfasser den Codex Estensis VI. H. S. in Modena, dessen erste Abtheilung den mehr kirchengeschichtlichen liber de temporibus et aetatibus enthält. Auf diesen folgt eine Kaiserchronik, deren ganze Anlage und wiederholte Bezugnahme auf das vorausgehende Zeitbuch die Wahl der Bezeichnung »Doppelchronik« bestimmt hat. Auf den erwähnten Codex und auf die Arbeit Dove's ist unten wiederholt zurückzukommen. Hier genüge die Bemerkung, dass der genannte Gelehrte im Gegensatz zu Affò und denen, welche ihm gefolgt sind, darunter auch Böhmer, die Autorschaft des Minoriten von Parma für das sog. Memoriale potestatum Regiensium[4]) mit den stichhaltigsten Gründen leugnet. Nach Dove ist der liber de temporibus et aetatibus, dessen zweiten Theil das Memoriale bildet, dem Fr. Salimbene bei Abfassung seiner Chronik vorgelegen, muss mithin, was seine Zusammensetzung betrifft, für die Kritik Salimbene's von grösster Bedeutung sein.

Eine weitere Hauptaufgabe Dove's war es, die chronica imperatorum (im wesentlichen bei Murat. SS. VII, 529 ff.) als einen Auszug der Arbeit des Parmesen zu erweisen, somit die Behauptung zu widerlegen, Muratori's «estensischer Sicard» sei eine Quelle Salimbene's.

---

[1]) Im 4. Bande der soeben genannten Sammlung.
[2]) Della cronaca di fr. Salimbene. In dem Archivio storico italiano, Bd. 16 Abth. 1 (1862) S. 25 ff. und Bd. 18 Abth. 2 (1863) S. 42 ff.
[3]) Bd. 6 (Leipzig 1865) S. 222 ff.
[4]) Murat. SS. VIII, 1073 ff.

Nach dem Erscheinen der deutschen Studie über die Doppelchronik von Reggio wählte sich der Franzose Clédat zu wiederholten Malen Salimbene und sein Werk zum Gegenstande näherer Betrachtung. So in der «These» De fratre Salimbene et de ejus chronicae auctoritate, Parisiis 1878, und später in der Revue Lyonnaise (Mai 1881) unter dem Titel: Fra Salimbene. Arbeiten, welche die römische Handschrift als solche betreffen, gab derselbe Autor heraus in dem Annuaire de la faculté des lettres de Lyon, Paris I (1883) S. 201 ff und III (1885) S. 161 ff.

Bereits die an erster Stelle genannte Schrift rief den Widerspruch Novati's hervor, welche in einer Abhandlung: La cronaca di Salimbene [1]) mehrfach Gelegenheit nahm, den Ton einer gereizten Polemik anzuschlagen [2]). Die literarische Fehde hatte ihren vorzüglichsten Grund in der Versicherung Clédat's, dass die römische Handschrift Autograph sei, während der Italiener sie nur als gleichzeitige Copie gelten lässt.

Ueber den Werth der Chronik für Literaten, Historiker und Philosophen will Clerici orientiren. Im Grunde sind seine in Parma geschriebenen Mittheilungen nichts weiter als eine Propaganda für die damals in Sicht stehende italienische Uebersetzung Salimbene's durch Cantarelli [3]). Für Emil Gebhart ist der Minorit ein Vorläufer der Renaissance. Die Arbeit des Professors an der Sorbonne: Fra Salimbene, franciscain du treizième siècle, ursprünglich eine conférence faite au cercle Saint-Simon, darf als eine angenehme Unterhaltungslectüre gelten. Sie ist im Romanstil geschrieben und, dem Charakter eines französischen Vortrages entsprechend, reich an Pointen. Der Joachimismus und das Sectenwesen stehen im Vordergrund [4]).

Sehr umfassende Vorarbeiten hat Holder-Egger über Salimbene's Chronik angestellt. Es war ihm vergönnt, eine für die Kritik unerlässliche Bedingung zu erfüllen. Der Berliner Gelehrte beherrscht den weitschichtigen handschriftlichen Apparat voll-

---

[1]) Abgedr. in dem Giornale storico della letteratura italiana I (1883) S. 381 ff.
[2]) Vgl. Revue historique. Bd. 24 (1884) S. 224 ff.
[3]) Philologische Wochenschrift 1882 coll. 143—145; 175—182. Vgl. 181 und Novati, La cronaca di Salimbene in Giornale storico I, 409 Anm. 1.
[4]) Émile Gebhart, Études méridionales. La renaissance italienne et la philosophie de l'histoire. Machiavel. Fra Salimbene (S. 107—132). Le roman de Don Quichotte. La Fontaine. Le palais pontifical. Les Cenci. Paris 1887. Vgl. Avant-propos S. VI. Gebhart hat eine Studie über die Geschichte des Joachimismus veröffentlicht in der Revue historique, mai-juin 1886.

ständig. Die im zehnten und elften Bande des Neuen Archivs niedergelegten Rechenschaftsberichte über seine wissenschaftlichen Reisen liefern hierfür den Beweis. Die Resultate der Forschung wird Holder-Egger seiner Zeit in der Monumenta Germaniae veröffentlichen. Mir liegen inzwischen die gütigsten brieflichen Mittheilungen vor.

Durch den Zweck der Studie ist zunächst eine möglichst eingehende Kenntniss des Minoriten Salimbene gefordert. Es sind also seine Lebensschicksale zu verfolgen, wie er sie selbst an zerstreuten Stellen seines Werkes niedergelegt hat.

I. Leben und Charakteristik Salimbene's.

1. Seine Biographie.

Salimbene wurde am 9. October des Jahres 1221 im Schosse einer hochangesehenen Familie zu Parma geboren (ed. Parm. S. 5). Sein Vater Guido de Adamo hatte an einem Zuge nach Palästina theilgenommen und war dort dem Beispiele anderer Lombarden nicht gefolgt, welche sich über den Zustand ihrer Verhältnisse in der fernen Heimath von Wahrsagern aufklären liessen. Bei seiner Rückkehr fand er alles in bester Ordnung vor, während jene nur Unglück zu beklagen hatten, sowie die Hellseher es ihnen prophezeit (S. 9). Guido war ein schöner Mann; auch Tapferkeit rühmt ihm Salimbene nach. Ehedem führten die Ahnen väterlicherseits den Namen Grenones, später de Adamo (S. 10).

Ein ehrenvolles Denkmal hat der Chronist seiner Mutter Imelda hinterlassen. Die einzige Tochter des Gerard de Cassio, der, soweit sich der Enkel noch erinnert, das Alter von hundert Jahren erreichte, war sie eine demüthige, gottergebene Frau. Sie fastete viel und gab gern Almosen. Nie sah man sie erzürnt. Nie schlug sie eine ihrer Mägde; denn auch dies wird ihr zum Lobe angerechnet.

Aus Liebe zu Gott hatte sie während des Winters stets ein armes Weib aus dem Gebirge bei sich. Sie fühlte sich glücklich, ihm Nahrung und Kleidung zu geben. Das that sie in eigener Person; sie wurde zur Dienerin der Hilflosen (S. 22).

Bevor der Minorit Vater und Mutter nennt, erwähnt er seinen Taufpathen Balianus de Sydone. Er war ein mächtiger französischer Baron, welcher sich auf der Reise aus dem Orient bei Kaiser Friedrich II. befand [1]). Auch ein Mitglied des Ordens,

---

[1]) Er erscheint als Zeuge zweier von Friedrich II. ausgestellten Urkunden, in Accon 1229 April und in Tyrus 1229 Mai. S. Winkelmann Acta imp. ined. I, nn. 302. 303.

dem er selber einstens angehören sollte, stand an seiner Wiege. Fr. Andreas hatte den genannten Herrn vom heiligen Lande aus begleitet. Er war bei der Taufe zugegen und konnte später dem Ordensbruder über dessen erstes Lebensstadium einige Aufschlüsse bieten (S. 5).

Nach jenem Pathen erhielt nun der Kleine von einigen den Namen Balianus de Sagitta, sollte eigentlich »de Sydone« heissen, meint der Chronist. In der Familie und bei seinen Kameraden hiess er Ognibene (Omne bonum).

Er war kaum viel älter als ein Jahr, da wurden die Lombardei und Tuscien durch ein furchtbares Erdbeben heimgesucht. In Brescia war der Stoss am heftigsten; aber gerade desshalb gewöhnten sich die Einwohner um so leichter an spätere Heimsuchungen ähnlicher Art. Sie hatten es gelernt, lachend zuzusehen, wenn eine Thurmspitze oder ein Dachgiebel herabstürzte (S. 6). Oefter hat Frau Imelda ihrem Söhnchen von den Schrecken jenes Weihnachtstages des Jahres 1222 erzählt, wie sie seine zwei Schwesterlein, das eine unter den rechten, das andere unter den linken Arm genommen und fortgeeilt sei zur Wohnung ihres Vaters, ihrer Mutter und ihrer Brüder. Sie fürchtete, wie sie sagte, dass das Baptisterium über ihr nah angrenzendes Haus herniederfallen möchte. Und Ognibene? Sie liess ihn in der Wiege liegen. Das Kind hat es nicht vergessen können, und so gross auch seine Verehrung für die Mutter war, eine zärtliche Liebe zu ihr konnte nicht aufkommen. Sagte sich ja doch der Knabe, dass sie für ihn mehr hätte sorgen müssen, als für ihre Töchter. Es half nichts, dass sie ihn zu begütigen suchte mit dem Troste, jene seien etwas grösser gewesen als er und deshalb besser zu tragen (S. 6).

Die Einflüsse, welche Ognibene im elterlichen Hause erfuhr, waren sehr verschieden. Die gesellschaftliche Stellung seiner Familie, der ausgedehnte Kreis der Verwandtschaft, aus welcher mehrere Mitglieder dem höheren Beamtenstande angehörten, brachten es mit sich, dass die mannigfachsten Elemente auf ihn einwirkten. Ausser seinen Eltern war es vor allen Ermengarda, die Grossmutter väterlicherseits, die als eine kluge Frau während der fünfzehn Jahre, welche der geweckte Enkel in ihrer Nähe zubrachte, immer und immer wieder auf jene Grundsätze zurückkam, von deren Befolgung sie sich die Frucht einer guten Erziehung versprach. Oft und oft hörte das lebhafte Kind aus ihrem Munde die Worte: «Hüte dich vor schlechter Gesellschaft, suche dir gute Menschen zu deinem Umgange. Sei weise und sittsam». Mehr als fünfzig Jahre waren verflossen. Noch tönten ihm die Mahnrufe seiner längst verstorbenen frommen Grossmutter im Ohr, und der Priester dankt ihr über das Grab hinaus mit seinem Segen (S. 21).

Auch der alte Guidolin von Henzola mag in dem Knaben manchen guten Gedanken angeregt oder gefördert haben. Es war der Grossvater Jakob's von Henzola, welcher das heimatliche Haus des Chronisten später um einen geringen Preis erstand (S. 362). Jener Guidolin hatte sich von seinen übrigen Verwandten getrennt und eine Wohnung neben der Kirche der seligsten Jungfrau bezogen. Ognibene sah ihn »tausendmal« (S. 363). Er war reich, sehr angesehen, durch und durch kirchlich. Täglich hörte er die heilige Messe und betete die Tagzeiten. War er nicht gerade mit dem Officium beschäftigt, so sass er mit seinen Nachbarn in der öffentlichen Halle neben dem bischöflichen Palais, sprach von Gott dem Herrn oder hörte dem zu, welcher ähnliche Reden führte. Nie duldete er, dass ein muthwilliger Knabe Steine gegen die Taufkapelle oder gegen die Kirche warf und so Sculptur wie Gemälde beschädigte. Bemerkte er dies, da war er unwillig, lief eiligen Schrittes hinzu und liess den Burschen seinen Riemen fühlen [1]).

Ognibene mag das Instrument nie verkostet haben. Eine Unart von jener Rohheit dürfte einem Kinde des Hauses de Adamo fern gelegen sein. Geschont wurde darum der Kleine nicht. Von der Wiege an war die Grammatik seine tägliche Schule; ihren Druck scheint er manchmal schwer empfunden zu haben [2]).

Das Jahr 1233 schuf der jugendlichen Phantasie eine neue Welt. Waren es bisher meist nur Kriegshändel gewesen, deren erschreckende Gerüchte Ognibene's Ohr trafen, waren es im günstigsten Falle Kriegstrophäen, welche sein Auge ergötzten, wie die den Bolognesen abgenommenen Manganellen [3]), so beschäftigten jetzt Bilder ganz anderer Art seinen Blick, sein Ge-

---

[1]) S. 363. Daraus zieht Clédat, Thesis S. 22 den Schluss: Profecto Salimbene indole placidus fuit minimeque turbulentus. Cum de suae pueritiae annis in Chronica loquitur, aequalium suorum puerilia narrat maleficia, verum ut spectator, non ut actor et conscius. Zugestanden auch, dass Salimbene die Wirkungen des Riemens nie erfahren hat, so ist doch damit das »profecto« Clédat's, die sanfte Gemüthsart Salimbene's, mit nichten erwiesen.

[2]) Ab ipsis cunabulis in grammatica eruditus et attritus (S. 120).

[3]) Eine Art Wurfmaschinen. Et bononienses habebant manganellas in plaustris, quod erat tunc inusitatum genus bellandi; et jaciebant lapides versus carrocium Parmae et homines illius partis (S. 9; vgl. S. 24). Vgl. das deutsche »die Mangel«.

muth. In das genannte Jahr fällt das grosse Alleluja. Fuit autem alleluja quoddam tempus, quod sic in posterum dictum fuit, scilicet tempus quietis et pacis quoad arma bellica omnino remota, jocunditatis et laetitiae, gaudii et exultationis, laudis et jubilationis. Et cantilenas cantabant et laudes divinas milites et pedites, cives es rurales, juvenes et virgines, senes cum junioribus. In omnibus civitatibus Italiae ista devotio fuit (S. 31). So strömten auch in Parma die Processionen der benachbarten Orte zusammen, jede mit der Fahne und dem Bilde ihres Patrons. Jung und alt sang das Lob des Herrn. Die Wallfahrer trugen Zweige und brennende Kerzen in den Händen. In der Stadt wurde am Morgen, am Abend und am Mittag gepredigt. Man hielt den Kreuzweg in den Kirchen und auf den Strassen. «Sie liessen nicht ab, Gott zu loben, so berauscht waren sie von der göttlichen Liebe» (S. 32). Da gab es keine Spur mehr von Zorn, von Feindschaft, von Hass. Alles ging friedlich und ruhig von statten. Welch ein wechselvoller Gegensatz zu den Stürmen, die soeben noch das Land durchtobt hatten.

Unter den Predigern scheint vor allen Fr. Girard von Modena aus dem Franciscanerorden einen tiefen Eindruck in dem empfänglichen Ognibene hervorgerufen zu haben. Zuweilen besprachen sich die Patres zum vorhinein über Ort, Stunde und Gegenstand ihres Vortrages. Was sie verabredet hatten, traf unfehlbar ein. Eines Tages nun predigte Girard auf offener Strase. Er hatte ein bescheidenes Holzgerüst betreten und sprach zu einer dichtgedrängten Volksschaar. Plötzlich schweigt er. Alles lauscht. Er schlägt die Kapuze über den Kopf, als sei er in himmlische Betrachtung vertieft. Endlich nach langer Pause enthüllt er sein Haupt und verkündet der staunenden Menge: «Ich war im Geiste am Tage des Herrn (Apok. 1) und ich vernahm unsern geliebten Bruder Johann von Vicenza, der da vor einer zahlreichen Zuhörerschaft predigt am kiesigen Ufer des Reno. Der Vorspruch seiner Predigt ist folgender: Selig das Volk u. s. f.» Aehnliche Eröffnungen macht er über Fr. Jacobinus; Jacobinus und Johann sagen das gleiche aus von Bruder Girard. Die Verwunderung war gross. Einige schickten Boten, um zu erfahren, ob die Worte der Männer auf Wahrheit beruhten. Alles verhielt sich genau so, wie sie es verkündet hatten. «Das Staunen war unsäglich». Viele verliessen die Welt und wurden entweder Minoriten oder Dominicaner (S. 37 f.).

Der Chronist hat es nicht verrathen, ob jene Scene auch in der Geschichte seines Berufes eine Rolle spielte. Aber eins hat er verzeichnet. Fr. Girard von Modena, der es bei der allgemeinen

Begeisterung des Jahres 1233 bis zum Podesta von Parma brachte, war der Anwalt für Ognibene's Aufnahme in den Orden (S. 401).

Auf den kurzen Frieden des grossen Jubeljahres folgte gar bald neuer Kriegslärm. Fast schien der Kampf Kaiser Friedrich's II. mit den Lombarden im Jahre 1237 seinen Abschluss zu finden. Auch die Parmesen stritten mit dem Staufer gegen die Mailänder. Alle waffenfähige Mannschaft war ausgezogen; nur Greise, Frauen und Kinder weilten innerhalb der Stadtmauern. Da erlitten Ende November die Modenesen durch das Heer von Bologna eine schwere Niederlage. Die Unglückspost kommt nach Parma. Der Richter des Podesta, selbst aus Modena, verkündet klagend und weinend die Trauerbotschaft. Er reitet die Strassen auf und ab mit dem Rufe: «Parmesen, geht und helft den Modenesen». Ognibene sah ihn und hörte ihn. «Ich begann ihn zu lieben», sagt der Chronist, «weil er gegen seine Mitbürger sich so treu erwies«. Und um besser verstanden zu werden, wiederholte der Herold seine Worte und fügte bei: «Parmesen, geht und helft den Modenesen, euern Freunden und Brüdern». Als der sechszehnjährige Adamo dies vernahm, da ward er von Mitleid gerührt und weinte. Denn die Stadt war ohne alle waffenfähige Mannschaft (S. 49). Ognibene hatte eine starke Regung von Localpatriotismus in sich verspürt. Doch wurde diese Empfindung für die Richtung seines Lebens nicht entscheidend [1]).

Der Geist, welcher seine Familie beherrschte, war der religiöse. Verirrungen blieben leider nicht ausgeschlossen. Ausser einem unehelichen Halbbruder, dessen Mutter eine gewisse Rechelda war, zählte Ognibene noch fünf Geschwister, zwei Brüder und drei Schwestern. Nikolaus starb sehr früh. Auf Guido [2]), dem ältesten, dem Sohne der ersten Gemahlin seines gleichnamigen Vaters, ruhte die Hoffnung des Hauses. Er hatte die juristische Laufbahn gewählt und bekleidete das Amt eines Richters, aber er verliess diese Carriere und trat in den Orden des heiligen Franciscus. Seine Gemahlin Adelasia, aus dem Geschlechte der welfischen Baratti (S. 23), angeblich aus der Verwandtschaft der grossen Gräfin (S. 10), nahm mit ihrem einzigen Kinde Agnes als Clarissin den Schleier im Kloster zu Parma. Von den drei Schwestern Maria, Karakosa und Aegidia folgte die zweite nach dem Tode ihres Gemahls Manfred (S. 31) der Schwägerin und Nichte in den nämlichen Orden. Die genannten waren aus Ognibene's Verwandsschaft nicht die einzigen,

---

[1]) Clédat's Vermuthung, Thesis S. 23, entbehrt jeder Begründung.
[2]) Vgl. Affò, Memorie Bd. 1, 172 f.

welche, wie es den Anschein nimmt, ein recht angenehmes Leben mit der strengen Ordensdisciplin vertauschten. Der Chronist kannte noch sechs andere, die sich jenen früher oder später anreihten [1]). Nach dem Eintritte seines ältesten Bruders Guido in den Minoritenorden war Ognibene Stammhalter des Hauses geworden. Aber die Erwartungen, welche man auf ihn gesetzt hatte, erfüllten sich nicht. Auch er beschloss, ein Jünger des heiligen Franciscus zu werden. Doch die Schwierigkeiten, welche sich der Ausführung seines Vorhabens entgegenstellten, sollten den Entschluss des kaum den Knabenjahren entwachsenen Jünglings auf eine harte Probe stellen.

Es war am 4. Februar 1238. Der damalige General des Ordens, Fr. Elias, weilte in Parma. Er beabsichtigte, sich nach Cremona zu Kaiser Friedrich II. zu begeben, um zwischen ihm und dem Papste den Vermittler zu machen. Diese Gelegenheit benutzte der junge Adamo. Er stellte dem Fr. Elias sein Anliegen vor und wurde auf Fürsprache des Bruder Girard von Mantua am nämlichen Tage — es war ein Donnerstag — während der Abendstunden in den Orden aufgenommen (S. 401); mit ihm Albert Cremonella, der indess noch während des Noviziates austrat, um Cistercienser zu werden (S. 234).

Auf Ognibene hatte die Erscheinung des Generalministers zwar keinen günstigen, aber einen nachhaltigen Eindruck gemacht; so wenigstens verlangte es die spätere Reflexion. Noch sieht der Chronist den Bruder Elias, wie er im Begriffe steht, den Podesta von Parma mit seinem Gefolge zu empfangen. Da sitzt er auf einem Divan, ein grosses Feuer vor sich, eine armenische Mütze auf dem Kopfe. Der Podesta tritt ein, er begrüsst den General, doch dieser verlässt das Polster nicht; er rührt sich nicht — rusticitas maxima nennt es der empörte Historiker nach mehr als vierzig Jahren.

Der Candidat hatte daheim gut gespeist. Die Brüder warteten mit einer zweiten Mahlzeit auf. Er verschmähte sie nicht, aber eine gleiche Tafel war ihm im Orden nicht mehr bescheert (S. 403). Jene Gemüseart, vor der er bisher einen tiefen Ekel hatte, so dass er selbst das Fleisch nicht geniessen konnte, welches darin gekocht war, wurde von nun an seine tägliche Nahrung. Der Humor half ihm über die Magenfrage hinweg, und er gedachte des Sprüchleins:

---

[1]) Die am Schluss dieser Arbeit beigegebene genealogische Tabelle stützt sich auf die Nachrichten Salimbene's. Ein einziger völlig belangloser Name wurde weggelassen. Ed. Parm. S. 21 ist das zweite «Leonardi» am Ende der dritten Zeile in Bernardi zu corrigieren.

Milvus ait pullo,
Dum portaretur ab illo:
Cum pipi faris,
Non te tenet ungula talis (S. 403).
 Der angehende Minorit wurde nach dem Küstenorte Fano in die Mark Ancona geschickt, um hier das Noviziat zu beginnen.
 Der Vater war untröstlich über den Schritt des Sohnes (S. 11), welchen er als einstigen Erben in Aussicht genommen hatte. Er versuchte alles, um das geschehene rückgängig zu machen. Dem Kaiser selbst, der sich damals in Parma befand (S. 11), klagte er sein Herzeleid. «Die Franciscaner», erklärte er, «haben mir meinen Sohn genommen». Es gelingt ihm, von Friedrich II. ein Schreiben an Fr. Elias zu erwirken des Inhalts, dass dieser, falls ihm an der kaiserlichen Gunst etwas liege, dem tiefbetrübten Vater den Gegenstand seiner Liebe zurückgeben solle. Der Brief begann mit den Worten: Ad Guidonis de Adam fidelis nostri suspiria mitiganda. Gewiss in bester Hoffnung auf einen glücklichen Ausgang begibt sich der Vater nach Assisi, um das werthvolle Schriftstück eigenhändig dem Ordensgeneral zu überreichen. Dieser beauftragt den Convent von Fano, den Sohn augenblicklich frei zu lassen, wenn es so dessen Wille sei. Andernfalls, forderte Elias, sollten sie ihn hüten, wie seinen eigenen Augapfel (S. 12).
 Der Ueberbringer dieses Schreibens war gleichfalls Guido von Adam, der in Begleitung mehrerer Dienstmannen in Fano eintraf. Eine Scene stand bevor. Die Brüder des Klosters sammt den Fremden versammeln sich im Capitelsal. Nach einem längeren Wortwechsel zieht der Vater den Brief des Generalministers hervor. Er wird verlesen. Hierauf gibt der Custos Fr. Jeremias mit lauter Stimme folgenden Bescheid: «Herr Guido, wir fühlen euern Schmerz und sind bereit, dem Schreiben unsers Vaters zu willfahren. Indess euer Sohn ist alt genug. Er selber stehe für sich ein. Fragt ihn. Will er mit euch gehen, so gehe er in Gottes Namen; will er's nicht, so können wir ihn dazu nicht zwingen». Auf die Frage nun, ob er dem Wunsche des Vaters entsprechen wolle oder nicht, gab Ognibene diesem die entschiedene Antwort: «nein». Er bekräftigte seine Erklärung durch eine Reihe von Bibeltexten. Dies ist der erste von dem Chronisten erwähnte Fall, wo seine Neigung zur Häufung von Schriftstellen klar hervortritt.
 Als der Novize geendet, glaubte er an den Brüdern ein freudiges Staunen zu bemerken. Sein Auftreten gefiel ihnen. Jetzt wandte sich der Vater an diese. «Ihr habt mir mein Kind

verhext und hintergangen», sagte er, «dass es nicht thut, was ich will. Ich werde mich noch einmal beim Kaiser über euch beklagen, aber auch bei euerm General (S. 13). Vor der Hand erlaubt mir, dass ich mit meinem Sohne ein Wort allein rede. Ihr werdet sehen, er folgt mir augenblicklich». Die Brüder lauschten hinter der Wand dem Gespräche. Ognibene blieb fest. Zwar erhob der geängstigte Vater noch einmal den Vorwurf des Betruges gegen den Convent, zwar liess er sich herbei, die Ordensleute dem Sohne gegenüber durch verächtliche Beiworte in Missachtung zu bringen. Umsonst. Der Vater brach in Thränen aus und erinnerte an den Schmerz der Mutter. Umsonst. Ognibene hatte immer einige Schrifttexte in Bereitschaft. Da warf sich der verzweifelte Vater vor sämmtlichen Brüdern und vor all den Fremden, die mit ihm gekommen waren, auf den Boden und sprach: «Ich übergebe dich tausend Teufeln, verfluchter Sohn, dich und deinen Bruder, der hier mit dir ist und der dich auch hintergangen hat. Mein Fluch sei mit euch alle Zeit und überliefere euch den höllischen Geistern.» Im Zustande äusserster Aufregung verliess er das Kloster. Minoriten wie Auswärtige waren erbaut über die Standhaftigkeit des jungen Mannes.

In der folgenden Nacht hatte Ognibene einen tröstlichen Traum. Es schien ihm, als bete er auf den Boden hingestreckt vor einem Altare. Plötzlich vernimmt er die Stimme der Mutter Gottes, welche ihn ruft. Er erhebt sein Antlitz und sieht die seligste Jungfrau Maria, wie sie dort thront, wo sonst Kelch und Hostie ruhen. Auf dem Schoss trug sie ihr göttliches Kind, «das ich gestern vor den Menschen bekannt hatte», setzt der Chronist hinzu. Ognibene war erschrocken. Doch er bemerkte, wie das Kindlein seine Arme nach ihm ausstreckte. Er fasst Muth. Die Frische und die Unschuld des Jesuskindes belebten ihn nicht minder, wie die gnädige Herablassung der Himmelskönigin. Er trat heran, umarmte und küsste das Jesuskind. Die gütige Mutter überliess es ihm geraume Zeit. Ognibene verging vor Entzücken. Da segnete ihn die seligste Jungfrau und sprach: Geh, mein lieber Sohn, und begieb dich zur Ruhe, damit die Brüder, wenn sie zur Mette kommen, dich nicht mit uns hier finden. Acquievi et disparuit visio schliesst der anmuthige Bericht (S. 14).

In Fano bereits, also während des Noviziates, musste Ognibene theologische Vorlesungen hören. Sein Lehrer war Bruder Humilis aus Mailand, ein Schüler des nachmaligen Generals Fr. Haymo, eines gebornen Engländers. Biblische Exegese beschäftigte in diesem ersten Jahre den jungen Parmesen. Fr. Humilis las über Isaias und Matthäus. Der angehende Theologe wurde früh eingeführt in das Studium der heiligen Schrift, in deren Gebrauch er es im Laufe der Zeit zu einer erstaunlichen Geläufigkeit brachte. Ognibene hat die Bahn des Studiums betreten; er verliess sie nie wieder. «In sechsundvierzig Jahren ist dieser Tempel aufgebaut worden (Joh. 2), so sprachen die Juden zu Christus», schreibt er im Jahre 1284 genau an dem Tage seines Eintrittes in den Orden. «So kann auch ich sagen», fügt er bei; «denn sechsundvierzig Jahre habe ich nun als Minderbruder verlebt. Nie liess ich vom Studium ab und doch kam ich auch so nicht zur Wissenschaft meiner Väter» (S. 120).

Nur kurze Zeit weilte der Noviz an dem ihm angewiesenen ersten Posten des neuen Berufes. Denn sein Vater hatte trotz des energischen Fluches, welchen er gegen sein Kind ausgestossen, die Hoffnung nicht aufgegeben, den verlorenen Sohn wieder zu gewinnen. Als Herr Guido auf seiner Reise nach Assisi das erste Mal Fano besuchte, war Ognibene in einem dem Kloster benachbarten Hause untergebracht worden. Die Besorgniss vor weiteren Nachstellungen mag den General Elias bestimmt haben, dem jungen Frater, welcher für die Provinz Bologna aufgenommen worden war (S. 20), den Antrag zu stellen, er möge ihm die Provinz bezeichnen, in der er seinen Aufenthalt zu nehmen wünsche. Auf den Rath zweier älterer Mitbrüder nannte er die tuscische.

Thatsächlich waren vom Vater, wie der Chronist berichtet, die abenteuerlichsten Vorkehrungen getroffen worden. Da der Minoritenconvent in Fano am Meere lag, so hatte Herr Guido den Auftrag gegeben, dass die Schiffsleute von Ancona seinen Sohn entführen sollten, wenn er etwa am Ufer spazieren ginge. Auch die Leute des Podesta von Fano waren für ähnliche Weisungen bestochen. Um dem zu entgehen, verliess Ognibene schon jetzt sein bisheriges Asyl und begab sich nach dem gleichfalls in der Mark, aber südlicher und landeinwärts gelegenen Jesi, wo er die Fastenzeit 1239 zubrachte. Nach Ostern traf der Bescheid des Generals ein (S. 15). Fr. Elias hatte dem Wunsche des Novizen gewillfahrt (S. 17). Um Ostern 1239[1]) durfte

---

[1]) Dies ergibt sich aus der Bemerkung S. 17, dass während des ersten Jahres, «da Salimbene zu Lucca zu wohnen begann», der General Elias abgesetzt wurde. Das geschah 1239 um Pfingsten (vgl. Ehrle, Zur Quellenkunde der älteren Franciscanergeschichte I. in der Zeitschrift für kath. Theologie Bd. 7 (1883) S. 340 Anm. a). Angenommen, Salimbene wäre schon 1238 nach Tuscien gegangen, so könnte jene Angabe nicht wohl bestehen. Dasselbe folgt aus der S. 11 berichteten Thatsache, dass der Parmese seinen Namen Ognibene im

dieser nach Tuscien übersiedeln. Auf der Reise nach seiner neuen Heimath begegnete er in der Einsamkeit einem hochbetagten Franciscaner von vornehmer Abkunft (S. 11). Vier Söhne hatte er in der Welt zurückgelassen. Er war der letzte, den der heilige Franciscus selbst eingekleidet. Eins missfiel dem ergrauten Ordensbruder an seinem jugendlichen Confrater. «Omnebonum heisst du?» sagte er. «Mein Sohn, nemo bonus, nisi solus Deus. Dein Name sei hinfür Fr. Salimbene, quia tu bene salisti bonam religionem intrando». Der neugetaufte freute sich über den Namen, den der Alte ihm, so meinte er, in verständiger Weise gegeben. Sein Lieblingsname war es nicht. Von jeher hatte er den heiligen Dionysius (Pseudo-Areopagita) als Patron gewünscht. Ihn hielt er für einen doctor eximius, er war ein Schüler des heiligen Paulus, sein Fest der Geburtstag Salimbene's. Es musste bei der Verehrung sein Bewenden haben. Der Sohn des Herrn Guido hatte seinen dritten und letzten Namen erhalten. Er sollte ihm bleiben.

Tuscien wurde nun auf acht Jahre die Heimath des Parmesen. Zunächst ward ihm Lucca im nördlichen Theile dieser Landschaft als Aufenthalt angewiesen. Das Studium war auch hier seine Hauptaufgabe. Daneben bot sich seinem beobachtenden Blicke so mancher Gegenstand des verschiedenartigsten Interesses dar. Der, welcher ihn in den Orden aufgenommen und den Nachstellungen seines Vaters entzogen hatte, der Generalminister Fr. Elias, wurde um die Mitte des Jahres 1239 wegen regelwidrigen Gebahrens abgesetzt (S. 17). «Hundertmal» musste der junge Religiose, wenn er Leute vom Lande traf, aus ihrem Munde den Spottvers vernehmen, den sie bei Begegnung mit Minoriten in jenen Tagen zu singen pflegten:
Hor attorna fratt Helya,
Ke pres' ha la mala via.
«Die guten Brüder trauerten und erzürnten sich wahrhaft zu Tode, so oft sie derartiges hörten» (S. 411). Denn sie empfanden die Schande, welche von ihrem ehemaligen ersten Vorstande auf sie selbst übergegangen.

Eine Frucht der Sonderpolitik des herrschsüchtigen Mannes konnte Salimbene in Tuscien mit eigenen Augen sehen. Elias hatte gefunden, dass der Stand der Laienbrüder seinen Zwecken am meisten entspreche. Daher mehrte er ihre Zahl. Im Convent zu Siena traf Salimbene deren fünfundzwanzig, in Pisa

---

Orden per totum integrum annum geführt habe und erst auf seiner Reise nach Tuscien umgetauft worden sei.

dreissig (S. 403). Der Katalog der tuscischen Provinz wies vier Laienbrüder mehr auf als Kleriker, ein Missverhältniss, das denn auch sofort in der schrankenlosesten Unbotmässigkeit derer seinen Ausdruck fand, die ihren Beruf im Dienen hätten erkennen sollen. Salimbene war durch die Erfahrungen, welche er während seines mehrjährigen Aufenthaltes in dieser Provinz gemacht hatte, in Stand gesetzt, eine der schwersten Anklagen gegen den excommunicirten einstigen Ordensgeneral zu begründen (S. 404).

Bei allen Verdriesslichkeiten, welche durch die geschilderten Vorgänge innerhalb und ausserhalb der Klostermauern naturgemäss gegeben waren, und die durch das peinliche Verhältniss des Minoritenconvents von Lucca zur Oberin der dortigen Clarissinnen Gatharola (S. 29) nur um ein bedeutendes gesteigert wurden, hatte Salimbene eine nie versiegende Quelle des Trostes in der Musik. Er liebte den Gesang leidenschaftlich und hat diese Leidenschaft während seines ganzen Lebens bewahrt. Hier in Lucca war Fr. Vita sein Lehrer, ein vollendeter Meister im kirchlichen und profanen Gesange [1]). Die Schilderung, welche der Chronist nach mehr als vier Decennien von dem Manne entwirft, lässt auf das Interesse schliessen, welches der musikalisch angelegte Parmese für ihn und seine Schule besass. Ueber den Gegenstand seiner Studien in Lucca findet sich in dem Geschichswerk kaum eine spärliche Notiz. Was ihn begeisterte, war Fr. Vita und seine Kunst. Der Mann hatte ein geschmeidiges, angenehmes Organ. Niemand war so unempfindlich, dass er ihn nicht mit Vergnügen anhörte. Vor Bischöfen, Erzbischöfen, vor Cardinälen und vor dem Papste sang er; alles ergötzte sich an ihm. Sprach jemand, da Fr. Vita seine Weisen ertönen liess, sofort ward jenem das Wort der Schrift zugerufen: Non impedias musicam (Eccli. 33). Eine Nachtigall stellte ihr Lied ein, wenn Fr. Vita singen wollte. Sie blieb ruhig sitzen und lauschte aufmerksam. Sodann begann sie von neuem, und beide liessen das schönste und lieblichste Duett erschallen (S. 66).

Wie für seinen Gesangsmeister in Lucca bewahrte Salimbene auch seinen späteren Lehrern in diesem Fach ein dankbares, tiefsympathisches Andenken. So dem Bruder Heinrich aus Pisa, der für Salimbene in Siena ein neuer Gegenstand der Bewunderung wurde. Der junge Minorit muss spätestens im Sommer des Jahres 1241 nach Siena gekommen sein. Denn Fr. Heinrich

---

[1]) Cantus firmus, cantus fractus (S. 65). Diese Bezeichnungen sind heute noch üblich.

war hier noch zur Zeit Gregor's IX., welcher am 22. August 1241 starb, Custos und Gesangslehrer des Parmesen. Er verband mit einer wunderbar schönen Stimme die Gabe der Rede, hatte feine Manieren und besass den «nur wenigen beschiedenen» Vorzug, sich in alle Charaktere zu schicken. Er genoss die Gunst der Brüder, wie die der Auswärtigen.

Hier in Siena scheint Salimbene die erste höhere Weihe, das Subdiakonat, empfangen zu haben. Es geschah auf nähere Veranlassung des Fr. Raynald, der offenbar dort sein Professor in der Theologie war (S. 152. 155). So hatte er zum mindesten jetzt[1]) den entscheidenden Schritt gethan, an den er dachte, als er die Worte schrieb: Porro ego frater Salimbene et frater Guido de Adam domum nostram destruximus in masculis et feminis religionem intrando, ut eam in coelis aedificare possemus (S. 23).

Herrn Guido quälte der Schmerz über den Verlust des Kindes während des ganzen Lebens (S. 19). Aber seine Bemühungen, den Sohn wieder zu erhalten, mussten naturgemäss immer hoffnungsloser werden, da Salimbene als Subdiakon keinesfalls mehr vollkommen den Erwartungen des Vaters entsprechen konnte (S. 11). Der Flüchtling mochte sich noch einmal recht lebhaft die aufgeregte Scene von Fano vergegenwärtigen, als ihm in Siena Fr. Illuminatus, der ehemalige Secretär des Generals Elias, eine Abschrift jenes Briefes vorwies, durch welchen Kaiser Friedrich II. bei dem höchsten Vorstande des Minoritenordens die Herausgabe Ognibene's an deffen tief betrübten Vater zu erwirken hoffte (S. 11 f.). Hatten ihn damals Reden und Vorstellungen nicht zu erschüttern vermocht, welche am ehesten das Gemüth eines Kindes zu bestimmen pflegen, so wurde er in dem einmal gewählten Berufe jetzt nur um so fester, da er mit Persönlichkeiten in Berührung trat, welche ihm die getroffene Wahl als die glücklichste erscheinen liessen.

Auf seiner Reise aus der Mark Ancona nach Tuscien war ihm, wie berichtet, ein Einsiedler entgegengetreten, der ihm nicht blos durch den Adel seiner Geburt, sondern auch durch die Strenge seines Lebens das Gefühl bewundernder Hochachtung einflösste. Er war der letzte, welchen der heilige Franciscus selbst unter die Zahl seiner Jünger aufgenommen. In Siena lernte Salimbene Fr. Bernhard von Quintavalle kennen, den ersten, welcher aus der Hand des Stifters das Ordenskleid erhalten. Während eines ganzen Winters genoss er seinen Umgang. Er

---

[1]) Die Ordensprofess ist nie erwähnt.

gewann ihn lieb, «hörte und lernte viel gutes von ihm». Einen vorzüglichen Gegenstand des Gespräches bildeten die Thaten des Heiligen von Assisi. Dem Bruder Bernhard standen die eingehendsten Kenntnisse hierüber zu Gebote. So erwärmte sich das Herz des jungen Parmesen mehr und mehr für das Ideal eines echten Jüngers des seraphischen Heiligen. Es wird sich zeigen, in wie weit er es erreicht hat.

Von der tiefgreifendsten Wirkung wurden für Bruder Adamo die Einflüsse des Joachimismus [1]). Einen ausgezeichneten Vertreter dieser Richtung lernte er in Siena kennen (S. 99). Es war Fr. Hugo, dessen begeisterter Verehrer Salimbene einst wurde. Hugo von Bareola, von Digna (Digne) oder, wie die Lombarden ihn nannten, von Montepesulanum, ein Provençale, war nach des Chronisten Schilderung (S. 97) eine der hervorragendsten Erscheinungen der Geistlichkeit, grossartig als Prediger, beliebt bei Klerus und Volk, ein gewaltiger und allzeit schlagfertiger Disputator. Keiner vermochte gegen ihn aufzukommen. Seine Zunge war beredt, seine Stimme wie die einer Posaune, eines gewaltigen Donners oder wie der Wogenschall der Wasserfluthen. Was er über die Freuden des Paradieses sagte, war wunderbar, furchtbar seine Schilderungen der höllischen Pein. Hugo war von mittlerer Grösse und schwarz, durch und durch ein Geistesmann. Man hätte ihn für einen zweiten Paulus oder Elisäus halten mögen; denn wer ihn reden hörte, zitterte, wie die Binse im Wasser [2]). So sprach er einst vor Papst und Cardinälen. Letztere liess er in folgendem Tone an: Den rothen capellus hat euch erst Innocenz IV. verliehen, damit man euch bequem von andern capellani unterscheiden könne. Auch habt ihr früher den Namen «Cardinäle» nicht geführt. Ihr hiesset «Diakone der römischen Curie», und jeder Priester nannte sich eures Gleichen [3]). Wie so manches andere hat sich Hugo's gelehriger Schüler Salimbene auch diese Gedanken zu eigenen gemacht und führt sie in seinen zahlreichen Excursen gegen die Missstände des purpurnen Collegiums mit Wohlbehagen aus.

---

[1]) Die Literatur über Joachim von Fiore s. bei Denifle, das Evangelium aeternum und die Commission zu Anagni, im «Archiv für Literatur- und Kirchengeschichte des Mittelalters» Bd. 1, 51 f. Vgl. Angeli Zavarroni, Bibliotheca Calabra, Neapoli 1753, S. 42—46.

[2]) Sicut tremit juncus in aqua (S. 97). Dieser Vergleich kehrt bei Salimbene sehr oft wieder.

[3]) S. 97 f. und Novati im Giornale storico Bd. 1, 415 ff.

Eben vom römischen Hofe kam Hugo, als er zur Zeit, da auch der Parmese in Siena weilte, im dortigen Minoritenkloster anlangte. Er sprach den Brüdern von seinem Lieblingsthema, von der Glorie des Paradieses und von der Verachtung der Welt. Nicht blos die Minoriten lauschten seinen Worten, sondern auch die Dominicaner, welche gekommen waren, um ihn zu sehen. Er sprach, wie immer, «wunderbar». Fragte man ihn nach irgend etwas, so wusste er sofort die rechte Antwort. Alle staunten über die Weisheit seiner Rede. Mit dieser Schildernng des Eindruckes, welchen der Mann im Convent zu Siena zurückgelassen hat, zeichnet der Chronist vor allem die Stimmung, welche durch die Erscheinung des hochverehrten Meisters in ihm selber geweckt wurde.

Auch in anderer Beziehung wurde der Aufenthalt in Siena für Salimbene lehrreich. Im August des Jahres 1241 war Papst Gregor IX. aus dem Leben geschieden. Sein unmittelbarer Nachfolger regierte nur wenige Tage. Es folgte eine lange Sedisvacanz von 1241—1243. Die Cardinäle waren uneins, auch nicht vollzählich. Friedrich II. hatte die Wege sperren lassen. So mancher Reisende wurde festgenommen. Der Kaiser fürchtete nämlich (nach Salimbene's Darstellung S. 58), dass jemand passiere, der Papst würde. Auch der Parmese ist in jenen Jahren mehrmals gefänglich eingezogen worden. Der Nutzen, den er aus der bedrängten Zeitlage zog, bestand darin, dass er genöthigt war, in möglichst vorsichtiger Weise zu correspondiren und seine Briefe in die verschiedenartigste, unverdächtigste Form zu kleiden.

Hatte Fr. Hugo, selbst ein eifriger Anhänger des Abtes von Fiore, in der Seele Fr. Adamo's einen für die Lehre des Apokalyptikers fruchtbaren Boden geschaffen, so wurde Salimbene in Pisa, wo er die Jahre 1243—1247 zubrachte, mit den Grundideen des neuen Systems vertraut gemacht. Als seinen ersten Lehrmeister in diesem Fache bezeichnet er selbst einen bejahrten, heiligmässigen Abt der Congregation von Fiore, welche sämmtliche ihm als Eigenthum zugehörige Schriften Joachim's († 1202) vor Friedrich II. in jenen Minoritenconvent geflüchtet hatte, weil er fürchtete, der mit dem Papste zerfallene Kaiser möchte sein zwischen Lucca und Pisa gelegenes Kloster zerstören[1]). Der

---

[1]) Gebhart, Études méridionales S. 119 glaubt hierüber besser unterrichtet zu sein. Er sagt: A Pise il voit apporter furtivement, par un vieil abbé de l'ordre de Flore, les livres de Joachim, que l'on voulait soustraire aux violences de Frédéric II, ou plutôt aux recherches

Abt wird nicht ermangelt haben, durch gute Worte seine geistlichen Freunde in Pisa für eine Sache zu gewinnen, an deren Wahrheit er keinen Augenblick zweifelte. So wurden grade Minoriten die eifrigsten Vertheidiger der neuen Lehre, welche übrigens den Mendicanten im allgemeinen, insbesondere aber dem Orden des heiligen Franciscus schmeichelte.

Eben die Lectüre joachimitischer Bücher in Pisa ist es gewesen, welche einen dortigen Professor der Theologie, Rudolf von Sachsen, dem Salimbene alles gute nachzusagen weiss, veranlasste, die bisherige Carriere aufzugeben, um ein maximus Joachita zu werden (S. 101), wohl das grösste Lob, welches der Chronist einem sterblichen zu ertheilen vermag.

Also der frische, lebenslustige, durch und durch reale Parmese ein angehender Mystiker — sicher eine eigenthümliche Verbindung zweier so verschiedener Richtungen. Sie wird erklärlich einerseits durch die regsame Propaganda der neuen Propheten, in deren Reihen Fr. Adamo die gediegensten Charaktere erblickte, andrerseits durch das allen ehrlichen Naturen inne wohnende Bedürfniss einer radicalen Umgestaltung des öffentlichen Lebens, das in politischer wie in kirchlicher Beziehung argem Verfall erlegen war. Eben diesem Verlangen nach einer besseren Zeit entsprach jenes System, da es in nicht zu ferner Zukunft die gehoffte allgemeine Reform in Aussicht stellte.

In dem nämlichen Pisa, wo Salimbene zum ersten Male auf eine schlecht beglaubigte Zukunft idealen Glückes hingewiesen wurde, lieferte er den Beweis, dass ihm die Gegenwart vor der Hand noch sehr gefiel (S. 17). Eines Tages ging er mit einem für ihn wenig sympathischen Laienbruder[1] betteln, den in der Folge der Teufel geholt haben soll. Während sie mit ihrem Brotsack des Weges daherzogen, bemerkten sie eine Menagerie. Sie traten ein. Ein üppiger Weinstock breitete seine Ranken über den ganzen Raum aus. Das Grün war ergötzlich für das Auge, der Schatten lud zu süsser Ruhe ein. Da gab es Leoparden und andere überseeische Thiere in grosser Zahl. Die beiden Ordensleute hatten ihre Freude an diesem Anblick und gönnten sich denselben geraume Zeit. «Sieht man ja ungewohntes und schönes immer gern». Auch Mädchen gab es da und Knaben, grade im rechten Alter. Kleider und Antlitz waren schön und machten sie liebenswürdig. Sie spielten Instrumente

---

des inquisiteurs pontificaux. Der Redner wusste, dass er vor einem cercle intime d'amis indulgents sprach. Vgl. Avant-propos S. VI.

[1]) Frater laycus et spurcus et habens cor vanum (S. 17).

der verschiedensten Art. Die Musik war überaus süss; die Bewegungen, mit denen sie ihre Melodien begleiteten, geschmackvoll. Alles in grösster Ruhe, niemand sprach ein Wörtchen; man lauschte schweigend. Gleich bezaubernd war der Gesang jener Kinder; Text, Stimmführung und Tonweise über alles Mass entzückend. Salimbene und sein Begleiter verharrten lange in dem Genusse dieser Seligkeit. Kaum waren sie imstande, den Ort zu verlassen. «Ich weiss es nicht, Gott weiss es», ruft der Chronist nach vierzig Jahren aus, «Gott weiss es, woher uns diese Wonne bescheert war. Weder früher sahen wir etwas ähnliches, noch sollte uns die Zukunft eine solche Freude bringen» (S. 18). Fürwahr, diese überschwenglichen Ergüsse eines, wenn auch in der unschuldigsten Weise, von der Sinnenwelt umstrickten Herzens nehmen sich sonderbar aus neben den ebenso hyperbolischen Declamationen, welche aus ungefähr gleichzeitigen Empfindungen hervorgegangen sind und die in der Verherrlichung joachimitischer Geistesmänner ihren Abschluss finden.

Aber der derbe Parmese hatte die ihm natürliche Sprache nicht verlernt. Nachdem er jene Halle chimärischen Glückes verlassen hatte, trat ihm ein Unbekannter entgegen. Der angebliche Landsmann hielt Fr. Adamo an und entlud einen Strom von beissender Beredtsamkeit über das Haupt des jungen Minoriten. «Fort, du Elender, fort, im Hause deines Vaters gibt es viele Tagelöhner, die Brot und Fleisch in Fülle haben; und du ziehst hier von Haus zu Haus und bettelst um Brot bei denen, die selbst nichts haben, während du doch eine grosse Zahl von Armen unterhalten könntest. Du solltest jetzt mit dem Streithengst durch Parma reiten und durch heiteres Waffenspiel die Thränen der Betrübten trocknen, ut esset dominabus spectaculum et histrionibus consolatio. Denn dein Vater verzehrt sich vor Schmerz, und deine Mutter ist nahe daran, an Gott zu verzweifeln aus Liebe zu dir, den ihr Auge nicht finden kann.» War es Herrn Guido's Sendling, der sich hiermit seiner Aufgabe erledigt hatte? Salimbene selbst scheint es vermuthet zu haben. Seine Antwort passte für alle Fälle. «Fort, Elender, fort,» begann auch er seine Apostrophe, «deine Gedanken sind nicht die Gedanken Gottes, sondern fleischlicher Menschen. Denn das, was du sagst, hat dir Fleisch und Blut geoffenbart, nicht der Vater im Himmel. Freilich meinst du, diese deine Redekünste seien vortrefflich, und du weisst es nicht, dass du ein elendes, jammervolles, armseliges, blindes und nacktes Geschöpf bist. Sagt doch von den Sündern dieser Welt die göttliche Schrift: sie sind der Eitelkeit nachgelaufen und eitel geworden.

Vanitas vanitatum et omnia vanitas, spricht der Weise». Darauf folgt noch eine Reihe von Bibeltexten gleichen Inhalts.

Der Betroffene hörte sich diese Replik ruhig an. «Zwar verstand er nicht», schreibt der Chronist, «was ich sagte, denn der fleischliche Mensch fasst das nicht, was vom Geiste Gottes ist. Thorheit ist es für ihn und er vermag's nicht zu begreifen. Doch er war beschämt und zog, ohne zu wissen, was er antworten sollte, von dannen.»

Der muthige junge Ordensbruder glaubte vielleicht in seinem Eifer für den einmal gewählten Beruf ein höheres Mass von Kraft zu besitzen, als es der Fall war. Wenn er sich im Bewusstsein des glänzenden Sieges über den Feind seines Glückes möglicherweise den Eingebungen selbstgefälliger Bewunderung überlassen hatte, so sollte er in kurzem seine eigene Schwäche inne werden. Am Abende desselben Tages trat ihm noch einmal alles, was er auf seinem Bettelgange gesehen und gehört hatte, vor die Seele, der Gesang, das Saitenspiel und die lieblichen Gestalten der Musicirenden, die Rede des vorgeblichen Landsmannes, der doch nicht ganz Unrecht zu haben schien. Sollte ich fünfzig Jahre im Orden leben, sagte er sich, und in dieser Weise betteln müssen, so wird mir dieser Weg gewaltig lang werden; und nicht bloss das. Obendrein ist diese Plage beschämend und für mich unerträglich. Dergleichen Gedanken beunruhigten seine Seele; er brachte fast die ganze Nacht schlaflos zu. Es war eine Versuchung. Da gefiel es Gott, dass endlich ein leiser Schlaf über ihn kam. Der geängstigte hatte einen Traum [1]), der ihn tröstete und mit dem Gefühle süsser Wonne erfüllte. Er träumte, dass er sich auf der Michaelsstrasse in Pisa befinde, nicht auf der Seite, wo er wusste, dass Parmeser Kaufleute wohnten, sondern auf der entgegengesetzten. Er schämte sich vor seinen Landsleuten und fürchtete, sie könnten ihm auf Anregung seines Vaters Dinge sagen, welche sein Herz bethören

---

[1]) Visio S. 19. Herrn Clédat, Thesis S. 27, ist das Unglück widerfahren, dass er den Gegenstand des Traumes in das Gebiet der thatsächlichen Wirklichkeit versetzt. Er schreibt in seinem recht artigen Latein so: Ideoque mendicus factus in ordine fratrum Minorum, nescio quo pudore, quem ipse fatetur, primis novae suae vitae annis, affectus est. Cum Pisis habitaret, regionem mercatoribus assignatam studio quam maximo vitabat, ne in Parmenses mercatores incideret: ... «et ibam per constratam sancti Michaelis de Pisis ....» Folgt der Text ed. Parm. S. 19, d. h. die nächtliche «Vision» Salimbene's. Nach der Besprechung, welche Clédat's Thesis in der Revue des questions historiques 1879 Bd. 2, 698 f. durch P(aul) F(ournier?) erfahren hat, möchte man derartige Verstösse für unmöglich halten.

möchten. So ging er seines Weges daher. Da auf einmal sieht er, wie der Sohn Gottes mit einem Stück Brot aus einem Hause kommt und es in den Bettelsack des Furchtsamen legt. So auch die seligste Jungfrau und der heilige Josef, bis Korb und Sack gefüllt waren. Nun entspinnt sich ein merkwürdiges Zwiegespräch zwischen Christus dem Herrn und dem getrösteten Ordensbruder. Es bewegt sich ausschliesslich in Bibeltexten und umfasst acht klein gedruckte Octavseiten [1]). Der Chronist fühlt, dass seine Schilderung nicht recht glaubwürdig sei und klärt den Leser auf, dass die «Vision» allerdings vollkommen auf Wahrheit beruhe, dass er indess «einige Worte» aus einem gewissen Grunde beigefügt habe.

Salimbene gewann Frohsinn und Frieden wieder, hatte aber die Erfahrung gemacht, dass, wo menschliche Hilfe fehle, Gott der Herr helfen müsse (S. 19).

Diesem Beistand von oben schrieb er es zu, dass er den wiederholten Nachstellungen seines Vaters standhaft begegnete und sich um die Reden derer, die ihn zum Rücktritt in das Weltleben verleiten wollten, soviel kümmerte, quantum de quinta rota plaustri (S. 19).

Eines Tages kam man ihm mit den Worten entgegen: «Es grüsst euch euer Vater und lässt sagen: die Mutter will euch einmal sehen. Stirbt sie des andern Tags, so achtet sie den Tod für nichts». Der Fremde meinte, seine Rede müsse Eindruck machen. Der Minorit, welcher einen neuen verdeckten Angriff auf seinen Beruf erkannte, entgegnete in barschem Tone: «Weiche von mir, Elender, mehr will ich von dir nicht hören. Pater meus Amorrhaeus, mater mea Cethaea.»[2]). Der Mann zog sich zurück und kam nicht mehr zum Vorschein (S. 20).

Wenn Fr. Salimbene für das, was durch freie Thätigkeit sein eigenes Ich zu bestimmen suchte, überhaupt für alles, was in das Gebiet menschlichen Thuns und Lassens gehörte, stets ein offenes Auge hatte, so verschloss er sich darum keineswegs für jene Erscheinungen, welche ihm die unbelebte Natur darbot. Ein Erdbeben war es, das Frau Imelda dem kleinen Ognibene wiederholt geschildert und dessen Schrecken die Phantasie des lebhaften Kindes erfüllt hatten. So waren es auch in der Folgezeit Erdbeben, welche ihren Eindruck auf den Jüngling, auf den Mann nicht verfehlten und die der Chronist gewissenhaft be-

---

[1]) Bei Clédat im Annuaire de la faculté des lettres de Lyon, Bd. 3, 166—174. In dem Parmeser Druck (S. 19) fehlt diese ganze Stelle.
[2]) Ez. c. 16, 3.

richten zu sollen glaubt. So in Pisa an einem zweiten Weihnachtsfeiertage in den Jahren 1243—1247. Aber nicht blos der Parmese war für derartige Erscheinungen empfänglich. Wohl mehr noch galt dies von der grossen Masse des Volkes. Die Prediger pflegten in ihren Kanzelvorträgen die heilsame Erregung ihrer Zuhörer zu benützen. Bruder Clarus aus Florenz that es in Pisa. Sein Wort schlug beim ersten Male ein. Die zweite Predigt, welche demselben Gegenstande galt, blieb wirkungslos, sie missfiel. Man hatte die Gefahr vergessen. Der Chronist ist über diese Schwankung des Publicums sehr ungehalten, und es war dies auch die Stimmung des jungen Adamo vor vierzig Jahren. Er begriff nicht, wie die unwissende turba maledicta et simplex (S. 316) meinen konnte, der Redner habe die gleiche Predigt zweimal gehalten, da er doch nur über das nämliche Thema sprach. Der Text lautete: «Nur noch einen Augenblick und ich werde Himmel und Erde erschüttern, das Meer und das Festland» (Agg. 1). Anstatt beschämender Schande, die sein Mitbruder geerntet, meint der Chronist, hätte ihm sein Bemühen ehrenvolle Anerkennung eintragen müssen.

Predigten im Anschluss an störende Naturerscheinungen hielt Salimbene selbst für sehr zweckmässig. Weil er aber die Erfahrung gemacht hatte, dass mancher, der ohne die nöthige Vorbereitung über einen solchen Gegenstand sprechen musste, in Verlegenheit kam, so erlaubt sich der Chronist, nach dem Berichte über jenes Pisaner Erdbeben eine Menge von Zeugnissen anzuführen, welche jenem Bedürfnisse entgegenkommen und das Improvisieren eines Kanzelvortrages über Erderschütterungen, Sonnen- und Mondfinsternisse[1]) erleichtern sollen. Uebrigens mag der strebsame Geist bei Erklärung des Phänomens, welches das mitten in einer weiten Ebene gelegene Pisa heimsuchte, immerhin einige Schwierigkeit empfunden haben. Denn seine Seismologie verlangt für derartige Schwingungen der Planetenkruste vor allem ein Gebirge mit unterirdischen Höhlen und Klüften. In ihnen sei der Wind eingeschlossen wie in einem Gefängniss. Er sucht einen Ausweg und findet ihn nicht. Durch den wiederholten Anprall der bewegten Luft an das Gewölbe der Erdrinde geräth diese naturgemäss in eine zitternde Bewegung. Das eben sei das Erdbeben. Ein Beispiel bietet hiefür die nöthige Analogie. Wirft man eine ungeschälte Kastanie in's

---

[1]) Sämmtliche für die Zeit Salimbene's in Betracht kommenden Eklipsen der Sonne und des Mondes s. L'art de vérifier les dates, Paris 1770, S. 76.

Feuer, so beginnt sie aufzuhüpfen und schnellt zum Schrecken der Umstehenden mit aller Gewalt empor (S. 316 f.). Das sind physikalisch-geographische Anschauungen des jungen Mannes, welcher für alles, was ihn umgab, ein lebhaftes Interesse hatte und stets bemüht war, den Ursachen dessen, was er sah und hörte, nachzuspüren[1]).

Der Sinn für alles war nicht in letzter Linie ein Grund, dessentwegen die Brüder den gelehrigen und mittheilsamen Fr. Salimbene gern in ihrer Mitte wussten und das Ansuchen des Provincials von Terra di Lavoro vereitelten. Dieser, Anselm mit Namen, ein Lombarde aus Asti, schrieb dem Parmesen, er möchte mit seinem ältern Bruder Guido seinen dauernden Aufenthalt in jener Provinz nehmen (S. 318). Es war nicht die einzige Beziehung, welche der junge Ordensmann damals zu dem italischen Süden hatte. So fand er in Pisa Gelegenheit, mit Fr. Richard, einem Engländer, zu verkehren, welcher dem Convent von Neapel angehörte und mit allerhand Spuckgeschichten aufzuwarten wusste. Die mehrfachen Schilderungen von Salimbene's Leutseligkeit und Verwendbarkeit sind die Veranlassung gewesen, dass der ihm fern stehende Provincial, allerdings auch sein Landsmann, jene Bitte an ihn richtete. Von Fr. Guido versprach man sich das gleiche, wie von seinem Bruder. Wäre nun auch dieser gar nicht abgeneigt gewesen, seiner Reiselust nachzugeben und dem Rufe in ein bisher unbekanntes Land zu folgen, so riethen ihm wie Fr. Guido die Brüder des Pisaner Convents entschieden davon ab. Sie hatten die beiden Confratres lieb gewonnen. So hielt denn Salimbene vier volle Jahre in Pisa aus. Bisher hatte er immer noch in kürzerer Zeit sein Asyl gewechselt. Er lebte neun Jahre im Orden und schon war es der sechste Ort, an den er jetzt kommen sollte. In Fano, Jesi, Lucca, Siena, in Pisa hat er geweilt. Letztere Stadt verliess er in der ersten Hälfte des Jahres 1247 bereits als Diakon. Der Erzbischof Vitalis (1218—1252)[2]) hatte ihm die zweite der höheren Weihen ertheilt (S. 64).

---

[1]) Wenn er und seines Gleichen in diesen Dingen irrten, so steht ihnen gegenüber das Recht souveräner Verachtung zu allerletzt einer Zeit zu, welche grade in den erleuchtetsten Vertretern naturwissenschaftlicher Disciplinen ein Theorem um das andere gebiert und in den bei weitem meisten Fällen schliesslich auch das letzte, das «Resultat der neuesten Forschung», einer schärfer blickenden Zukunft zur vernichtenden Kritik ausliefert.
[2]) Vgl. Gams, Series episcoporum S. 761.

Fr. Salimbene kehrte aus Tuscien in die Provinz Bologna zurück, für die er aufgenommen worden war. Er ging nach Cremona.

Die nächste Zukunft wurde nicht blos für die Geschicke Italiens, sondern Deutschlands, ja selbst eines grossen Theils des ganzen Continents von entscheidender Bedeutung. Am 17. Juli 1245 war der Kaiser von Papst Innocenz IV. in Lyon abgesetzt worden. Zwei Jahre später, im Monat Juni, befindet er sich in Turin, um von hier aus gegen Lyon zu ziehen[1]), während Enzio, von den Cremonesen unterstützt, das im Brescianischen gelegene Fort Quinzano belagerte. Da wird Friedrich II. durch die Schreckensnachricht von dem Verlust Parma's überrascht. Es war den vertriebenen Guelfen gelungen, das Heer des kaiserlichen Podesta Heinrich Testa von Arezzo in einem Gefechte am Taro zu besiegen und in die offene Stadt einzudringen. Sie war seit dem 16. Juni 1247 päpstlich.

Der Kaiser begriff die Tragweite des Schlages, der ihn getroffen. Der Chronist hält den Uebertritt der Parmesen zur Gegenpartei für die eigentliche Ursache des Sturzes Friedrich II. (S. 163) und ist der Ansicht, dass dort in Parma, wie bei einem Zweikampfe die Sache der römischen Kirche selbst auf dem Spiele stand[2]). Dieser Ueberzeugnng, von welcher auch der Kaiser erfüllt war, entsprangen jene Befehle, deren Ausführung Salimbene theilweise als Augenzeuge berichtet (S. 77). In Cremona befanden sich mehrere Ritter aus der Mark Ancona, von denen der Minorit behauptet, dass sie dem Kaiser zu Hilfe gezogen wären. Aus Besorgniss nun, auch sie möchten sammt ihrer Heimath der Sache ihres bisherigen Herrn untreu werden, liess Friedrich II. fünf derselben aufhängen. «So will's der Kaiser», sagte der Scharfrichter, «weil ihr Verräther seid». Tags darauf, kamen die Franciscaner, um die Leichen zu beerdigen. Sie waren kaum imstande, die Wölfe abzuwehren, welche die Leiber der Hingerichteten aufzehren wollten. Die Wildheit einer aller Ordnung Hohn sprechenden Zeit hatte es mit sich gebracht, dass die Bestien mehr und mehr überhand nahmen.

Enzio, welcher nach der Krisis in Parma die Belagerung von Quinzano sofort aufgegeben hatte, zog alle streitbare Mannschaft aus Cremona an sich (S. 73), nahm im Nordwesten

---

[1]) Vgl. ed. Parma S. 20. Böhmer-Ficker, Regesten V, n. 3630ᵃ.
[2]) S. 195. Ficker, Regesten V, n. 3632ᵇ, theilt gegen Böhmer die Ansicht Salimbene's.

Parma's¹) eine feste Stellung ein und wartete hier die Ankunft seines Vaters ab. Fr. Salimbene hielt dafür, dass, wenn die Kaiserlichen schnurstracks auf die verlorne Stadt losgegangen wären und eine Entscheidung gewagt hätten, dieselbe zweifelsohne in ihre Hände gefallen wäre (S. 73).

Es ist sehr begreiflich, dass Bruder Adamo und vielleicht seine sämmtlichen Collegen in dem verödeten, jetzt um so ausgesprochener ghibellinischen Cremona nicht länger verblieben. Parma schien in nicht zu weiter Ferne das sicherste Obdach zu bieten. Hierher in seine Vaterstadt zog der Minorit bald nach der Katastrophe vom 16. Juni. Parma wurde nicht blos eifrigst durch Gräben und Pallisaden befestigt, sondern erhielt auch in kurzem von allen Seiten guelfische Hilfe. Es zogen zuerst der Graf Richard von St. Bonifaz mit den Mantuanern, drei Tage später der päpstliche Legat Gregor von Montelongo und Bernhard, ein Verwandter Papst Innocenz's IV., mit den Rittern von Mailand und Piacenza heran²). Aber auch Friedrich erschien. Die Vorfälle der jüngsten Vergangenheit hatten ihn auf's äusserste empört. Mit ihm vereinigten sich sein Sohn Enzio und Ezzelino da Romano, «den alle Welt mehr als den Teufel fürchtete». Am 2. Juli³) begann die Belagerung. Nur der westliche Theil der Stadt ward von derselben betroffen. Hier gründete Friedrich am 1. October in einiger Entfernung eine neue Ortschaft und legte ihr den hoffnungsreichen Namen Victoria bei. Das abtrünnige Parma sollte von Grund aus zerstört werden. Der ergrimmte Kaiser wollte in der Wüstenei, welche er zu schaffen gedachte, zum Zeichen der Unfruchtbarkeit Salz säen lassen (S. 76).

So weit kam es allerdings nicht. Doch die Belagerten und Fr. Salimbene mit ihnen mögen während der nun folgenden Monate peinliche Stunden erlebt haben. Denn Friedrich, dessen Erbitterung durch mehrfache vergebliche Versuche gesteigert wurde, liess, um furchtbar zu erscheinen, jeden Morgen drei, vier oder auch mehr seiner Feinde, die er eingefangen hatte, vor den Blicken der schmerzlich betroffenen Parmesen hinrichten, beziehungsweise langsam zu Tode quälen (S. 76 f.).

---

¹) Am Tarus mortuus (S. 73). Die Geographie kennt heute noch den Namen (Alt- oder) Todtwasser für ein Becken wie es Salimbene l. c. schildert. Vgl. Böhmer-Ficker, Regesten V, n. 3632ª.
²) S. 74. Vgl. Böhmer-Ficker, Regesten V, n. 3632ª.
³) Böhmer-Ficker, l. c. 3634ª. Für die Belagerung von Parma ist Salimbene eine Hauptquelle.

Derjenige, welcher das Verdienst hatte, den Muth der Parmesen in ihren Drangsalen aufrechterhalten und die Missvergnügten nicht selten durch Anwendung von List zu erneutem Widerstande angefeuert zu haben, ist der kriegerische Legat Gregor von Montelongo. Er war Subdiakon. Stets hatte er sein Zelt dem des Kaisers gegenüber aufgeschlagen. Eines Tags fand Fr. Salimbene Gelegenheit, Zeuge einer Scene zu sein, welche der nie verlegene Feldherr eingeleitet hatte, um die schwachen Herzen seiner murrenden Mannschaft mit frischer Begeisterung zu erfüllen. Er lud einige angesehene Ritter der Stadt an seinen Tisch. Salimbene speiste mit ihnen. Da fordert ein Bote mit starkem Rufe Einlass. Der Legat lässt ihn vor. Der Fremde hatte augenscheinlich einen weiten Weg zurückgelegt, seine Fussbekleidung war staubig. Am Gurt trug er ein Päckchen Briefe. Gregor nahm sie in Empfang und befahl dem Courier, sich in ein anderes Zimmer zu begeben. Dort sollte er die nöthige Stärkung und Ruhe finden. Hätten ja doch im andern Falle die Gäste, wenn der Mann in ihrer Mitte blieb, Fragen an ihn stellen können, welche er in seiner fingirten Rolle zu beantworten nicht imstande war. Die Glückspost ward verlesen; Salimbene hörte sie an. Sie stellte schnelle Hilfe in Aussicht. Die Ritter verkündeten sie in der ganzen Stadt. Alles Volk jubelte und gab sich einer trostvollen Hoffnung hin. Zwei Minoriten von Mailand, welche Gregor's Begleiter waren, klärten ihren Mitbruder auf, dass jene Briefe am Abend zuvor in der Kanzlei des Legaten geschrieben worden seien (S. 197 f.).

Trotz aller Umsicht und Tapferkeit dessen, der das Obercommando führte, blieben die Operationen der Belagerten lange Zeit ohne Erfolg. Für das nächste Ziel, welches der Orden dem Fr. Salimbene gesteckt hatte, war Parma kein entsprechender Aufenthalt mehr. Seine erste Aufgabe musste das Studium der Theologie sein. Doch inter arma silent musae. Hatte sich der Noviz ehedem vor den Umtrieben seines Vaters nach Tuscien geflüchtet, war er nach acht Jahren in die ihm ursprünglich angewiesene bologneser Provinz zurückgekehrt, musste er auch hier in kurzer Zeitspanne ein Haus mit dem andern vertauschen, so glaubten seine Obern jetzt, ihn der Stätte der Unruhe gänzlich entziehen und sicherlich mit seiner vollsten Zustimmung in das Ausland schicken zu sollen. Der Provincial Fr. Rufinus gab ihm noch im Herbst des Jahres 1247 die Weisung nach Frankreich (S. 149. 159 f.). Sein Reisegefährte wurde Bruder Johanninus von Parma, ein braver, praktischer Mensch und tüchtiger Sänger (S. 143).

Der Weg führte sie über Fontanalata, ein Landhaus des Gerard de Canale von Parma, der noch vor kurzem Friedrich's II. intimster Freund war, jetzt aber dessen Gnade dadurch verscherzt hatte, dass die nun guelfischen Parmesen seinen Thurm unversehrt liessen, während sie die Häuser ausgesprochener Ghibellinen zerstörten. Der Kaiser liess eines Tages eine ironische Bemerkung fallen und deutete dem ehemaligen Waffengenossen in verblümter Sprache seine Unzufriedenheit an. Gerard verstand den Sinn der Worte nicht. Salimbene glaubte tiefer zu blicken. Aehnliche Redensarten, die Friedrich gegen andere geführt, legten ihm die Vermuthung nahe, dass Gerard's Kopf gefährdet sei. «Nicht wahr», sagte Gerard in Fontanalata zu dem reisenden Ordensbruder, «ich habe den Parmesen gut geholfen?». Fr. Salimbene gab ihm darauf die Antwort: «Der Kaiser belagert Parma. Entweder haltet ganz mit ihm oder ganz mit seinen Feinden in der Stadt. Aber hinkt nicht nach beiden Seiten. Das thut euch nicht gut.» Gerard wollte davon nichts wissen. Der Minorit hatte die traurige Genugthuung, dass Friedrich den vertrauensseligen Mann nach Apulien schickte und ertränken liess (S. 77 f.).

Am Feste Allerheiligen langte Salimbene in Lyon an. Noch am nämlichen Tage beschied ihn der für Parma doppelt interressirte Papst Innocenz IV. zu sich. War er ja selbst einstens dort Domherr gewesen [1]. Jetzt spielten sich in der Stadt Dinge ab, welche die grösste Tragweite gewinnen konnten. Ueberdiess hatte Innocenz, der den Ausgang mit Spannung erwartete (S. 62), über die dortigen Verhältnisse nichts erfahren, seitdem der Minorit die Heimath verlassen. Dieser fühlte sich durch die hohe Einladung sichtlich sehr geschmeichelt (S. 20. 62. 82). Er erzählt, dass der Papst ihn in seinem Zimmer empfangen und unter vier Augen vertrauliche Worte mit ihm gewechselt habe. Die Audienz währte lange. Die Gnaden, um welche der Fremde bat, wurden ihm huldvollst gewährt (S. 20). Der heilige Vater ertheilte ihm unter andern Generalabsolution und machte ihm durch sein oberhirtliches Wort das Predigtamt im besondern zur Pflicht (S. 26. 62). Salimbene war stolz darauf (S. 138).

Innocenz IV. war für Herrn Guido de Adam die letzte Hoffnung in einer Angelegenheit gewesen, welche ihn in bestän-

---

[1] Qui omnium ecclesiarum profectus ex injuncti nobis officii debito libenter intendimus, digne de iis, quae sunt ad commodum Parmensis ecclesiae, cujus nos alumnum fuisse recolimus, providemus, sagt Papst Innocenz IV. in einer Bulle vom 7. Juli 1243, bei Affò, Storia della città di Parma, Bd. 3 (Parma 1793) S. 375.

diger Aufregung erhalten hatte. Durch das Oberhaupt der Kirche versuchte er das durchzusetzen, was der Kaiser nicht vermocht hatte. Der Papst kannte den ehemaligen Kreuzfahrer. Das Haus der Familie Adamo befand sich neben der Kirche, welcher Graf Sinibald Fieschi als Kanonikus angehörte' (S. 25). Er hatte zu Guido intime Beziehungen gehabt. Vielleicht mehr noch durfte sich der trostlose Vater versprechen von einer ehelichen Verbindung, durch welche seine Familie in ein verwandtschaftliches Verhältniss zu dem Papste selbst getreten war. Maria, Guido's Tochter, hatte einen Verwandten desselben zum Gemahl (S. 25). Gestützt auf die alte Freundschaft und im Vertrauen auf die Hilfe der päpstlichen Nepoten hoffte der auf's äusserste gebrachte schliesslich doch noch die Wiedergewinnung des Sohnes, welcher für ihn als der einzige galt. Aber auch auf diesem Wege erreichte er nichts. Er starb vorzeitig, ohne sich mit seinem Kinde ausgesöhnt zu haben (S. 19. 25). Fr. Salimbene meint, dass der Papst keinesfalls die Bitte des Vaters gewährt haben würde. Zum Troste Herrn Guido's hätte er ihn vielleicht mit einem Bisthum oder mit einer andern kirchlichen Würde bedacht, jedoch nie ganz der Welt zurückgegeben (S. 25).

In welche Zeit dürften die erwähnten Bestrebungen Herrn Adamo's zu setzen sein? Durchaus glaubhaft ist die Annahme, dass der Vater sofort nach der Thronbesteigung Innocenz's IV. seine Versuche begonnen hat, aber durch den Tod an weiteren Massregeln gehindert worden ist. Es geschieht seiner zur Zeit, als Salimbene in Lyon weilte, keine Erwähnung mehr, aus der sich vermuthen liesse, dass er noch gelebt habe. Der Chronist hätte sie verzeichnet, zumal da er die Erinnerung des Papstes an seine Mutter Imelda berichtet. Letztere Mittheilung in Verbindung mit den bewussten Absichten des Vaters liefert zugleich den Beweis, dass Guido de Adamo, der geachtete Parmese und ehemalige Freund Kaiser Friedrich's II., vor dem Ende des Jahres 1247 und nach der Mitte des Jahres 1243 aus dem Leben geschieden ist. Das Schreiben, welches der Papst dem Fr. Salimbene für dessen Mutter übergab, schliesst jeden begründeten Zweifel aus. Er empfiehlt ihr nämlich den Eintritt in den Orden der heiligen Clara (S. 22). Ein ander Mal that er das nämliche in einem Briefe, den Fr. Guido seiner Stiefmutter zu bringen hatte [1]).

---

[1]) S. 22. Im Jahre 1283, da Salimbene seine Chronik schrieb, hatte er bereits auch den Verlust seiner Mutter zu beklagen. Sie ruhte im Kloster der Clarissinnen zu Parma (S. 22).

Ist Salimbene von Natur aus freimüthig im Urtheil, so mag er in der überraschend wohlwollenden Aufnahme, welche er bei Innocenz IV. gefunden, eine Art von Berechtigung erblickt haben, desto ungezwungener mit allen denen zu verkehren, welche unter dem Papste standen. Zudem bemerkte er, dass seine Anwesenheit allen äusserst erwünscht war, da die Nachrichten aus Italien, namentlich über seine Heimathstadt Parma allgemein hohes Interesse erweckten. Seine Kühnheit steigerte sich um ein bedeutendes. Eines Tages fragte ihn der Cardinaldiakon Wilhelm Fieschi, ein Nepote Innocenz's IV.: «Was sagen deine Landsleute von dem Cardinallegaten Octavian?» «Er wird Parma's Verräther sein, wie er Faenza verrathen hat», gab der Fremde zur Antwort.

«Mein Gott, das ist nicht zu glauben», fiel Wilhelm ein. «Ob es zu glauben ist oder nicht, das weiss ich nicht», erwiderte der Minorit, «aber die Parmesen sagen so»[1]. «Gut, gut», fügte der Cardinal hinzu[2].

Salimbene sah mit Befriedigung, wie eine grosse Menge Schulter an Schulter seinen Worten lauschte, mehr noch, dass sie jetzt ihrer Verwunderung über den merkwürdigen Italiener offenen Ausdruck gaben. Fr. Adamo hörte es, da sie zu einander sprachen: «In unserm ganzen Leben haben wir keinen Bruder gesehen, der eine so zuversichtliche, freie Sprache führte». Sass ja doch der Franciscaner zwischen dem Patriarchen von Constantinopel und dem Cardinal Wilhelm, der ihn Platz zu nehmen geheissen hatte. «Ich glaubte die angebotene Ehre nicht zurückweisen zu sollen», sagte der Chronist (S. 195). Unter solchen Verhältnissen durfte seine Rede allerdings Staunen erregen. Fast vierzig Jahre später noch beschlich ihn, als er den Bericht über jene Scene niederschrieb, ein gewisses Hochgefühl eitlen Selbstbewusstseins. «Ich aber war damals Diakon und ein junger Mann von fünfundzwanzig Jahren», setzt er bei[3].

Salimbene gewann übrigens später den Cardinal Octavian lieb, weil derselbe ihn in Bologna mehrmals an seine reich besetzte Tafel lud und mit grosser Aufmerksamkeit behandelte (S. 195).

---

[1] Vgl. Böhmer-Ficker, Regesten V, n. 3196b.
[2] Hier (S. 195) ist der Parmeser Druck durch eine Lücke unterbrochen.
[3] Thatsächlich hatte Salimbene damals bereits das sechsundzwanzigste Jahr zurückgelegt. Denn er ist geboren 1221 October 9, und sein Aufenthalt in Lyon fällt in die erste Hälfte des November 1247. Es ist nicht der einzige Fall, dass sich Salimbene bei Zählung der Lebensjahre zu Gunsten seiner Jugend verrechnet hat.

Der reisende Ordensbruder kann sich in Lyon nur sehr kurze Zeit aufgehalten haben. Wenn er seine Ankunft für den ersten November meldete, so hat er für die Zeit seines Scheidens allerdings nur den unbestimmten Ausdruck, dass er die Stadt «nach dem Feste Allerheiligen» verlassen habe (S. 82), aber gerade diese Wendung beweist, dass Salimbene die Residenz des Papstes nur flüchtig berührte [1]).

In dem ersten Minoritenconvente, den der Parmese auf seiner Reise nach dem nördlichen Theile Frankreichs besuchte, lernte er Fr. Johannes de Plano Carpi [2]) kennen (S. 82 f.), der von seiner Gesandtschaft aus Ostasien, wohin ihn Papst Innocenz IV. geschickt, soeben zurückgekehrt war; für Salimbene begreiflicherweise ein hochwichtiges Zusammentreffen. Es mag eigenthümlich sein, dass dasjenige, was in erster Linie die Aufmerksamkeit des Italieners zu fesseln schien, ein Holzgefäss war, welches Fr. Johannes bei sich führte und das er dem Papste überreichen wollte. Es zeigte auf dem Grunde das Bild einer ausserordentlich schönen Königin. Dieses Porträt war keine Schöpfung des Pinsels, überhaupt kein Werk von Künstlerhand; es war entstanden durch eine glückliche Zusammenfügung der einzelnen Holztheilchen, imago ex virtute constellationis impressa. Die nämliche Darstellung wäre auch auf dem kleinsten Partikel des Gefässes sichtbar gewesen, wenn man letzteres in hundert Stücke geschnitten hätte. Salimbene erinnerte sich eines ähnlichen Falles und führt ihn an, um jenem Berichte den Werth höherer Glaubwürdigkeit zu verleihen. Kaiser Friedrich II. hatte einst in Apulien den Franciscanern eine sehr alte, aber gegenwärtig verfallene Kirche geschenkt. An Stelle des früheren Hochaltars stand ein gewaltiger Nussbaum. Zersägte man ihn in beliebig viele Stücke, so wies jedes das Bild des Gekreuzigten auf. Hier mag das ein Wunder gewesen sein, meint der Minorit, allein es fehle nicht an Leuten, welche dafür halten, dass derartige Erscheinungen auch ex virtute constellationis abgeleitet werden können [3]).

---

[1]) Dass sich der Chronist «als Theilnehmer des Lyoner Concils von 1245 anführt», wie Lorenz in der ersten Auflage seiner Geschichtsquellen S. 281 will, davon kann keine Rede sein. Vgl. Dove, Doppelchronik, S. 1 ff. und Lorenz in den späteren Auflagen des genannten Werkes.

[2]) Planum Carpi liegt im Perusinischen, S. 86. Der Mann heisst häufig «Piano di Carpine». So stets bei Peschel-Ruge, Geschichte der Erdkunde.

[3]) Ich habe geglaubt, Züge dieser Art in die Biographie Salimbene's aufnehmen zu sollen, weil sie den inneren Menschen besser zeichnen, als vieles andere.

Der Legat hatte viel zu erzählen. Er sprach von den Beschwerden seiner Reise, von Hitze und Kälte, von Hunger und Durst. Das alles musste er ausstehen, bevor er den Chan der «Tattaren» erreicht hätte. Das sei die richtige Bezeichnung, nicht «Tartaren». «Wer regiert im Abendlande?» fragte der allmächtige Herrscher den Gesandten. «Der Papst und der Kaiser,» gab dieser zur Antwort; «alle andern haben die Gewalt von diesen beiden.» «Wer ist der grössere?» «Der Papst», und Fr. Johannes überreichte dem Grosskönige den Brief des Vaters der Christenheit. Der Chan antwortete. Jenes Schreiben des Papstes sammt der Antwort des Mongolenfürsten nahm der Legat in sein für weitere Kreise abgefasstes Reisebuch auf. Salimbene kannte die Schrift [1]) sehr wohl. Gern hätte er sich möglichst reiche Notizen daraus gemacht, aber die Zeit fehlte ihm. Es ist bezeichnend, dass er aus der grossen Masse des Erzählten [2]) nur jene zwei Briefe [3]) heraushob, um sie während seiner Musse zu copieren (S. 83 f). Am folgenden Tage begab sich Johannes von Planum Carpi nach Lyon, um hier dem heiligen Vater über das Ergebniss seiner Sendung Bericht zu erstatten. Auch Salimbene setzte seine Reise fort. Das nächste Ziel war die Champagne (S. 88). In Troyes (Trecae) hielt er sich vierzehn Tage auf. Fast fühlte er sich der Heimath zurückgegeben. Die zwei Monate währende Messe war von zahlreichen Kaufleuten aus der Lombardei und Tuscien besucht. Das gleiche fand er in Provins (Pruvinum), südöstlich von Paris, wo er vom 13. December 1247 bis zum 2. Februar 1248 Rast machte. [4])

War in Pisa die Grundlage für die joachimistische Richtung des Minoriten geschaffen worden, so haben gleichartige Einflüsse in Provins den angehenden Mystiker in der Vorliebe für den Propheten von Fiore neu bestärkt. Zwei ausgesprochene Anhänger desselben suchten mit aller Gewalt den jungen Adepten ganz zu einem der ihrigen zu machen. Es waren dies der

---

[1]) Vgl. Peschel-Ruge, Geschichte der Erdkunde, S. 164.

[2]) Fr. Johannes scripsit unum magnum librum de factis tattarorum et aliis mirabilibus mundi, secundum quod oculis suis vidit (S. 83 f.).

[3]) Der Parmeser Druck (S. 84 f.) gibt nur einen Brief, den des asiatischen Grossherrn, wieder und deutet durch nichts den Ausfall des päpstlichen Schreibens an; vgl. Raynald, Annales eccl. ad an. 1245 n. 16 ff.

[4]) Langte Salimbene am 13. December in Provins an, hielt er sich in Troyes vierzehn Tage auf und betrug sein Aufenthalt in Lyon etwa eine Woche, so ergibt sich, dass er den Weg von Lyon bis Provins, die Rast eingerechnet, in ungefähr drei Wochen zurückgelegt hat.

Ghibelline Fr. Bartholomäus aus Parma und Girard von Borgo San Donnino, der in Sizilien aufgewachsen war (S. 101 f. vgl. S. 233). Von letzterem sagte der trotz aller Täuschung für Joachim immer noch hochbegeisterte Chronist, dass er ein recht netter, braver junger Mann gewesen sei (S. 236), nur habe er zu hartnäckig an den Worten seines Meisters gehangen und seiner eigenen Einsicht gar zu viel getraut. Diese zwei Jünger der neuen Lehre nun setzten dem Bruder Salimbene zu, er solle doch den Schriften Joachim's Glauben schenken und in ihnen studieren. Sie selbst hatten den Jeremiascommentar des Propheten und viele andere Bücher (S. 102).

In jene Zeit fiel der erste Kreuzzug des heiligen Ludwig. Bartholomäus und Girard spotteten und sagten: Er wird Unglück haben, wenn er geht. «Und wirklich war's so,» fügt der Chronist bei. Um dem Könige den Segen des Himmels zu erflehen, wurde das ganze Jahr hindurch in der Conventsmesse jedes französischen Minoritenklosters der Psalm «Deus venerunt gentes» gebetet. Jene zwei lachten auch darüber. Sie wussten bestimmt: der König wird gefangen genommen, die Franzosen geschlagen werden, eine ansteckende Krankheit wird viele wegraffen. Wegen dieser Prophezeihungen machten sich diese beiden Minoriten bei ihren Collegen verhasst (S. 102). Einer ihrer Antipoden war der Professor Fr. Mauricius. «Fr. Salimbene,» sagte er einst, «glaube diesen Joachimiten nicht. Mit ihrer Lehre bringen sie Unfrieden unter die Brüder. Es ist gescheidter, Du hilfst mir schreiben. Ich bin daran, Distinctionen zu verfassen. Es soll eine gute Arbeit werden und für die Kanzel von grossem Nutzen» (S. 102). Salimbene liess den Bruder Moriz, seinen «neuen Freund,» im Stich. Trotz aller gewundenen Phrasen, welche die Denkweise des Parmesen verhüllen sollen, sieht man sofort, dass die Anhänger des Propheten von Fiore Salembene's wahre Freunde und Gesinnungsgenossen waren. «Darauf trennten sich die Joachiten freiwillig,» sagt der Chronist ganz naiv. «Denn ich zog nach Auxerre [1]) . . . . Fr. Bartholomäus nach Sens und Girard nach Paris . . . .»

Der französische Provincial hatte den Italiener dem Convente Auxerre überwiesen (S. 89). Nach einem Abstecher über die Hauptstadt Frankreichs sollte er seinen Bestimmungsort erreichen. In Paris langte Salimbene am zweiten Februar an und verweilte acht Tage (S. 88). Zwar gesteht er, dass er hier viel gesehen, was ihm gefallen hat, erwähnt aber im einzelnen nichts.

---

[1]) Altisiodorum, auch Autissiodurum, Autesiodorum.

Paris war der nördlichste Punkt, den der Minorit besuchte. Er ist berechtigt, jetzt von seiner Rückreise zu sprechen. Etwa am 10. Februar 1248 begab er sich nach Sens. Man sah ihn überall gern. Er war friedsam und heiter. Dadurch dass er jedem ein gutes Wort zu sagen wusste, gewann er die Herzen. Doch verlangte das rauhere Klima von dem Südländer ein kleines Opfer. Salimbene erkrankte in Sens; es mag ein leichtes Unwohlsein gewesen sein, das er sich durch Erkältung zugezogen hatte. Er lag im Krankenzimmer zu Bett, da überraschte man ihn mit einer Nachricht, die seine ganze Aufmerksamkeit in Anspruch nahm. Parma, dessen Erhebung gegen Friedrich II. er in nächster Nähe erlebte, dessen Belagerung er während der ersten Monate angesehen hatte, war befreit, Victoria verbrannt, das feindliche Heer mit grossem Verluste gesprengt. Der kaiserliche Schatz sammt der Krone war als reiche Beute in die Hände der Sieger gefallen. Eine Erklärung wünschten die französischen Mitbrüder über den Fahnenwagen der Cremonesen, von dem der schriftliche Bericht, die Meldung der Parmesen an den in Lyon weilenden Papst, sagte, dass er gleichfalls genommen worden sei. Der Lombarde gab ihnen die verlangten Aufschlüsse über den Carrocio seiner Landsleute, die es für eine grosse Schmach hielten, wenn eine Stadt jenes Kleinod verlöre. Als das die Franzmänner hörten, da staunten sie und riefen aus: «O Gott, wie wunderbar ist seine Rede!» (S. 88). Friedrich's Niederlage vor Parma fand am 18. Februar statt. [1]) Salimbene war wieder hergestellt.

Jetzt endlich verfügt sich der reiselustige Minorit nach dem ihm von seinem Obern angewiesenen Auxerre, wo er einige Zeit vor Ostern anlangte (S. 91). Altisiodorum, wie er den Ort nennt, legt er sich etymologisch in doppelter Weise zurecht. Entweder sei es aus alta sedes deorum oder aus altum sydus entstanden, weil dort viele Heilige gemartert worden seien (S. 89). In der neuen Heimath erinnerte er sich eines Wortes, das er im Convente zu Cremona aus dem Munde des Fr. Gabriel vernommen: «Auxerre hat mehr Weinberge und Wein, als Cremona, Parma, Reggio und Mantua zusammen.» «Als ich das vernahm,» sagte Salimbene, «da entsetzte ich mich [2]) und hielt es für unglaublich.» An Ort und Stelle konnte er die Erfahrung machen, dass Fr. Gabriel wahr gesprochen. Denn er fand, dass Ebenen, Hügel und Berge mit Weinpflanzungen bedeckt

---

[1]) Böhmer-Ficker, Regesten V, 3666ᵃ.
[2]) Abhorrui (S. 90).

seien. So lieferte denn auch die Rebe den sorglosen Bewohnern ihren vollständigen Bedarf. Der Export die Seine hinab nach Paris war ihre Einnahmsquelle.

Salimbene hatte in der That Gelegenheit gefunden, sich ein Urtheil über die Verhältnisse jener Gegend zu bilden. Dreimal hatte er die Diözese Auxerre durchstreift. Sein erster Begleiter war ein Minorit, welcher als Kreuzprediger dem heiligen Ludwig Streiter für seinen ersten Zug gewinnen sollte. Auf seinem zweiten Ausfluge speiste er bei einer Gräfin, die mit zwölf Gängen aufwarten liess. Wäre ihr Mann da gewesen, meint Salimbene, so hätte sie eine reichere Tafel gehabt. Auch das dritte Mal sah und lernte er vieles, was wohl der Erwähnung werth wäre; indess der Chronist glaubt es der Kürze wegen verschweigen zu müssen. Eins lenkte seine Aufmerksamkeit immer und immer wieder auf sich; es war der Wein. Acht Custodien zählt die französische Provinz. Salimbene wusste genau, dass man in vier derselben Wein, in den übrigen Bier trinke. Er kennt die drei ersten Weinsorten Frankreichs. Der Rothwein von Auxerre steht an Güte dem italienischen nach. Die Weissweine indess, manchmal wie Gold anzusehen, seien aromatisch, stark und von angenehmem Geschmack. Sie verleihen dem, der ihnen zuspricht, Gemüthsruhe und seliges Behagen; den ganzen Menschen wandeln sie um. So stark seien die Weine von Auxerre, dass sie, wenn sie in Krügen stehen, sofort an den Wänden des Gefässes in Thränen herniederperlen.[1])

Salimbene will auch die Wirkungen des Weines beobachtet haben. Wie es eben bei Reisenden zu geschehen pflegt, er generalisirt sehr bedeutend und sagt: Die Franzosen haben vom unmässigen Genusse des edlen Getränkes unterlaufene, rothe und triefende Augen (S. 92). Daher kommt es, dass sie in aller Früh mit solcher Physiognomie sich dem Priester nahen, der soeben die heilige Messe gelesen hat, mit der Bitte, er möchte ihnen das Wasser, worin er die Hände gewaschen, in die Augen spritzen. Als der Parmese noch in Provins weilte, hörte er zu wiederholten Malen die Antwort, welche der eifrige Joachimit Fr. Bartholomäus (s. oben S. 34) derartigen Patienten zu geben pflegte: «Fort, der Himmel strafe euch! schüttet das Wasser in den Wein, wenn ihr ihn trinken müsst, aber nicht in die Augen» (S. 92).

Die Engländer galten dem Italiener in diesem Punkte als

---

[1]) Nota, quod ita sunt fortia vina Altisiodori, quod, quando aliquantulum stant in urceo, lacrymantur exterius (S. 91).

vollkommen gleichwerthig mit ihren nächsten Nachbarn auf dem Festlande. Nur findet er, dass man es diesen nachsehen müsse, wenn sie guten Wein gern trinken, so oft sie können; denn ihre Heimath biete ihnen diesen Stoff in kärglichem Masse. Bei den Franzosen sei es weniger verzeihlich, weil ihr Land weinreich sei. Man müsste sie denn entschuldigen mit dem Sprüchlein: Durum est assueta relinquere (S. 93).

So studierte der Fremde Land und Leute. Ein würdigeres Schauspiel bot sich ihm bald nach Pfingsten [1]) in Sens dar. Hier wurde ein Provincialcapitel abgehalten, das auch der heilige König Ludwig besuchen wollte. Dieser letztere Umstand bewog Salimbene, einen Abstecher nach Sens zu machen, das er vor nicht langer Zeit verlassen hatte. Als die Ankunft des Monarchen gemeldet wurde, zogen ihm die Mitglieder des Convents entgegen, um ihn in feierlichem Zuge zu empfangen. Die Brüder bildeten Spalier zu beiden Seiten der Strasse und waren begierig den König zu sehen. Eine grosse Menschenmenge war zusammengeströmt. Salimbene überblickte das Gewühl und überliess sich seinen Gedanken. «Las ich doch öfter,» sagte er sich, «dass die mächtigen Gallier unter Brennus einstens Rom einnahmen; und heut? heut scheinen mir ihre Frauen grösstentheils weiter nichts als Dienstmägde zu sein.» Das versetzte ihn in lebhaftes Staunen. Würde der König von Frankreich durch Pisa oder Bologna ziehen, die ganze Blüthe der dortigen Damenwelt würde ihm entgegeneilen» (S. 94), eine Reflexion, deren Zusammenhang auf den ersten Blick einigermassen räthselhaft sein dürfte. Die Lösung liegt in der Erwähnung dessen, was sich Salimbene bei jenem Schauspiel, das seinen ästhetischen Sinn nicht befriedigte, in's Gedächtnis zurückrief. «Es ist doch wahr,» meinte er, »in Frankreich sind die Städte nur von (schlichten) Bürgern bewohnt. Ritter und Edelfrauen leben auf dem Lande und auf ihren Gütern» (S. 94). Daher suchte sie sein Auge vergeblich.

Da wird Salembene in seinen Betrachtungen gestört. Der König erscheint. Er fesselt den Blick des kritischen Beobachters, der ihm jede Bewegung ablauscht. Ludwig IX. ist eine zart gebaute, hagere, schlanke Figur, sein Auge ist engelrein, seine Züge anmuthig. Er nähert sich der Minoritenkirche, nicht in königlicher Pracht und hoch zu Ross, sondern im Aufzug eines Pilgers zu Fuss. Seine drei Brüder, die ihn begleiteten,

---

[1]) Pfingsten fiel auf den 7. Juni; s. Böhmer-Ficker, Regesten V, S. 667.

darunter Karl von Anjou, qui fecit magna et laude dignissima (S. 94), folgten ihm in gleich demüthiger Haltung. Sah man den König beten, so hätte man glauben mögen, er sei ein Mönch; beinahe vergass man seinen ritterlichen Kampfesmuth. Er tritt in das Gotteshaus ein und verrichtet nach einer ehrfurchtsvollen Kniebeugung vor dem Altare sein Gebet. Als er im Begriffe war, das Heiligthum zu verlassen und noch in der Thür stand, da befand sich der für ihn begeisterte Parmese dicht neben ihm. Eine neue ungewohnte Scene spielte sich vor dem Fremden ab. Dem Könige wird ein grosser lebender Hecht überreicht, der in einer Schale von Tannenholz schwamm. Der Schatzmeister der Kirche von Sens hatte dieses Zeichen der Huldigung gewählt. Denn der Hecht galt in Frankreich als ein seltener und werthvoller Fisch. Der Monarch dankte dem Geber wie dem Ueberbringer.

Ausser den anwesenden Rittern und Ordensbrüdern, zu denen der heilige Fürst reden wollte, durfte Niemand den Capitelsal betreten. Hier angelangt empfahl Ludwig all seine Anliegen, sich, seine Brüder, die Königin-Mutter, seine ganze Familie. Darauf kniete er in tiefster Demuth nieder und flehte um das Gebet der Conventualen. Einige französische Mitbrüder Salimbene's, die neben ihm standen, wurden von frommer Rührung übermannt und weinten heftig. Nach dem Könige ergriff Cardinal Oddo, ehedem Kanzler am pariser Hofe, jetzt als Reisebegleiter für den Kreuzzug in Aussicht genommen, das Wort. Schliesslich bot der Generalminister Johann von Parma, als Joachimit ein Gegenstand hoher Verehrung für seinen jungen Landsmann, dem allgeliebten Herrn und Gebieter für das schwere Unternehmen, dem er entgegenging, die Hilfe des Ordens an. Je vier heilige Messen sollten sämmtliche Priester für die Bedürfnisse des Königs lesen. Ludwig dankte, aber wünschte, dass ihm Fr. Johannes seine Zusage schriftlich und mit dem Siegel des Generals versehen überreiche (S. 95).

Darauf folgte das Mahl. Salimbene, für Dinge dieser Art stets voll Aufmerksamkeit, unterlässt es nicht, den ziemlich complicierten Küchenzettel zu entrollen; er weist durchgehends Fastenspeisen auf. Folgenden Tags verabschiedete sich der König.

Für Bruder Salimbene hatte Sens offenbar kein Interesse mehr. Entgegen der Bestimmung des französischen Provincials, welcher seinem Gast Auxerre angewiesen hatte, war ihm vom General die Obedienz zugegangen, sich in die Provence zu verfügen. Der Chronist verliert über die Ursache dieses Wechsels kein Wort. Indess da er in Sens mit dem ihm ausserordentlich sympathischen Fr. Johannes zusammentraf, so ist es nicht unwahrscheinlich, dass der in der Provence weilende «grosse Joachit» Hugo und eine lebhafte Vorliebe für ihn die Wahl des Parmesen und die Entscheidung des für derartige Gründe zugänglichen Generals bestimmt haben. Inzwischen benützte er die Gelegenheit, sich den Anblick des Königs Ludwig, der die von seiner Reiseroute nicht zu fern abliegenden Klöster zu besuchen pflegte, noch einmal auf einem burgundischen Schlosse zu gestatten. Auch hier erbaute der fromme Monarch alle, die ihn sahen; auch hier bat er um die Fürsprache der Brüder bei dem, der allein sein Werk segnen könne (S. 97). Der Parmese hatte den heiligen König das letzte Mal gesehen.

Die unmittelbar folgende Zeit wurde für die innere Entwickelung Salimbene's von grösster Bedeutung. Er zog nach dem Süden weiter, über Lyon den Rhone hinab nach Arles, wo er Ende Juni eintraf (S. 97), zur See nach Marseille, von hier nach Areae zu Fr. Hugo. Areae, das heutige Hyères, liegt in der Nähe der Meeresküste. Von den weit ausgedehnten Salinen, areae salinae, hatte der Ort seinen Namen (S. 100 f.). Hier führten eine grosse Menge von Männern und Frauen ein Leben der Busse. Den Minderbrüdern waren sie aufrichtig ergeben und hörten gern das Wort Gottes aus ihrem Munde. Das war auch Hugo's gewöhnlicher Aufenthalt. Er stand in allgemeiner Achtung. Viele Anwälte, Richter, Aerzte und andere wissenschaftlich gebildete Leute versammelten sich an Feiertagen in seiner Zelle, um ihn über die Lehre des Abtes Joachim reden zu hören, um seine Schriftauslegungen und seine Prophezeihungen zu vernehmen (S. 101. 104). Er war nämlich ein «grosser Joachit» und besass sämmtliche Werke des Abtes von Fiore in grosser Schrift (S. 101). Salimbene versäumte nicht, jenen Unterweisungen beizuwohnen und sich an den Worten Fr. Hugo's zu erbauen. Eines Tages sagte dieser, offenbar um seinen jungen Ordensbruder auf die Probe zu stellen: «Hast du auch den Kopf verloren, wie andere, die jener Lehre folgen?» (S. 103) Was Salimbene darauf geantwortet, hat er nicht berichtet. Indess aus der Betrachtung, welche der Chronist an die gestellte Frage anknüpft und die zum Theil sicher nur Hugo's Ideen wiedergibt, geht hervor, wie gross seine Sympathie selbst für einen Mann war, den er durchaus nicht in allen Stücken vertheidigen konnte. Allerdings ist er ein Heiliger, schickt der Minorit voraus; indess drei Dinge stehen ihm hinderlich im Wege und rufen Widerspruch hervor. Zunächst die Verurtheilung seiner Schrift gegen Petrus Lombardus, dem er mit Unrecht

Häresie vorgeworfen, weil er in der heiligsten Dreifaltigkeit eine Vierheit behauptet hätte. Gewiss ein grossmüthiges, aber nur durch die Evidenz der Thatsachen erpresstes Zugeständniss des Bruders Salimbene, der indess nicht umhin kann, sofort auf eine kürzere Chronik, die er selbst verfasst hatte, hinzuweisen, in der er acht Irrthümer des Sentenzenmeisters vermerkt habe. Was der Apologet sonst noch namhaft zu machen weiss für den Umstand, dass Abt Joachim so heftige Widersacher finde, kann im Sinne des Jüngers jenem nur zu grösstem Lobe gereichen. Die Juden haben ihre Propheten aus der Welt geräumt, weil sie ihnen schlimme Zeiten verkündet. Aehnlich ergeht es dem Seher von Fiore. «Sie glauben meinen Worten nicht,» sagt er selbst, «weil stolze Eifersucht ihre verstockten Herzen verhärtet hat. Sie wollen den Untergang des Reiches dieser Welt nicht, weil ihnen das Himmelreich verhasst ist» (S. 103). Ein drittes Hinderniss bereiten ihm endlich so manche seiner eigenen Anhänger, weil sie die von ihrem Meister vorausgesagten Zeitgrenzen in ungeduldiger Erwartung zu nahe an die Gegenwart heranrücken. Joachim habe keinen einzigen Zeitpunkt fixirt, wenn es auch einem und dem andern so scheinen möchte. Er habe selber mit ausdrücklichen Worten gesagt: «Gott ist mächtig genug, seine Geheimnisse in noch hellerem Lichte zu zeigen; zukünftige Geschlechter werden es erleben» (S. 104). Mit derartigen elastischen Deutungen halfen sich Hugo und nach dessen Vorgang sein mystisirender jüngerer Mitbruder. An die Frage, welche allem andern hätte vorausgehen müssen, an die Frage über die Echtheit jener Schriften, welche dem Propheten von Calabrien beigelegt wurden und unter denen der Jeremiascommentar eine hervorragende Rolle spielte, dachte damals niemand.

Salimbene schwamm zu Hyères in einem Meere von Seligkeit. Es machte einen tiefen Eindruck auf ihn, dass Leute von gelehrter Bildung, auch Physiker, sich um seinen Meister schaarten. Wiederholt kam ihm Elisäus in den Sinn, von dem es heisst: «Elisäus sass in seinem Haus, und Greise sassen um ihn» (IV. Reg. 6).

Ein Genuss und eine Genugthuung besonderer Art waren dem Bruder Salimbene noch vorbehalten. Ausser zwei Minoriten des neapolitanischen Conventes, welche gekommen waren, um Hugo zu hören, langten während der Anwesenheit Salimbene's in Hyères auch zwei Predigerbrüder [1]) an, von denen der eine,

---

[1]) Gebhard, Études méridionales S. 119 lässt sie irrthümlich alle vier Franciscaner sein.

Fr. Petrus aus Apulien, sich um Joachim so viel kümmerte, quantum de quinta rota plaustii (S. 104). Er war Professor und stand im Rufe eines gelehrten Herrn. In Hugo sollte er seinen Meister finden. Man stellte den Fremden dem unüberwindlichen Dialektiker vor, und sofort entspann sich inmitten des auserwählten Kreises, dessen Brennpunkt Fr. Hugo bildete, ein lebhafter Wortwechsel zwischen dem «grossen Joachiten» und seinem Widersacher. War der Daminicaner anfangs fast unwillig, dass man ihn zu einem Disput genöthigt, über dessen Ausgang für ihn wegen der wissenschaftlichen Unebenbürtigkeit seines Gegners zum vorhinein kein Zweifel bestehen könne, so wendete sich gar bald das Blatt. Fr. Petrus sieht sich in die Enge getrieben. Bereits nimmt er seine Zuflucht zu Scheltworten. Indess er muss sich's eingestehen: Hugo's Sieg war vollständig[1]), seine eigene Niederlage unleugbar. Er machte gute Miene zum bösen Spiel. «Schweig still», sagte er zu seinem Mitbruder, der ihm in seiner peinlichen Lage Luft machen wollte, und nun begann er in vollen Tönen das Lob dessen anzustimmen, durch dessen Weisheit er eines bessern belehrt worden sei.

Salimbene hatte das wonnevolle Bewusstsein des Sieges jener Lehre, zu der auch er sich bekannte, über einen bisherigen Spötter, dem all sein Wissen und all seine Kunst nichts halfen, eine verlorene Sache zu retten. Mehr noch; er sah mit Befriedigung, wie der geschlagene Gegner jetzt zu den Füssen des Triumphators sass und durch nichts bewogen werden konnte, in gleicher Höhe mit diesem Platz zu nehmen, wie er sich glücklich schätzte, der honigsüssen Rede des Fr. Hugo demüthigen Herzens lauschen zu dürfen.

«Bei Gott», fragte der greise Gefährte des Fr. Petrus den Parmesen, «wer ist doch dieser Bruder? ist er Oberer, Guardian, Custos oder Minister?» «Nichts von alledem», antwortete Salimbene. «Er will kein Oberer sein. Ehedem war er Provincial, jetzt lebt er für sich, aber bei denen, die ihn kennen, gilt er als eines der hervorragendsten Mitglieder des geistlichen Standes.» «Das glaube ich wohl», entgegnete der Alte; «denn nie habe ich einen Menschen gesehen, der so trefflich sprach und in wissenschafslichen Fragen so bewandert war. Indess ich wundere mich, dass er sich nicht in einem grossen Convente aufhält.» «Das thut der heilige Mann aus Demuth», sagte Salimbene, «er fühlt sich an kleinen Orten wohler.» «Gottes Segen über ihn»,

---

[1]) Involvit eum et conclusit ei (S. 108).

schloss jener, «er ist durch und durch himmlisch.» Die Dominicaner zogen getröstet von dannen (S. 109).

Auch für Bruder Salimbene hatte die Stunde des Abschiedes geschlagen. Er erhielt von Hugo den Commentar Joachim's zu den vier Evangelisten, so weit der grosse Schüler des Propheten ihn selbst besass, und ging nach Aix, wo er im Minoritenkloster jene Paraphrase des Abtes von Fiore unter Beihülfe seines Reisegefährten Johanninus für den General Johann von Parma abschrieb. Diese Arbeit beschäftigte ihn bis Mitte September (S. 125). Da erhielt er von Bruder Raymund, dem Provincial der Provence, die Weisung, er möge dem Fr. Johannes, welcher soeben England, Frankreich und Burgund bereist und die dortigen Convente seines Ordens besucht hatte, entgegengehen. Den gleichen Auftrag empfing Hugo. In Tarascon trafen die drei geistesverwandten Männer zusammen. Sie erwiesen dem Leib der heiligen Martha ihre Andacht. Bei der Betrachtung desselben stiegen in Salimbene allerhand historische Reminiscenzen auf. Eben hier hielt Fr. Hugo eine seiner begeisterten Ansprachen, welche von Andächtigen nicht nur aus Tarascon und dem benachbarten Beaucaire, sondern auch aus entlegenen Städten, wie Arles und Avignon, besucht wurde (S. 100). In dem genannten Beaucaire befand sich ein Minoritenconvent. Der Guardian desselben, welcher von des Bruders Johannes Anwesenheit in nächster Nähe Kenntniss erhalten hatte, stellte sich in eigener Person zu Tarascon ein und bat seinen höchsten Obern, der im Begriffe stand, sich in die spanische Provinz zu begeben, die Brüder seines Hauses auf dem rechten Rhoneufer mit seinem Besuche zu beehren. Dem Wunsche wurde gewillfahrt. Salimbene fand in Tarascon zwei englische Confratres und ebensoviele italienische Landsleute vor (S. 126).

Fr. Johannes hatte Eile. Der Aufenthalt war kurz. Er fuhr mit seinen beiden Begleitern den Rhone abwärts nach Arles (S. 127. 138). Hier war es, da sich eines Tages der Generalminister allein befand. Salimbene nahm die Gelegenheit wahr und ging zu ihm. Doch die gehoffte Freude dauerte nicht lange. Der Gefährte des Parmesen, Fr. Johanninus, erschien gleichfalls. Er hatte ein Anliegen. «Vater», sagte er zu Bruder Johannes, «verchaffe mir und Salimbene den Heiligenschein.» «Wie das?» entgegnete jener lächelnd. «Dadurch, dass Du uns zu Predigern machst.» «Wahrhaftig», fiel der General ein, «und wäret ihr meine leiblichen Brüder, ihr solltet es nicht anders werden, als durch eine scharfe Prüfung.» [1] «Heb' dich fort mit Deinem Heiligenschein», fiel Salimbene entrüstet ein. «Mir wurde vergangenes Jahr das Predigtamt in Lyon von Papst Innocenz IV. selber übertragen. Es genügt mir vollkommen, dass ich's einmal erhielt von dem, der es geben konnte» (S. 127). Fr. Johannes hörte diese Worte. «Und doch», entgegnete Bruder Johanninus, «möchte ich Prediger werden lieber durch unsern General, als durch irgend einen Papst. Sollen wir eine scharfe Prüfung bestehen, so mag Fr. Hugo sie abhalten.» Dieser war nämlich sein intimer Freund. Aber gerade deshalb ging Johannes auf den Vorschlag nicht ein. Ein Lector aus dem Convente in Arles musste die beiden Fremdlinge examinieren. Salimbene bestand und erhielt auch seitens des höchsten Ordensobern das Predigtamt, sein Reisegenosse ward reprobirt und bis auf weiteres zurückgestellt (S. 139).

Am Abend vor seiner Abfahrt beschied der General Bruder Salimbene und seinen Gefährten zu sich. Er eröffnete ihnen seine Absicht, sie in kurzem zu verlassen, um sich nach Spanien zu begeben und forderte sie auf, sich zu entscheiden, welches Haus sie beziehen wollten. Der ganze Orden stand ihnen offen, nur der Pariser Convent wurde ausgenommen. «Das sei ferne von uns», erwiderte Salimbene, «dass wir uns unsern Wohnort selbst wählen. Wir werden überallhin gern gehen, wohin uns der Gehorsam schickt.» Fr. Johannes erbaute sich an der Ergebenheit seiner geistlichen Söhne und wies ihnen Genua an. «Ich werde dem Minister dieses Convents schreiben», fügte er bei, «dass man euch eine gute Aufnahme bereite, ferner dass Du, Fr. Salimbene, zum Priester geweiht werden sollst, Dein Gefährte Johanninus zum Diakon. Komm ich nach Genua und finde ich euch getröstet, so wird es mir lieb sein; wo nicht, so werde ich euch trösten» (S. 140).

Am 29. September trennten sich die Freunde. Der Generalobere setzte seine Visitationsreise nach Spanien fort, Johanninus und Salimbene segelten nach Marseille, wo sie das Fest des heiligen Franciscus von Assisi (October 4.) zubrachten. Nach demselben stachen sie von neuem in See. Ihr Ziel war Hyères, die Station Hugo's. Hier verblieb Salimbene mit Bruder Johanninus bis zum ersten November. Es war ein Hochgenuss für den Jünger der Prophetenschule. Den «ganzen Tag» unterhielt er sich mit Hugo über die Lehre Joachim's (S. 141).

---

[1]) Per gladium examinis (S. 127).

Nur eins mischte Wehrmuth in den Kelch seiner Freuden. Bruder Johanninus erkrankte schwer; er war dem Tode nahe. Trotzdem liess er es an der nöthigen Rücksicht für seine zerrüttete Gesundheit fehlen. Sein Gefährte erkannte in baldiger Abreise das beste und einzige Heilmittel. Schleunige Flucht aus jener Gegend schien ihm jetzt um so dringender geboten, da auch er die Wirkungen des Mistrals in unliebsamster Weise verspürte und zur Nachtzeit kaum athmen konnte. Suchte er unter freiem Himmel Erleichterung für seinen Zustand, so schlug das Geheul zahlreicher Wölfe an sein Ohr. Von Tag zu Tag wurde die Aussicht auf eine glückliche Seefahrt ungünstiger. Da erklärte Salimbene seinem unbesonnenen Reisegenossen rundweg: «Du willst Dich vor schädlichen Einflüssen nicht hüten und wirst immer wieder rückfällig. Ich für meinen Theil bin der Ueberzeugung, dass diese Gegend sehr ungesund ist. Indess Lust zu sterben habe ich vor der Hand noch nicht, weil ich sehnlichst die Erfüllung dessen zu sehen wünsche, was Fr. Hugo prophezeite. Wisse also, sollte ich eine ansprechende Reisegesellschaft aus unserm Orden finden, so gehe ich fort von hier.» Der Kranke erklärte sich damit einverstanden, ja er versprach, sich anzuschliessen, hoffte indess, dass Niemand kommen und Bruder Salimbene's Wünsche erfüllen würde. Aber siehe da, Fr. Pontius tritt ein, den sie bereits in Aix kennen gelernt hatten. Salimbene glaubte in der Ankunft dessen, der ihn aus jenem Klima erlösen sollte, den Finger Gottes zu erblicken Johanninus war mit dieser Wendung der Dinge durchaus nicht einverstanden. Nur mit Widerstreben begab er sich an das Schiff. Als Salimbene ihm die Hand reichte, um ihm bei Besteigung desselben behilflich zu sein, da entsetzte er sich [1]) und sprach: «Das sei ferne, dass Du mich anrührst; denn Du hast mir weder Deine Treue bewahrt noch auch wolltest Du weiter mein Reisegefährte sein.» «Elender», fuhr ihn jener an, «erkenne Gottes Güte gegen dich. Denn es ist mir vom Herrn geoffenbart worden, dass Du zweifelsohne gestorben wärest, hättest Du diesen Ort nicht verlassen» — eine wohlfeile Prophezeihung. Salimbene scheint bereits aus dem Umgange mit den Hellsehern der joachimitischen Coterie Capital zu schlagen für die Bedürfnisse des praktischen Lebens. Zur Strafe dafür, dass der unlenksame den Worten seines erleuchteten Collegen nicht geglaubt, plagte ihn in Genua sein Leiden den ganzen folgenden Winter (141 f.).

---

[1]) Abhorruit (S. 141).

Zunächst kamen die Reisenden noch am nämlichen Tage nach Nizza. Fr. Pontius betrat den Minoritenconvent als neu ernannter Guardian. Anstatt seiner stellte sich Fr. Simon de Montesarculo als Gefährte der beiden jüngeren Mitbrüder ein (S. 143). Er stammte aus Apulien und war gegenwärtig Procurator des Ordens am päpstlichen Hofe. Salimbene gewann den angenehmen und stets heiteren Gesellschafter lieb. Er war von mittlerer Grösse, schwarz und «hatte Aehnlichkeit mit dem heiligen Bonifatius.» Noch im Jahre 1248 spielte er im sizilischen Königreiche eine nicht unbedeutende Rolle. Der Sendung, mit welcher Innocenz IV. ihn betraut hatte, wusste er wirksam zu entsprechen. Auf sein Wort gingen viele vom abgesetzten Kaiser zur kirchlichen Partei über. Schliesslich lies ihn Friedrich einfangen. Fr. Simon ertrug achtzehn Martyrien mit Heldenmuth (S. 146).

Den ganzen Samstag und die folgende Nacht segelten sie. In aller Früh des Sonntags erreichten sie Genua (S. 143). Die Aufnahme der Brüder entsprach vollkommen der Fürsorge, welche der General Johannes bei dem Abschied in Frankreich für sie treffen zu wollen erklärt hatte. Der Minister des Hauses, Fr. Nantelmus, ein Mailänder, bot dem Bruder Salimbene seine Dienste in der freimüthigsten Art an; was er nur immer befehle, wohl er ihm zu Gefallen thun. Begreiflicherweise lag diesem zunächst alles daran, bald der Bestimmung nachzukommen, die er von Fr. Johannes erhalten hatte. Nantelmus empfahl dem Candidaten des Priesterthums seinen eigenen Gefährten, Fr. Wilhelm von Pedemontis, als Lehrer für die Rubriken und für den Gesang der heiligen Messe (S. 144). Ein Benedictiner-Bischof von Corsica, der durch Friedrich II. verjagt worden war und in Genua das Gnadenbrot ass (S. 145), weihte ihn, wie es scheint, Ende des Jahres 1248 zum Priester.

Genua war dem Fr. Salimbene von seinem ersten Ordensobern als ständiger Posten angewiesen worden. Der Chronist lässt es durch ein Missverständniss geschehen, dass er dieser Verfügung nicht entsprechen konnte. Die Sache verhielt sich so: Am 24. Februar 1249 trat der Parmese in Angelegenheiten der Provinz Genua eine neue Reise nach Frankreich an. Nantelmus hatte ihn dazu auserkoren. Nach viertägiger Seefahrt langte er zu seinem abermaligen grössten Troste bei Fr. Hugo an. Alles staunte, auch sein Begleiter aus Genua, dass der hochgefeierte Mann sich herabliess, mit dem Fremden zu speisen. Anderen bezeigte er zu jener Zeit — es hatten soeben die Fasten begonnen — solche Aufmerksamkeit keineswegs (S. 148).

In Avignon sah Salimbene den General Fr. Johannes, der seine Visitationsreise nach Spanien aufzugeben sich genöthigt fand und nun mit seinem Lieblingsjünger über Vienne (S. 148. 98. März 25.) nach Lyon zum Papste reiste. Innocenz IV. hatte ihn zu sich berufen und betraute den erfahrenen, eifrigen Mann mit einer wichtigen Sendung zu den Griechen, die er durch Vermittlung des Vatazzes für die römische Kirche zu gewinnen hoffte (S. 148 f.). Am Ende der Osterwoche (1249 c. April 10.) schied der päpstliche Legat (S. 149).

Hier in Lyon war es, wo jenes Missverständniss eintrat, welches die nächste Zukunft Salimbene's anders bestimmte, als der scheidende General es gewollt hatte. Fr. Rufinus, Oberer der bologneser Provinz, damals gleichfalls in Lyon gegenwärtig, war sehr ungehalten darüber, dass Salimbene in Genua seinen festen Sitz habe. «Ich schickte Dich nach Frankreich», sagte er, «damit Du Dich dort für meine Provinz den Studien widmetest; und nun bist Du in den Convent von Genua gezogen, um dort ständig zu wohnen. Du sollst wissen, dass ich das für sehr schlecht halte. Denn diejenigen, welche ich im Auslande studieren lasse, müssen mir nach Bologna kommen». «Verzeihet, Vater», entgegnete Salimbene, «ich glaubte nicht, dass Ihr das für schlecht hieltet.» «Gut», fiel Rufinus ein. «Aber Du hast mit Johanninus, Deinem Gefährten in Genua, in die Provinz Bologna zurückzukehren.» Der Chronist setzt bei: «Von dieser Obedienz wusste der General nichts, als er in Lyon war.» Was wäre natürlicher gewesen, als dass der um's Wort nie verlegene Parmese seinen unmittelbaren Obern über die Verfügung des Fr. Johannes aufgeklärt hätte?

Auf welchem Wege Salimbene das erste Mal nach Frankreich gekommen, hat er nicht verzeichnet. Die folgenden Reiserouten führten ihn stets längs des schmalen Küstenstriches im Süden der Westalpen. Wenn selbst nur zur Befriedigung der Neugierde, musste er es wünschen, doch auch einmal die imposante Gebirgsmauer zu erklimmen, welche Frankreich und Italien von einander trennt. Der Chronist hat den Rückweg mit genügender Ausführlichkeit wiedergegeben. Von Lyon reiste Salimbene den Rhone hinab nach Vienne, von hier nach Grenoble, um nun den natürlichen Gebirgsstrassen, den Thälern, zu folgen. Das Dracthal aufwärts mündet er in die Furche der Durance, besucht Embrun, um von hier durch das Gebiet des Grafen von der Dauphiné, doch wohl über den Sattel des Mont Genèvre (1860 m), in die Rinne der Dora Riparia abzusteigen. Ihr Lauf ist auch seine Richtung. Schon ist er in Susa (Sagusia, Secusia), das bereits der Provinz Genua angehört. Ueber Alessandria und Tortona erreicht er den Ort seiner nächsten Bestimmung (S. 151). Der Chronist verliert über die Grossartigkeit der Alpenwelt auch nicht ein einziges Wort. Er war ein Kind seiner Zeit. Weder Alterthum noch Mittelalter fanden an pittoresker Naturschönheit ein Interesse.

Die Brüder in Genua freuten sich, dass sie nach so langer Zeit Fr. Salimbene wiedersahen, der sie nun mit guten Nachrichten aus der Fremde unterhielt. Was im besondern den Gegenstand seiner Sendung betrifft, so hat er denselben nirgends mitgetheilt, war aber sicher von der Vortrefflichkeit seiner Leistungen ebenso überzeugt, wie sein Begleiter aus dem Convent Novara, welcher schon in Alessandria einigen Mitbrüdern aus Genua die Erklärung abgegeben hatte: «Wir haben treu gearbeitet und alles gut gemacht» (S. 151). Nebenbei hoffte er, dass zwei Collegen der Provinz, deren Sache sie zu vertreten hatten und die sie in Lyon zurückgelassen, alles fehlende vollauf ersetzen würden.

Das Fest Christi Himmelfahrt und Pfingsten 1249 brachte Salimbene und Johanninus in Genua zu (S. 151. 156). Nach dem 13. Juni folgten sie dem Rufe ihres Provincials und zogen über Bobio, das sie an den heiligen Columban erinnerte, nach Parma, wo sie ihren General wiedersahen. Kürzlich noch hatte er sie in Genua zu sprechen gehofft. Von der Bestimmung des Fr. Rufinus wusste er nichts. «Wäre es mir verstattet, so ruhig zu leben, wie ihr es konntet, sicher würde ich nicht so viel reisen. Bald in Frankreich, bald in Burgund, bald in der Provence, dann in Genua, jetzt in Parma — wahrlich ihr führt ein bewegtes Leben», sagte er lächelnd. «Vater», entgegnete Salimbene, «wir haben uns dieser Mühen in Sachen unserer Amtsgeschäfte unterzogen. Ihr wisst, dass wir immer gehorsame Söhne waren.» Fr. Johannes hörte dies mit Befriedigung. In Bologna trafen der Generalobere und die beiden Reisenden mit Provincial Fr. Rufinus zusammen (S. 159). Letztere rechtfertigte seine Verfügung bezüglich der beiden Untergebenen und sprach: «Vater, ich that es zu ihrem Troste, dass ich sie damals nach Frankreich schickte, als der Kaiser Parma belagerte. Zu ihrem Troste rief ich sie auch zurück.» Salimbene bestätigte dies: «Ja, Vater, so ist es, wie er sagt.» Der General billigte den Befehl des Rufinus, aber fügte bei: «Sorge, dass sie sich an ihrem neuen Bestimmungsorte wohl fühlen, dass sie studieren und nicht so viel reisen.» Johanninus wurde in Bologna zurückbehalten, Salimbene nach Ferrara gesendet, wo er ununterbrochen sieben Jahre, von 1249 bis 1256, verlebte (S. 51. 160. 218), seit seiner Jugend im Elternhause der längste Aufenthalt an einem und demselben Ort.

Mit der Uebersiedlung des Fr. Adamo nach Ferrara, wo seinem bisher so bewegten Leben ein Ruhepunkt geboten ward, beginnt für ihn eine neue Periode. Ob die Veränderung seinen persönlichen Wünschen entsprach, bleibt dahingestellt. Die häufige Hervorhebung des Umstandes, dass er nun sieben volle Jahre «ohne Unterbrechung», «ohne seinen Wohnort zu wechseln» (S. 160) an dem nämlichen Posten ausharren musste, lässt fast schliessen, dass er einem Wechsel seiner Verhältnisse nicht abhold gewesen wäre. Jedenfalls beweist der Chronist durch die Art der Behandlung, dass er für die Schicksale der nun folgenden zweiten und grösseren Hälfte seines Lebens bei weitem das Interesse nicht besass, welches ihn bestimmte, sich über die ersten achtundzwanzig Jahre, wenn auch an zerstreuten Stellen, so doch mit dankenswerther Umständlichkeit zu verbreiten. Die Tage des Minoriten verlaufen einförmiger, als bisher. Er widmet seine Kräfte der Erfüllung der Berufspflicht, in deren Ausübung ihm die Erfahrungen der Vergangenheit zu statten kamen. «Viele Jahre lebte ich im Orden des heiligen Franciscus, war Priester und Prediger, habe viel gesehen, in vielen Provinzen gelebt und viel gelernt» (S. 11). Mit diesen Worten zeichnet Salimbene in treffender Kürze den Lauf seines Erdenwandels. Was er an letzter Stelle erwähnt, ging thatsächlich voraus und bildete für ihn die Schule, in der er jene scharf ausgesprochene Richtung erhielt, die sich in die zwei Worte zusammenfassen lässt: Salimbene war Minorit und Joachimit. Für seine innere Entwicklung liefert die Zukunft wenig. Die grosse wie die kleine Welt sprechen ihn immer noch an; aber sie finden seinen Bildungsprocess im wesentlichen bereits abgeschlossen. Salimbene ist in dieser Beziehung mit sechzig Jahren noch der nämliche wie, damals. Was er früher nur dunkel ahnte, das hat sich in dem Dreissiger geklärt; unbestimmte Formen haben sich krystallisirt. Salimbene wechselte auch in der Folgezeit oft seinen Aufenthalt, «lernt noch viel», «das Studium beschäftigt ihn während seines ganzen Lebens.» Aber für sein inneres Wesen, für die Schöpfung grundlegender Ideen und Bestrebungen, lernt er nichts wesentlich neues. Er ist ein fertiger Mann, hat sich sein Urtheil gebildet. Dies ist ihm die Richtschnur in Auffassung der grossen Tagesfragen, dies der Massstab, mit dem er Werth und Unwerth alles dessen bestimmt, was ihm Gegenwart und Vergangenheit bieten und was ihm als echten Prophetenschüler die Zukunft bringen soll.

So bezeichnet denn auch die nicht unbedeutende schriftstellerische Thätigkeit des Ordensbruders keinen phychologischen Fortschritt. Seine mit Ausnahme der «Chronik» sämmtlich verlorenen Schriften sind, soweit gelegentliche Andeutungen es errathen lassen, nichts weiter, als Compitationen oder der Ausdruck seiner aus längst gewonnenen Grundsätzen hervorgegangenen Ueberzeugung, seiner Stimmung gegenüber dieser oder jener Erscheinung des Lebens.

Mit dem augenfälligen Mangel an Interesse, womit Salimbene die eigenen Erlebnisse der Folgezeit bespricht, hängt ein anderer Umstand zusammen. Die liebevolle Sorgfalt mit welcher er, obwohl nur in der Form von kürzeren oder längeren Reminiscenzen, die Erfahrungen niederschrieb, von denen er mindestens um ein Menschenalter abstand, ermöglichte die sichere Feststellung seines Itinerars. Bleibt auch im einzelnen manches unklar, so ist doch die Aufeinanderfolge jener Orte, an denen sich der Parmese aufhielt, bis zum Jahre 1256 in genügender Ausführlichkeit bekannt. Anders verhält es sich mit der Zeit, die nun folgte. Hier ist ein festes topopraphisches und chronologisches Gerüst für die Fixirung der Lebensdaten des Bruder Adamo bis auf weiteres unmöglich. Warum? Der Grund liegt nahe. Salimbene hat es unterlassen, alle jene Stationen anzumerken, in denen er sich nach dem Jahre 1256 vorübergehend oder auch für geraume Zeit aufgehalten hat. Ausser in Faenza, Imola und Ravenna weilte er beispielsweise mehrere Jahre auch an «andern Orten der Romagna». Genannt werden Bagnacavallo und Montisregium, wo er je ein Jahr zubrachte. Aber wann? Ist für die letzten zwei Punkte wenigstens das: wie lange? beigesetzt, so fehlt für andere Posten, wie Modena, Perugia, auch dies oder ist doch nur unbestimmt angedeutet. Wenn endlich der Chronist bemerkt (S. 72), dass er «fünf Jahre in Faenza, fünf in Imola und fünf in Revenna» verlebte, so ist damit wohl eine dreifache Zeitangabe geboten, aber auch ein doppelter Irrthum sehr nahe gelegt. Es wäre gefehlt, wollte man aus jener Notiz schliessen, dass der Parmese während der verzeichneten Dauer ununterbrochen in den genannten Städten geweilt habe. «Fünf Jahre», heisst es, «habe ich in Faenza gewohnt.» Ob der Chronist diese Zeit durch Summirung eines mehrfachen Aufenthaltes erhielt oder nicht, verschweigt er. Nur bei Ferrara hebt er hervor, dass er an diesem Orte eine lange

Reihe von Jahren «ohne Ortswechsel» (S. 160) zubringen musste. Die Annahme eines nicht durch zu lange Abwesenheit gestörten Verbleibens in den erwähnten Städten scheint sich immerhin zu empfehlen, ist aber für Ravenna und Faenza, wie sich später zeigen wird, nicht zu halten.

Eine zweite Täuschung, zu welcher obiger Text zu verleiten imstande ist, wäre die Ansicht, dass die vom Chronisten gewählte Aufeinanderfolge der drei Convente dem thatsächlichen Vorgange genau entspricht. Aber in Wirklichkeit muss Salimbene früher in Ravenna, als in Imola und Faenza gelebt haben, mit andern Worten, die Sache verhält sich umgekehrt, als der Bericht es zu wollen scheint.

Um nun die biographische Erzählung wieder aufzunehmen, so steht zunächst Salimbene's Aufenthalt in Ferrara von der zweiten Hälfte des Jahres 1249 bis 1256 fest (S. 160). Hier waren auch ihm Gräulscenen nicht erspart, die Ezzelin's Grausamkeit geschaffen (S. 179 f.) Salimbene war Zeuge der Kreuzpredigt, welche der Erzbischof von Ravenna Philipp Fontana im Auftrage des Papstes gegen den düsteren Tyrannen hielt (S. 201). Innocenz selbst hatte nach dem Tode Friedrich's II. freier anfzuathmen begonnen und im folgenden Jahre Lyon verlassen, um in die ewige Stadt zurückzukehren. Er besuchte Ferrara in der Octav des heiligen Franciscus von Assisi (Anfang October). Salimbene fand sich regelmässig in unmittelbarer Nähe des heiligen Vaters ein, so oft dieser vom bischöflichen Palais aus zum Volke sprach (S. 51. 58. 227). Innocenz erwähnte einst den Tod seines Gegners. «So höre es», sagte Fr. Gerardin von Parma zu seinem Landsmann, «hör's, der Kaiser ist todt. Bisher warst du stets ungläubig. Gieb also deinen Joachim auf und sei weise» (S. 227). Es war ein für Salimbene tief beschämendes Wort. Aber selbst die Meldung des Papstes däuchte ihm nicht vollkommen zuverlässig. «Ich schauderte zusammen, als ich's vernahm und ich konnte es kaum glauben. Ich war nämlich Joachimit und glaubte, erwartete und hoffte, dass Friedrich noch weit grösseres Unheil anrichten würde, als er thatsächlich angerichtet hat, wiewohl er viel böses verübte» (S. 58).

Salimbene musste schliesslich doch an Friedrich's Ableben glauben, wiewohl dasselbe mit seinen vorgefassten Theorieen in schlechtem Einklange stand. In seinem Aerger nahm er sich vor, nichts mehr für wahr zu halten, als was er mit eigenen Augen sehe. Indess die Grundsätze des Apokalyptikers von Fiore und seiner Jünger waren ihm derartig in Fleisch und Blut übergegangen, dass sein Vorsatz ohne nachhaltige Wirkung blieb.

Augenblicklich schenkte er seine Aufmerksamkeit nicht einer nebelhaften Zukunft, sondern der Betrachtung längst verflossener Zeiten. Es begann im Jahre 1250 sein nachweisbar erstes Geschichtswerk, eine Chronik, welche mit den Worten beginnt: Octavianus Caesar Augustus. Er trug sie «aus verschiedenen Schriften» zusammen und verfolgte seinen Stoff bis zur Geschichte der Langobarden (S. 90). Weil es ihm am nöthigen Schreibmaterial gebrach, musste er die Arbeit einstellen. Damit entsagte er aber, wie er beifügt, der Schriftstellerei keineswegs. Er schrieb «mehrere andere Chroniken». Nach seinem Urtheil sind es treffliche Arbeiten, gleichfalls Compilationen. Was er in seinen Vorlagen überflüssig, schlecht, falsch und widersprechend fand, wurde fortgelassen. Doch war es ihm unmöglich, alles, was er als minder lobenswerth erkannte, zu unterdrücken, da manches in den Herzen derer, die es nun einmal so gelernt hätten, derartig fest gewurzelt sei, dass man es um keinen Preis der Welt auszutilgen imstande wäre. Er würde diesen seinen Satz durch Beispiele erläutern, aber er unterlasse es, da ungebildete und unwissende Menschen auf solche Weise nicht zu bekehren seien. Die Chronik mit dem Anfang: Octavianus Caesar Augustus ist verloren gegangen, ebenso vier andere Chroniken Salimbene's (S. 124), sowie sonstige Schriften historischen oder exegetisch-moralischen Inhalts.

Unter all diesen htste nur vom liber Taediorum fest, dass er ihn im Jahre 1259 verfasst hat (S. 238). Als Muster galt ihm hierfür eine gleichnamige Dichtung Gerhard's, genannt Pateclus (S. 196. 238. 394. 402) oder Patecelus (S. 21. 54)[1]).

Schwierig dürfte die sichere chronologische Einreihung sein für den tractatus de Helyseo (S. 124), den tractatus papae Gregorii X. (S. 245), der liber de Praelato, welchen er anlässlich des Fr. Elias schrieb und der nach der Versicherung des Verfassers viel gutes und nützliches enthält (S. 401) ebenso für eine gleichfalls von ihm als chronica (brevior) bezeichnete Arbeit mit dem Titel: De similitudinibus et exemplis, de signis et figuris et de mysteriis veteris et novi testamenti (S. 103), eine Leistung, welche offenbar weniger geschichtlichen, als biblisch-exegetischen Charakter an sich trägt[2]).

---

[1]) Nach Novati im Giornale storico Bd. 1, 413 Am 2 hat die Handschrift nur die Form Patecclus. Vgl. Mussafia im Jahrbuch für romanische und englische Literatur Bd. 6, 224; Affò, Memorie Bd. 1, 229 und Affò-Pezzana Bd. 6 Abth. 2, 57.

[2]) S. Affò, Memorie Bd. 1, 228; Bd. 6 Abth. 2, 57.

Die Seelsorgsthätigkeit und die literarische Beschäftigung nahmen den Minoriten nicht derartig in Anspruch, dass er sich einem ehrenvollen Antrage entzogen hätte, mit dem sich die Bewohner von Reggio im Jahre 1256 an ihn wendeten. Er wurde angegangen, die Friedensvermittlung zwischen ihnen und den Bolognesen zu übernehmen und für diesen Zweck einen Juristen von welcher Partei immer als Schiedsrichter aufzustellen. Da gedachte der Ordensmann einer Wohlthat, die ihm, dem siebenzehnjährigen Ognibene, der Rechtsgelehrte Martin von Fano dadurch erwiesen hatte, dass er ihm zur Deckung gegen den erzürnten Vater in seinem eigenen Hause einen sicheren Schutz gewährte. Martin erledigte die Streitsache in einer für die Reggianer vollkommen befriedigenden Weise (S. 14. 237).

Ein Besuch, durch welchen Salimbene während des Sommers 1258[1]) in Modena überrascht wurde, führte ihn auf seinen Lieblingsgegenstand, auf Joachim und dessen Lehre. Er hatte zu Provins die Bekanntschaft eines enthusiastischen Prophetenschülers gemacht, an dem er nichts weiter auszustellen fand, als dass er den Theorien des Abtes von Fiore allzu hartnäckig ergeben sei (s. oben S. 34). Es war Girard von Borgo San Donnino. Ohne Wissen der Ordensobern hatte dieser in Paris ein Buch veröffentlicht, welches durch Papst Alexander IV. im Jahre 1254 verurtheilt wurde[2]). Salimbene meint, die Schrift habe viele Irrthümer gegen die Lehre des calabrischen Sehers enthalten (vgl. S. 323 f.). Girard ward seiner Lehrkanzel in Paris entsetzt (S. 102), in die sicilische Provinz geschickt, aber da er sich nicht fügen wollte, von dem General nach Frankreich zurückberufen. Eben befand er sich auf der Durchreise in Modena[3]).

«Disputiren wir über Joachim», sagte der Parmese zu seinem Gast. «Nein, nicht disputiren», erwiderte jener, «sondern unter-

---

[1]) Anders Affò, Memorie Bd. 1, 152, wo 1260 angegeben ist. Zu obigem Ansatz veranlasste mich der Umstand, dass während Salimbene und Girard im Gespräche begriffen sind, die offenbar erst vor kurzem stattgehabte Gefangennehmung des Legaten Philipp durch Ezzelin gemeldet wurde. Diese fällt in den August des Jahres 1258. Die näheren Daten schwanken. Vgl. Annal. Plac. Gibell. ad a. 1258 in M. G. SS. XVIII, 509 und Muratori, Annal. ad. a. 1258.

[2]) S. 102. 233. 235. Das Buch führt den Titel Introductorius d. h. Einleitung zu dem Evangelium aeternum. Ueber letzteres vgl. Denifle, Das Evangelium aeternum und die Commission zu Anagni, im Archiv für Lit.- und Kirchengeschichte des Mittelalters Bd. 1, 49 ff.

[3]) Er kam aus seiner Provinz, aus Sicilien, nicht aus Paris, wie Gebhart, Études méridionales S. 120 zu lesen ist. Vgl. Affò, Memorie Bd. 1, 152.

halten wir uns von ihm und gehen wir an einen verborgenen Ort». Salimbene führte ihn hinter den Schlafsal. Sie liessen sich unter einem Weinstock nieder. «Wann und wo wird der Antichrist geboren werden?» begann Fr. Adamo. «Er ist bereits geboren und ist schon gross; schnell wird er das Geheimniss der Bosheit vollführen».

Sal.: «Kennst du ihn?»

Gir.: «Ich sah ihn nicht von Angesicht, aber aus der Schrift kenne ich ihn gut».

Sal.: «Wo ist diese Schrift?»

Gir.: «In der Bibel ist sie».

Sal.: «So sage es also; denn die Bibel kenne ich genau.»

Gir.: «Keinesfalls sage ich es ohne Bibel».

Salimbene brachte die heilige Schrift herbei und Girard deutete das ganze achtzehnte Capitel des Propheten Isaias auf Alfons von Castilien. «Du behauptest also», fragte der Parmese, «dass der jetzt regierende König Alfons von Castilien der Antichrist sei?»

Gir.: «Zweifelsohne jener verfluchte Antichrist, den alle Lehrer und Heiligen meinten, wenn sie über diesen Gegenstand handelten» [1]).

Salimbene entgegnete lachend: «Ich hoffe zu Gott, dass du dich hierin getäuscht sehen wirst».

Nach diesen Worten erschienen in der Nähe eine Menge Brüder und Weltleute, die sich in gedrückter Stimmung mit einander unterhielten.

Gir.: «Geh und horch, was sie sagen; es scheint, sie bringen schlechte Nachrichten».

Salimbene folgte der Weisung. Er kehrte zurück und meldete die Gefangennahme des Erzbischofs Philipp von Ravenna durch Ezzelin [2]).

Gir.: «Jetzt siehst du, dass die Geheimnisse bereits ihren Anfang nehmen».

Zum Schlusse bat der Ueberspannte den Bruder Salimbene, er möchte ihm die Schriften eines gewissen Veroneser Propheten verschaffen, der sich gegenwärtig in dem Cisterzienser-Kloster Fontanaviva befinde. Darauf schied der Gast. Sie sahen sich niemehr wieder. Der ehemalige Pariser Professor büsste seine Hartnäckigkeit im Gefängniss [3]).

---

[1]) Vgl. Affò, Memorie Bd. 1, 152 Anm. 1.
[2]) 1258 August; s. oben S. 52 Anm. 1.
[3]) S. 233 f.; vgl. S. 103.· Ueber Girard von Borgo San Donnino s. Affò, Memorie Bd. 1, 140 ff. und Bd. 6 Abth. 2, 53 ff.

Salimbene konnte es sich nicht versagen, am rechten Orte Nachfrage zu halten, was es mit jenen mystischen Schriften für eine Bewandtniss habe. In dem genannten Kloster findet er seinen Freund Albert Cremonella wieder, mit dem er in den Minoritenorden aufgenommen worden war, der aber während des Noviciates austrat und jetzt als Mönch in Fontanaviva, nordwestlich von Parma, wegen seiner Güte und seiner physikalischen Kenntnisse von den Brüdern allgemein geliebt wurde (S. 235). Als dieser den Parmesen wiedersah, da glaubte er, ein Engel Gottes stehe vor ihm. So herzlich war er ihm zugethan. Die «grosse Gnade» indess, um welche der Minorit ihn anging, konnte er ihm nicht gewähren. Sämmtliche Werke des heiligen Bernhard hätte ihm der Cisterzienser geliehen; aber die Schriften jenes Veronesers waren nicht mehr vorhanden. Damit die Kunst des Radierens in jenem Kloster nicht ausstürbe habe er nach dem Tode jenes Sehers dessen ohnehin ärgerliche Bücher zum Gegenstande seiner Uebung gewählt und sie bis auf den letzten Buchstaben ausgekratzt. Salimbene verstand, was er sagen wollte und dachte sich: «Das Buch des Propheten Jeremias ist einstens verbrannt worden, aber der es verbrennen liess, blieb nicht ungestraft. Das Gesetz des Moses ist von den Chaldäern verbrannt worden. Esdras aber hat es durch den heiligen Geist wiederhergestellt (S. 235). Girard von Borgo San Donnino hätte das Kleinod nicht höher schätzen, seinen Verlust kaum schmerzlicher empfinden können.

Das Jahr 1259 findet den Parmesen in seiner Heimathstadt. Ibi uno anno habitavi, scilicet 1259, schreibt der Chronist (S. 187 vgl. S. 111 f.), und es hat den Anschein, als sei Parma für die angegebene Zeit sein ständiger Aufenthalt gewesen. Allein abgesehen von vorübergehenden Besuchen auf Villa Soragna (S. 192 vgl. S. 161. 359) und vielleicht auch Campiginis [1]) nennt Salimbene für das nämliche Jahr 1259 noch eine andere Stätte, an der er längere Zeit geweilt heben muss. Es ist dies Borgo San Donnino. Hier schrieb er seinen liber Taediorum [2]).

---

[1]) S. 230. Vgl. Chronic. Parm. ad a. 1259, in den Monumenta hist. ad prov. Parm. et Placent. pertinentia Bd. 4, 25. Hier hatte Salimbene eine Unterredung mit Giberto da Gente, nachdem dieser im Jahre 1259 aus Parma verjagt worden war.

[2]) In supradicto millesimo (1259 habitabam in burgo sancti Domini et composui et scripsi alium librum Taediorum ad similitudinem Patecli (S. 238). Ziemlich verwickelt scheint sich für das Jahr 1259 das Itinerar Salimbene's durch folgenden Text zu gestalten: In diebus illis habitabam in Mutina; et egressus de Mutina ibam versus Bononiam,

Auf Villa Campiginis traf er mit Giberto da Gente zusammen, welcher sich im Jahre 1253 [1]) die Herrschaft von Parma angemasst hatte und bis 1259 zu sichern wusste. Der Mann stellte dem Ordensbruder, welcher die wenig liebenswürdigen Seiten des Podesta aus eigener Erfahrung kannte (S. 229), einstens die Zumuthung, dass er sich zum Werkzeuge seiner unersättlichen Habgier und Herrschsucht herabwürdigen sollte. Salimbene war von ihm als Geschäftsträger in Aussicht genommen für den Plan, auch Modena der Botmässigkeit des Tyrannen zu unterwerfen. Der Minorit wies das Ansinnen von sich. Andrerseits blieb begreiflicherweise der Voschlag Salimbene's ebenso unbeachtet, welcher dem von herben Schicksalsschlägen getroffenen, seiner sämmtlichen Würden entkleideten ehemaligen Gewalthaber mehrerer Städte den Rath ertheilte, er möge in den Orden des

---

et ecce tres archipresbyteri, mei familiares et amici, qui a praedicto concilio redibant, occurrerunt mihi (S. 209). Es frägt sich, wann Erzbischof Philipp von Ravenna die Seite 208 erwähnte Synode in Sachen der Tatarenangelegenheit abhielt. Rubens Hier., Historiarum Ravennatum libri XI, Venetiis 1590, lib. VI⁰ (bei Raynald ad a. 1259 Nota I) ist die Grundlage für den Ansatz bei Gams, Series Episcoporum 718 (s. dessen Quellenverzeichniss l. c.). Denn unter den vier von Erzbischof Philipp abgehaltenen, bei Gams verzeichneten Synoden kann nur die von 1259 in Betracht kommen. Nach Mansi's Note, bei Raynald l. c., fand indess das Concil Anfang 1260 statt. Seine Begründung ist überzeugend. Damit ist aber eine Schwierigkeit gelöst, welche sich im andern Falle aus den Angaben des Minoriten über das Jahr 1259 ergeben würde. Hätte nämlich die Synode noch in diesem Jahre stattgehabt und ihren Abschluss gefunden, dann würde der Mann von Parma für ebendieses Jahr drei ‚Wohnorte' gehabt haben, so zwar, dass der Aufenthalt in seiner Vaterstadt selbst ein Jahr gewährt hätte (S. 187). Ausser in Parma soll er auch in Borgo San Donnino und in Modena gelebt haben (S. 238. 209). Mit der Annahme indess, dass die Synode in den Anfang des Jahres 1260 fällt, würde das Itinerar Salimbene's recht natürlich in der Weise verlaufen, dass er sich Sommer (und Herbst?) 1258 in Modena (S. 233 vgl. 234), dann etwa ein Jahr in Parma, darauf in Borgo San Donnino (S. 238), in den ersten Monaten 1260 wieder in Modena befunden habe (vgl. Affö, Memorie Bd. 1, 152). Die von Salimbene S. 209 verzeichnete Reise «von Modena gen Bologna» war wohl nur eine kurze Unterbrechung eines längeren Aufenthaltes in jener Stadt, da der Chronist auch Anfang November 1260 Modena seinen Wohnsitz nennt (S. 239).

[1]) Nicht 1252, wie man nach Salimbene S. 228 vermuthen sollte. Vgl. Chron. Parm. ad a. 1253 und 1259 in den Monumenta hist. ad prov. Parm. et Placentinam pertinentia, Bd. 4, 23 f., 25. Affö, Storia della città di Parma, Bd. 3, 236 ff. und S. 400 n. LXXXV. Weitere Urkunden, die sich auf Giberto da Gente beziehen, finden sich unter n. LXXXIV und n. LXXXVII ebd.

heiligen Franciscus eintreten. Giberto entschuldigte sich, sein Herz sei in andere Dinge verstrickt [1]).

Er gehörte zur Classe jener, deren Auge im Jahre des Heils 1260 zu höchst eigener Beschämung sich öffnen sollte; so verlangte es die Lehre Joachim's. Die Geisslerbewegung war für die Anhänger der Apokalyptikers der Beginn der dritten und letzten Scene im grossen Weltdrama; die Periode des heiligen Geistes nahm ihren Anfang [2]).

Salimbene fühlte sich bei Betrachtung der Flagellanten zum mindesten ebenso angeregt, wie einstens durch die Schaaren der frommen Beter und durch die ergreifenden Worte der Prediger bei Gelegenheit des grossen Alleluja 1233. Aber auch für ihn selbst schlugen jetzt feurige Herzen. Die Leute von Saxolum, südwestlich von Modena, hatten ihn ‚innigst lieb'. Sie gaben ihrer glühenden Verehrung dadurch Ausdruck, dass sie ihn mit Genehmigung seines Guardians von Modena in ihren Heimatsort, von hier nach Reggio und schliesslich nach Parma schafften, November 1260 (S. 239).

Einige Zeit später befindet sich Bruder Adamo in Ravenna, wo er fünf Jahre zubrachte (S. 52. 72. 217). Ein nähere chronologische Angabe lässt sich aus den Berichten über seinen Besuch bei Erzbischof Philipp Fontana gewinnen. Salimbene trifft nämlich kurze Zeit nach dem Tode Urban's IV. († 1264 Oct. 2) mit einem kranken Mitbruder in Argenta, der am untern Po gelegenen Villa des genannten Kirchenfürsten, ein. Er kam eben von Ravenna. Philipp, welcher nach der Darstellung des Chronisten die Hoffnung hegte, Papst zu werden, hatte grosses Interesse für die Nachricht des Fremden. Zwar liess er ihn nicht vor; denn er hatte sich jeden Besuch untersagt. Doch wusste er die dreimal eingeholte Betheuerung desselben, dass der heilige Stuhl thatsächlich erledigt sei, ebenso oft durch ein reichliches Geschenk von seiner eigenen Tafel zu belohnen. Angesichts dieser Gaben fand Salimbene, dass er nun dringendere Bedürfnisse zu befriedigen habe. Es verdross ihn, weitere Erklärungen über ein Ereigniss abzugeben, das er bereits mit aller Bestimmtheit mehrmals versichert hatte. Er schickte die Boten des Erzbischofs, um ihrer los zu werden, zu dem kranken

---

[1]) S. 230. Vgl. Affò, Memorie Bd. 1, 199.
[2]) In ähnlicher Weise wie von den Joachimiten wurden die drei Zeitalter von Schelling bestimmt («Philosophie der Offenbarung»). Vgl. Ueberweg, Grundriss der Geschichte der Philosophie Bd. 3⁶, 311 f. und Hergenröther, Handbuch der allgemeinen Kirchengeschichte Bd. 2³, 465 Anm. 1.

Confrater, der im Schiffe zurückgeblieben war und der als Augenzeuge des kürzlich abgehaltenen Leichenbegängnisses Urban's genauere Auskunft geben würde. Inzwischen that sich Salimbene mit seinem zweiten Reisegefährten ungestört gütlich an den Seefischen und dem feinen Backwerk, welches ihm der dankbare Legat übersendet hatte.

Neu gestärkt setzte der Parmese seine Fahrt stromaufwärts nach Ferrara fort. Ferrara mag als der Bestimmungsort des leidenden Genossen gelten; seine beiden Begleiter werden nach Ravenna zurückgekehrt sein (S. 218 f.).

Eine zweite Zeitgrenze für Salimbene's Aufenthalt in der alten Herrscherstadt bietet der Chronist mit einiger Wahrscheinlichkeit, wenn er sich nach etwa sechszehn Jahren an ein Almosen erinnert, das die Bolognesen den Minoritenbrüdern von Ravenna gemacht. Fr. Peregrinus aus dem Orden des heiligen Franciscus hatte Venedig und Bologna versöhnt. Die feindlichen Heere waren sich am Po bei Primarium im Gebiete von Ravenna zwei bis drei Jahre gegenüber gestanden. Nach einem für die stolze Lagunenstadt unglücklichen Treffen ward durch jenen Minoriten der Zwist beigelegt. Die Bolognesen rissen ihr Bollwerk nieder und machten aus einem Theil des dadurch gewonnenen Holzes dem Convent von Ravenna ein Geschenk. Der Chronist weiss, dass er damals hier weilte, nur die genauere Zeitbestimmung macht ihm Schwierigkeit. Er drückt sich in etwas merkwürdiger Wendung so aus: «Weil ich damals in Ravenna wohnte, so scheint es mir, dass jene Zerstörung des Bollwerkes der Bolognesen und ihr Rückmarsch von Primarium in jenes Jahr und in jene Zeit fielen, wo Conradin von Karl besiegt wurde, nämlich 1268» (S. 252). Danach nimmt es den Anschein, dass Salimbene nicht blos Zeuge der Erkenntlichkeit war, welche Bologna dem Fr. Peregrinus und seinem Orden bezeugte, sondern dass er auch volle Gewissheit besass, über seine Anwesenheit in Ravenna zur Zeit, da bei Alba der letzte Staufer dem Anjou unterlag. Dies ergibt sich nicht nur höchst ungezwungen aus obigem Berichte Salimbene's, sondern vielleicht überzeugender noch aus der Thatsache, dass der Chronist durchgängig mit Bestimmtheit zu sagen weiss, wo er sich aufhielt, wenn dieses oder jenes wichtige Ereigniss eintraf. Wenn nun irgend etwas ihn als Italiener oder als Historiker interessiren musste, so war es der Ausgang des 23. August im Jahre 1268.

Ist der Chronist an der gedachten Stelle nicht imstande, sich mit untrüglicher Zuverlässigkeit an eine Begebenheit von untergeordneter Bedeutung zu erinnern, so empfiehlt grade das Geständniss dieses Unvermögens die Wahrheit seiner Aussagen dort, wo er, ohne Bedenken zu äussern, seine Erlebnisse berichtet.

Das Gedächtniss des Italieners war vortrefflich, wie bei seinen Landsleuten noch heut zu Tage. Dazu kam ein lebendiger Sinn für alles (vgl. S. 56). Kein Wunder, dass er immer etwas zu erzählen wusste, dass er einen guten Gesellschafter abgab und in seiner heiteren Art, wie früher, so auch jetzt jeden für sich einnahm. Zwar leugnet er, dass er einen gewissen hohen Herrn in Ravenna auch nur ein einziges Mal besucht habe (S. 217), zwar weist er für sich und sämmtliche Mendicanten jeden Vorwurf entschieden zurück, welcher in der ihnen böswillig beigelegten Bezeichnung doniatores [1]) liege; indess Besuche überhaupt waren dem ausserordentlich redseligen und für eine Neuigkeit stets sehr empfänglichen Parmesen durchaus nicht zuwider und, was er auch immer dagegen einwenden mag, am liebsten verkehrte er mit angesehenen Leuten, sei es, dass diese ihm wegen des Adels seiner Geburt näher standen, sei es, weil er hoffte, dass der Glanz ihres Namens und ihrer Stellung einigermassen auch ihn bescheinen möchte. Die Obern erkannten sein Geschick für den Umgang mit andern, verstanden seine Vorliebe. Es ist nicht das erste und nicht das einzige Mal gewesen, dass sie ihn einem Manne, wie der spätere Cardinal Jacob Colonna es war, für den Besuch der Kirchen Ravenna's als Begleiter an die Seite stellten (S. 54).

Zuweilen wusste er einen Grund zu finden, sich aus freien Stücken einem hohen Ankömmlinge vorzustellen. Martin de Puzolerio, Bischof von Mantua und päpstlicher Legat, hielt sich in Sachen des heiligen Stuhles zu Ravenna auf. Salimbene machte ihm seinen Besuch, denn der Bischof war ein Freund seines damals bereits in Montefalcone verstorbenen Bruders Guido gewesen (S. 370). Die Unterredung währte geraume Zeit. Da erhob sich der Legat, trat an das Fenster und fragte nach dem Convente der Minoriten. «Diese grosse Kirche da», sagte Salimbene, «und den grossen Glockenthurm gab uns Erzbischof Philipp von Ravenna. Er liebt den Orden der Minderbrüder sehr und ist freigebig gegen uns». Martin stimmte in das Lob ein und fügte bei: «Glaubt ihr's, Bruder Salimbene, dass wir Bischöfe, die wir doch so vielen Mühen und Aengsten wegen

---

[1]) Richtiger wohl donniatores, id est, quod libenter mulieres videmus et loquimur dominabus et in familiari colloquio sumus cum eis (S. 215).

unserer Untergebenen ausgesetzt sind, gerettet werden könnten, wenn ihr Ordensleute, die ihr im vertrauten Verkehr mit Gott steht, uns nicht helfen möchtet mit euern Kappen und Kapuzen?»[1])

Diese Sprache gefiel dem Religiosen, der sonst dem höhern Weltklerus gar nicht hold war und sich nicht selten den Anstrich gab, als wollte er dessen sämmtliche Mitglieder ausnahmslos verurtheilen. Salimbene suchte den demüthigen Bischof durch tröstenden Zuspruch aufzurichten. Es gelang ihm. Der Kirchenfürst sagte ihm für seine Bemühungen den innigsten Dank[2]).

Salimbene verstand es, am rechten Orte das rechte Wort zu finden, sollte er selbst eine tiefgewurzelte Lieblingsneigung einmal verleugnen. Mit ihm lebte zu gleicher Zeit in Ravenna Fr. Bartholomäus Calarosus, ein Mantuaner von Geburt. Er hatte Aemter bekleidet, welche dem freimüthigen Ordensbruder einige Rücksicht bei Entwicklung seiner eigenen Meinung empfahlen. «Fr. Salimbene», sagte er einst, «Johann von Parma hat sich und seinen sämmtlichen Untergebenen Unfrieden bereitet. Zwar besass er eine Wissenschaft, eine Heiligkeit und führte einen so ausgezeichneten Lebenswandel, dass er die römische Curie hätte reformiren können; sie würden ihm geglaubt haben. Indess dadurch, dass er sich den Prophezeiungen fantastischer Leute hingab, hat er sich Tadel zugezogen und seine Freunde nicht wenig verletzt.» Salimbene erwiderte: «Das ist auch meine Ueberzeugung, und ich bedaure es nicht wenig, weil ich ihn innigst liebte. Aber die Joachiten sagen: verachte Prophezeiungen nicht». «Du bist ja auch Joachit gewesen», fiel jener ein. «Ihr habt Recht», bestätigte Bruder Adamo. «Allein nachdem Kaiser Friedrich II. mit Tod abgegangen und das Jahr 1260 verstrichen war, entsagte ich vollständig jener Lehre, und mein Entschluss ist es, nur das zu glauben, was ich sehe». Bartholomäus lobte ihn; «übrigens», fuhr er fort, «hätte Fr. Johannes ein gleiches gethan, er würde die Gemüther seiner Brüder beschwichtigt haben». Da glaubte denn doch der Parmese, seinen Landsmann und hochverehrten Meister mit einem Worte entschuldigen zu müssen und sprach: «Er konnte nicht zurück; denn es gibt manche, welche an dem, was sie einmal gesagt haben, mit solcher Zähigkeit festhalten, dass sie sich nachträglich schämen, es zu widerrufen, um nicht als Lügner zu erscheinen. Darum sind sie ausserstande,

---

[1]) Vgl. s. Chrysostomus, De beato Philogonio, in opera omnia Bd. 1 (Venedig 1734), S. 496 n. 3.
[2]) S. 220 f. Am Schluss ist der Parmeser Druck lückenhaft.

zurückzutreten», eine Thatsache des Alltagslebens, welche Salimbene sogleich mit einigen Geschichtchen aus dem Leben Friedrich's II. und Ezzelin's belegte (S. 151 f.). Mehr noch. Der Chronist berichtet an derselben Stelle, dass er sich dem Minister der römischen Provinz anheischig gemacht habe, den ehemaligen General, wäre er nur bei ihm, «von seiner Leichtgläubigkeit zu bekehren». Ueber den Erfolg der Sendung, mit welcher Salimbene thatsächlich betraut wurde (S. 152), erfährt man nichts, wohl aber ist die Vermuthung nicht unbegründet, dass Bruder Adamo bei jenem Vorschlag weit weniger an eine Bekehrung des «grossen Joachiten» dachte, als vielmehr an den seligen Genuss, den er sich in der Nähe seines väterlichen Freundes versprach.

Salimbene fand trotz vielfacher Zerstreuungen der mannigfaltigsten Art doch Zeit zum Studium oder, wenn man will, zur Lectüre. Es ist bezeichnend, dass es grade ein Geschichtswerk war, welches ihn in Ravenna beschäftigte und das der Chronist nicht nur zu wiederholten Malen als Gegenstand seiner Aufmerksamkeit erwähnt, sondern dem er auch eine Reihe von Angaben und Episoden entlehnt hat, um sie seiner eigenen Arbeit einzuflechten. Es ist der liber pontificalis von Ravenna; denn dass Salimbene dieses oft genannte Buch in ebendieser Stadt gelesen hat, ist doch sehr wahrscheinlich. Die Wendungen aber, deren sich der Chronist bedient, beweisen, dass er für das Werk einen grossen Eifer entwickelt hat [1]).

Die (oben S. 56 f.) erwähnte Fahrt nach Ferrara war nicht der einzige Ortswechsel während des fünfjährigen Aufenthaltes in Ravenna. Zur Zeit der Sedisvacanz nach dem Tode Urban's IV., also zwischen dem 2. October 1264 und dem 5. Februar 1265, befand sich Salimbene in Faenza (S. 206 f.). Erzbischof Philipp Fontana, dem er in Argenta die Nachricht von der Erledigung des römischen Stuhles gebracht hatte, war erschienen, um das Clarissinnenkloster jener Stadt zu besuchen. Unter den Minoriten, welche dem Legaten das Geleit zu geben hatten, war auch Salimbene. Er spielte unter den für diesen Zweck bestimmten Mitbrüdern entschieden die Hauptrolle. Seine Achtung vor dem Manne, dessen Würde ihn anzog, war nicht bedeutend (vgl. S. 206). Aber trotz aller Hartnäckigkeit in der Festhaltung eines vielleicht nur auf Grund von Aeusserlichkeiten gewonnenen Urtheils wusste sich der Geschmeidige, wenn die Umstände es

---

[1]) Sicut in pontificali Ravennae pluries legi (S. 52), in pontificali Ravennae frequenter legi (S. 409).

erheischten, in jeden Charakter zu schicken, ja er verschmähte es nicht, dem Erzbischofe, von dem er überzeugt war, dass er Papst werden wolle, die angenehme Schmeichelei zu sagen, dass die Tiara in kurzem sein Haupt zieren werde. Salimbene wirft dem Kirchenfürsten, in dessen Nähe er sich sehr wohl fühlte, vor, dass er ungemein ehrsüchtig gewesen sei, und bedachte nicht, dass die Freude, welche er empfand, da er dem hohen Herrn seinen Arm bieten durfte und später von ihm selbst zur Tafel geführt wurde, einen sehr merklichen Grad nicht blos von Naivetät, sondern auch von lächerlicher Eitelkeit bekundete (S. 206 ff.).

Bruder Adamo befindet sich auch Ende 1265 nachweislich in Faenza[1]); in demselben Jahre noch oder am Anfang des nächsten weilt er in dem entlegenen Perugia und betrachtet es als einen Beweis, «wirksamer Freundschaft», dass der Podesta Bernhard aus der dem Parmesen bekannten Familie der Henzola (s. oben S. 8) ihn mit einem Auftrage an den damals ebendort residierenden Papst Clemens IV. betraute[2]).

Salimbene war bereits in seiner Jugend Zeuge der Kämpfe gewesen, welche seine Heimath erfüllten. Er lebte während der ersten Monate in Parma, als die Stadt vom Kaiser belagert wurde. Auch später sah er den grellen Schein der Kriegsfackel wiederholt leuchten. Ista maledictio guerrarum totam Romagnolam occupavit, invasit et destruxit tempore, quo eram ibi (S. 72).

So befand er sich innerhalb der Mauern von Forli und Faenza, als diese Städte in den Jahren 1273 und 1274 von den Bolognesen hart bedrängt wurden[3]).

An letzterem Orte geschah es, dass er einstens in fromme Gedanken vertieft im Conventsgarten lustwandelte. Da trat ein Ferrarese Namens Matulinus an ihn heran mit dem Ersuchen, ihm einige Schwierigkeiten zu lösen, über die ihm zwei andere Ordensbrüder keinen Aufschluss geben konnten; er sei ja stets bereit, auf alles zu antworten. Der eifrige Religiose sah sich nun in die angenehme Lage versetzt, in einer geharnischten Rede die Mendicanten gegen den Weltklerus vertheidigen zu dürfen. Einem Strome gleich ergoss sich seine Beredtsamkeit über den gelehrigen Fragesteller. Es handelte sich um eine Sache, die ihm sehr geläufig war und für deren Erörterung er stets eine Reihe von pikanten Geschichtchen bei der Hand hatte. Er über-

---

[1]) S. 221. 224. Vgl. Murarori, Annal. ad a. 1265.
[2]) S. 363. Vgl. Potthast, Reg. n. 19034 ff.
[3]) S. 72. 115 f. 263. 279; vgl. 214. Vgl. Muratori, Annal. ad a. 1285.

zeugte den Fremden derartig, dass auch er ein «Freund» Salimbene's wurde und zu jedem Dienste für denselben bereit gewesen wäre. Der Bekehrte verlor dabei nichts, meint der Chronist, denn er habe ihm eine reiche Frau aus Ravenna zugeführt (S. 214 ff.).

In dieselbe Zeit, jedenfalls nach 1270 (vgl. S. 322), mag auch die Wallfahrt des Franciscaners nach Assisi anzusetzen sein. Er war dahin gepilgert, um sich an dem Orte zn erbauen, welcher ihn lebendiger als jeder andere an den heiligen Stifter seines Ordens erinnerte. Der Rückweg führte ihn über Meldula und Forli nach seinem Convente Faenza (S. 321 f.).

Fünf Jahre weilte Salimbene hier, ebenso lange in Ravenna, desgleichen in Imola (S. 72). An diesem Orte war er Zeuge, wie der gebrochene Erzbischof Philipp, mit dem er öfter in Berührung gestanden und der jetzt seinen Tod herannahen fühlte, im Speisesale des Minoritenklosters einen seiner letzten Lebenstage zubrachte, um sich von da nach Pistoja tragen zu lassen. Hier starb er im Jahre 1274, seinem Wunsche gemäss auf heimathlichem Boden [1]).

Es ist die Behauptung aufgestellt worden [2]), dass Salimbene seit dem Frühjahr 1281 dauernd in Reggio gewohnt habe. Als Beleg hiefür sollen einige Worte gelten, welche der Chronist zu 1287 verzeichnet hat. Er berichtet das Gespräch, welches er mit einem Erzpriester der genannten Stadt um Ostern des erwähnten Jahres führte. Dabei fügt er die Bemerkung ein, dass der Mann ihn freundschaftlich bei der Hand genommen, siquidem sex annis habitaveram in civitate regina (S. 380). Wie sollte also nicht wirklich Bruder Adamo vor genau sechs Jahren hierher gekommen sein? Und doch entbehrt dieser Schluss nicht blos jeder sachlichen Begründung, sondern verstösst gegen ausdrückliche Angaben desselben Geschichtswerkes. Die Voraussetzung jener chronologischen Fixirung kann keine andere sein, als die Annahme, dass der Parmese bei jener Begegnung in Reggio wohnhaft war. Allein Salimbene hatte zur Zeit sein Asyl in Montefalcone, südwestlich von Reggio (S. 370). Dies muss als sein damaliger ständiger Aufenthalt betrachtet werden [3]). Nach

---

[1]) S. 217. Vgl. S. 200. 235 f. u. Ughelli, Italia sacra Bd. 2², 380 LXX, XIV.
[2]) Dove, Doppelchronik S. 4. 52.
[3]) Et ego habitabam in loco fratrum Minorum de Montefalconis, was S. 379 zweimal zu lesen ist. Affò, Memorie Bd. 1, 223 Note, bezieht dies auf 1286. Wenn auch Salimbene im Mai dieses Jahres noch in Reggio gewesen sein mag, so befand er sich möglicherweise in späteren Monaten schon in Montefalcone. Doch kann dies aus der Notiz über

Reggio begibt er sich[1]) vermuthlich nur, um die Folgen der jüngsten städtischen Wirren mit eigenen Augen zu betrachten. Er that es gründlich; denn er durchstreifte während des ganzen Tages den Schauplatz des Elendes (S. 379).

Wann Salimbene zum letzten Male auf längere Dauer nach Reggio kam, ist ungewiss, zumal da die Annahme eines ununterbrochenen sechsjährigen Aufenthaltes daselbst durch nichts gefordert ist. In der That dürfte sich beispielsweise der in Reggio beliebte Minorit schon 1256 hier aufgehalten haben, als die Bewohner dieser Stadt an ihn die Bitte richteten, ihren Streit mit Bologna durch die Wahl eines Schiedsrichters beizulegen (S. 14. 237; vgl. oben S. 52). Sicher befindet sich Salimbene ebenda im Herbst des Jahres 1283, wo er dem Leichenbegängniss des am 27. August verstorbenen Bischofs Wilhelm von Foliano beiwohnt[2]), 1283 Anfang November (S. 297) und im Jahre 1284 (S. 258. 298. 300).

Herbst 1285 betrieb Salimbene ein ähnliches Friedensgeschäft, wie ehedem im Streit zwischen Reggio und Bologna. Auch diesmal war der Erfolg ein glücklicher. Modena hatte sich in zwei Parteien gespalten, von denen die eine die Stadt räumen musste. Durch gegenseitigen Weiberraub machte man dem Hasse Luft. Unter denen nun, welche sich um die Versöhnung der hadernden Parteien Verdienste erwarben, waren auch der Minorit Fr. Peter und sein Landsmann Salimbene, dessen Stellung und Thätigkeit übrigens in dieser Angelegenheit mehr untergeordneter Natur gewesen zu sein scheint; denn der Chronist redet wohl auch von seinen Bemühungen um die pax valde intricata, will aber im übrigen nur als der Begleiter des Fr. Peter erscheinen. Dieser diplomatische Handel führte den Ordensmann nach Saxolum und wahrscheinlich auch nach Modena (vgl. S. 345 f.). Das Fest des heiligen Franciscus von Assisi feierte er im nämlichen Jahre zu Carpi, nordwestlich von der letztgenannten Stadt.

In dieser Zeit war Salimbene bereits mit jener Arbeit be-

---

den Tod Papst Honorius' IV. († 1287 April 3) S. 379 nicht gefolgert werden. An der betreffenden Stelle Affo's dürfte ein Druckfehler um so eher zu vermuthen sein, da der Ausfall des Zeichens «I» bei römischer Bezifferung sehr erklärlich ist. Uebrigens hielt sich Salimbene früher schon längere Zeit in Montfalcone auf und zwar um das Jahr 1277, wie sich aus dem Vergleich von S. 360 und Annal. Parm. maj. ad a. 1277 post Sept. 19. (M. G. SS. XVIII, 686) nachweisen lässt.

[1]) Am Mittwoch der Osterwoche d. h. 1287 April 9.
[2]) S. 289. Vgl. Gams, Series episcoporum 760.

schäftigt, welcher er das Interesse verdankt, das spätere Geschlechter für den Mann von Parma haben sollten. Es ist seine Chronik, die er möglicherweise 1282 in Reggio begonnen hat [1]). Im Jahre 1284 erreicht der Chronist in seinem Geschichtswerk die Gegenwart. Er schreibt: Agitur nunc annus 1284, quando haec scribimus, in mense septembri, in festo Exaltationis sanctae Crucis (S. 298), also der 14. September. Ueber das allmähliche Anwachsen der Chronik gibt ihr Verfasser an mehreren Stellen genaue Auskunft. Am 21. Juli 1283, dem ersten verzeichneten Datum, behandelt er das Jahr 1216 (S. 4), am nächsten 10. August das Jahr 1229 (S. 29), am 9. September das Jahr 1283 (S. 405; vgl. Dove, Doppelchronik S. 2 und Anm. 2), am 4. Februar 1284 das Jahr 1248 (S. 120). Bei diesem steht der Chronist auch noch am 9. Mai (S. 138). Am 23. Juni hat er das Jahr 1250 erreicht (S. 212), am 14. September 1284 schreibt er gleichzeitig [2]).

Dadurch nun, dass Salimbene in der ersten Hälfte des Jahres 1287 ausdrücklich Montefalcone als seinen Wohnort bezeichnet (S. 379), ist einer Vermuthung Raum gegeben über den Ort, wo der Chronist sein Werk, so weit es vorliegt, beendet hat. Es reicht bis 1287, deutet aber in einigen Wendungen (S. 376. 386. 389) bereits das folgende Jahr an. In Montefalcone, scheint es, kam die Arbeit zum Abschluss, und nicht in Reggio [3]). Die Ausführlichkeit, mit welcher Salimbene auch im letzten Jahre die Angelegenheiten von Reggio erzählt, bleibt trotzdem erklärt durch die Nähe seines neuen Aufenthaltes, den er wohl nicht blos Ostern 1287 (s. oben S. 62 f.) verlassen hat, um in der benachbarten, grade damals durch schwere Kämpfe heimgesuchten Stadt Neuigkeiten einzuziehen.

Hiermit wäre denn auch eine Schwierigkeit behoben, welche sich unwillkürlich ergibt, wenn man bedenkt, dass der liber de temporibus (s. oben S. 3), welcher in seinen letzten Partieen grösstentheils eine Wiedergabe der Chronik des Minoriten von Parma ist, mit Anfang 1286 plötzlich unterbrochen und durch eine andere Hand, «jedoch ohne jede Communication mit Salimbene fortgeführt wird» [4]).

Woher doch diese Unterbrechung? Mit der Antwort, dass der bisherige Schreiber durch den Tod weggerafft wurde [5]), kann

---

[1]) Vgl. Dove, Doppelchronik S. 4. 52.
[2]) Vgl. Dove S. 3.
[3]) Wie Dove wiederholt behauptet.
[4]) Dove, S. 53.
[5]) Dove, ebd.

sich niemand begnügen. Denn wäre Salimbene, dieser höchst ansprechende Chronist und mittheilsame Gesellschafter, noch im gleichen Convent zugegen gewesen, so würden sich zweifelsohne in jener Fortsetzung des Zeitbuchs gewisse Anklänge an die Leistung des Fachcollegen finden lassen.

Aber auch ein anderer Umstand darf für die Thatsache, dass Salimbene den noch vorhandenen Schluss seines Geschichtswerkes in Montefalcone schrieb, geltend gemacht werden. Es zeigt sich nämlich in seinen Mittheilungen zum Ende des Jahres 1287, die ja erst im Jahre 1288 niedergelegt wurden (vgl. S. 376. 386. 389), ein unverkennbares Interesse für die Vorgänge in Bibianellum, in dessen Gebiet jener Convent lag (vgl. S. 370). Hier in Montefalcone ist zudem seine Anwesenheit nicht nur für Ostern 1287 (S. 379), sondern auch für August und September desselben Jahres zur Genüge sicher gestellt (S. 394. 397). Was Wunder übrigens, dass der Ordensmann, dem die maladictio guerrarum im Grunde der Seele verhasst war, das in jenen Tagen wild aufgeregte Reggio (S. 288. 389) als ständigen Aufenthalt mied und in dem Hain am Fuss des Falkenberges ein ruhigeres Plätzchen für seine literarische Thätigkeit aufsuchte.

Wann etwa ist Salimbene's Tod anzusetzen? Eine bestimmte Antwort ist nach dem bisher bekannten Material unmöglich; wohl aber lässt sich eine Zeitgrenze bestimmen, die er sicher erreicht hat. Dass der Parmese bis in das Jahr 1290 hinein gelebt und geschrieben, behauptet Affò [1]), dem Tabarrini [2]) gefolgt ist. Auch Clerici [3]) ist nicht abgeneigt, diesen Ansatz gelten zu lassen. Die Grundlage dafür ist die oft wörtliche Uebereinstimmung der Chronik Salimbene's mit dem Memoriale potestatum Regiensium [4]). Darauf gestützt glaubte Affò die Identität des Verfassers beider ableiten zu dürfen.

Indess abgesehen davon, dass die Behandlung der letzten vier Jahre des Memoriale (1286—1290) durchaus keine Verwandtschaft mit Salimbene zeigt und dass die betreffenden Partien sicher nicht von derselben Hand herrühren, welche den vorausgehenden Theil geschrieben hat, so ist durch Dove (s. oben S. 3) der unumstössliche Beweis erbracht worden, dass das Memoriale potestatum Regiensium, beziehungsweise der liber de temporibus keineswegs ein Werk Salimbene's ist, sondern

---

[1]) Memorie Bd. 1, 226.
[2]) Im Archivio storico ital. Bd. 16 Abth. 1 S. 34.
[3]) In Philolog. Wochenschrift 1882 coll. 175.
[4]) Muratori SS. Bd. 8, 1073 ff.

dass dieser jenes Zeitbuch für den grössten Abschnitt seiner Chronik als Vorlage benützt hat. Dass also der Parmese bis 1290 gelebt und gearbeitet, ist nirgends erwiesen. Ebenso unbegründet ist die Behauptung Clédat's [1]): En 1290 Salimbene était sans doute encore au couvent de Reggio ou dans un couvent du voisinage. Oder soll dies daraus folgen, dass fol. 280 (vgl. ed. Parm. S. 53) ein für Obizzo II. compromittirender Text frühestens 1290 ausradirt wurde, da der gewaltthätige Mann im gedachten Jahre zum Podesta von Reggio ernannt ward? Aber Clédat gibt ja selbst zu, dass die Tilgung der Stelle sehr wohl durch eine fremde Hand geschehen konnte. Gebhart [2]) weiss genau: Il mourut sans doute en 1289 — bedauerliche Willkür.

Ein fester Stützpunkt ist durch die zum Ende des Jahres 1286 (S. 376) beigefügte Bemerkung geboten, Papst Nikolaus IV. (1288—1292) habe den Minoriten das Privileg verliehen, dass niemand, der ihren Orden verlasse, in einem andern zu irgend einer Würde befördert werden könne. Die betreffende Verfügung ist datirt vom 14. Mai 1288 [3]).

Wüsste man nun, wie gross die Lücken sind, welche sich der Parmeser Druck von S. 376, wo sich jene Notiz findet, bis S. 399 gestattet, so wäre es möglich, durch den Vergleich mit Abschnitten desselben Umfanges irgend eine Wahrscheinlichkeit für die Bestimmung der Zeitgrenze zu gewinnen, an der Salimbene den noch erhaltenen Schluss seiner Chronik schrieb. Der, welcher das Manuscript nicht gesehen hat, muss sich damit begnügen, zu wissen, dass Salimbene um die Mitte des Jahres 1288 noch dieser Welt angehörte.

2. Charakteristik des Fr. Salimbene.

Das im Vorausgehenden gezeichnete Leben des Minoriten von Parma, wie er es selbst an zerstreuten Stellen der Chronik beschreibt, ist die sicherste Grundlage für das Verständniss seines Charakters und seiner Denkart. Denn beides erschliesst sich am vollkommensten dann, wenn Thun und Lassen des Menschen nicht für eine kurze Zeitspanne, nicht für Augenblicke und Verhältnisse, in denen er sich Zwang anthun zu müssen glaubt, sondern für eine Reihe von Jahren, für die verschiedensten

---

[1]) In dem Annuaire de la faculté des lettres de Lyon Bd. 1, 214.
[2]) Études méridionales S. 111.
[3]) Potthast, Reg. n. 22707.

Lebensumstände als Gegenstand der Betrachtung in naturgetreuer Wahrheit vorgelegt werden. Im Anschluss an die Biographie ist im Folgenden ein möglichst scharfes Bild des Parmesen zu entwerfen.

Salimbene ist ausgesprochener Sanguiniker. Er vereinigt die Licht- und Schattenseiten dieses Temperaments. Zuneigung wie Abneigung entzünden sich rasch. Die Stimmung wechselt mitunter durch einen bedeutungslosen Zwischenfall. Cardinal Octavian ist dem Minoriten, da dieser in Lyon weilte, ein Verräther. In Bologna «beginnt er ihn zu lieben»; denn er wurde öfter an seine Tafel geladen und ehrenvoll behandelt (S. 195 f.).

Salimbene verkehrt leicht mit den Menschen, weiss jedermann ein gefälliges Wort zu sagen und glaubt er sich berufen, eine gegentheilige Meinung zu bekämpfen, so führt er seine Polemik, wäre sie auch noch so schneidig, fast immer in einer Weise, dass er schliesslich nicht blos den Kopf, sondern auch das Herz seines Gegners gewinnt. Der reiselustige Parmese hat Interesse für alles. Sein Urtheil ist nicht ohne psychologische Feinheit. Er beobachtet gern, ohne indess immer durch die äussere Erscheinung hindurch auf den wahren Gehalt von Personen und Sachen vorzudringen. Bei aller Derbheit ist er in seiner Gesinnung Aristokrat vom reinsten Wasser; er verleugnet seine hohe Geburt nie: Populares et rustici sunt, per quos destruitur mundus et per milites (Ritter) et nobiles conservatur (S. 392). Am widerlichsten sind ihm Leute, welche sich aus niederem Stande zu Aemtern und Würden aufgeschwungen haben und hierin ihre ehemalige Stellung zu vergessen scheinen: Asperius nil est humili, cum surgit in altum (S. 394 vgl. S. 414). Doch fehlt es ihm als untergeordnetem Mitgliede einer Körperschaft auch nicht an demokratischen Anmuthungen (S. 407). Salimbene ist ein Freund der Bücher (S. 376. 380. 413 f. 186. 297), aber er liebt auch den Saft der Traube (S. 41 ff. 407 f.) und einen guten Tisch (S. 96. 151. 219. 226. 314). Musik, insbesondere Gesang, sind imstande, ihn zu bezaubern. Alles, was irgend wie dem Reiche der Töne nahe steht, wie Glockenklang, beschäftigt ihn lebhaft.

Seine Erfahrungen, die Frische seines Wesens und die Gabe angenehmer Mittheilung machen ihn der Umgebung liebenswürdig. Zur rechten Zeit versteht er seine eigene Meinung zu verbergen, um nicht zu verletzen. In der Nähe hoher Persönlichkeiten fühlt er sich wohl, er ist geschmeichelt, wenn sie ihn zu sich bescheiden, wenn er mit ihnen ein vertrauliches Wort reden darf. Salimbene fällt es nicht schwer, die halbe Welt in den Kreis seiner Freundschaft zu ziehen. Gar bald ist ihm dieser oder jener vornehme Herr ein amicus, ein familiaris. Das Amt eines Seelsorgers brachte ihn in Verkehr mit der Frauenwelt. Auch hier weiss er von familiares zu erzählen [1]). Dass dieses Wort bei einem Manne, der das Herz, so zu sagen, immer auf der Zunge hat, nicht gar viel bedeutet, beweist der Umstand, dass er (S. 201) den Juden Bonusdies in die gleiche Rubrik seiner Vertrauten rechnet. Der Religiose ist unerbittlich gegen die, welche er für Feinde seines Ordens hält, gern zur Gnade geneigt bei dessen Gönnern.

Das Ideal eines Franciscaners war er trotzdem nicht. Für seinen Orden und dessen heiligen Stifter hatte er allerdings eine aufrichtige Verehrung. Der Kirche will er treu ergeben sein. «Den Päpsten muss man gehorchen», sagt er (S. 119 f.), und es ist ihm ernst damit. Er beruft sich zur Erhärtung seiner Behauptung auf Lukas X. Diese Ueberzeugung hält ihn indess nicht ab von den schärfsten und bittersten Ausfällen grade gegen die hohe Geistlichkeit, selbst gegen den Inhaber des heiligen Stuhles. So hatte er eine starke Abneigung gegen Honorius IV. (1285—1287). «Er war ein Mensch, der an der Gicht litt, unbedeutend, aus Rom, geizig, ein elender, Jacob Savelli»[2]). Salimbene wirft ihm vor, dass er im Sinne hatte, den beiden grossen Bettelorden der Minoriten und Predigerbrüder den ärgsten Schimpf und die schwerste Beleidigung zuzufügen; er habe nichts geringeres geplant, als jenen die Befugniss zur Kanzel und zum Beichtstuhl zu nehmen. Von ausländischen Bischöfen sei er durch eine dem Chronisten nach Werth und Währung genau bekannte Summe bestochen worden [3]). Am Gründonnerstage, es war der 3. April des Jahres 1287, habe er das Verbot öffentlich verkündigen wollen. Da schlug ihn Gott der Herr am Abend zuvor, so dass er starb. Der Cardinal-Protector Matteo Rosso wird als Gewährsmann für diesen Bericht angeführt [4]).

---

[1]) Z. B. Domina Flos Olivae, uxor sua (Nazarii) fuit pulcra domina, pinguis et carnosa et mihi familiaris et devota (S. 29) d. h. sein Beichtkind. Der Satz ist zugleich eine Stichprobe, wie Salimbene malt.

[2]) Vgl. zu dieser Charakteristik die sehr abweichende Darstellung bei Gregorovius, Geschichte der Stadt Rom im Mittelalter, Bd. 5³, 479 ff.

[3]) S. 371. 378. Die Regesten dieses Papstes bei Potthast, Reg. n. 22225 ff. beweisen, dass er für die Mendicanten eine entschiedene Vorliebe besass.

[4]) Reumont, Geschichte der Stadt Rom, Bd. 2, 610, nennt die Erzählung «eigenthümlich». Vgl. Münter im Archiv d. Ges. für ält. deut. Geschichtskunde, Bd. 4 Abth. 1 (1822) S. 127.

Ein fruchtbares Kapitel liefert dem Chronisten der Nepotismus mehrerer Päpste, ein Vorwurf, den er selbst gegen Gregor X. nicht unterdrücken kann. Fr. Bonifaz aus dem Dominikanerorden wurde der Nachfolger Philipp's auf dem erzbischöflichen Stuhle von Ravenna, nicht weil der Papst dem Orden einen Beweis seiner Gnade geben wollte, sed quia Bonifatius de parentela sua erat (S. 40; vgl. S. 388). Bezeichnend in dieser Hinsicht, aber auch ein Beweis schlecht verhüllter Eitelkeit ist folgende Stelle: Credo certissime in conscientia mea et est mihi firmiter persuasum, quod mille fratres Minores sunt in ordine sancti Francisci, cujus ordinis modicus et infimus frater sum ego, qui magis ydonei essent ad cardinalatum habendum ratione scientiae et sanctae vitae, quam multi, qui ratione parentelae a romanis Pontificibus pluries sunt promoti. Non longe petatur exemplum. Papa Urbanus IV. natione trecensis ad cardinalatum promovit dominum Angerum, nepotem suum, et sublimavit et exaltavit eum super omnes cardinales curiae, quantum ad divitias et honores. Et erat prius vilis scholaris in tantum, ut etiam aliorum scholarium, cum quibus studebat, carnes a macello portaret. Et processu temporis repertum est, quod filius Papae esset (S. 55; vgl. S. 54). Was es mit dieser Entdeckung für eine Bewandtniss hat, mag der zornige, in diesen Dingen sehr leichtgläubige Chronist verantworten. Mitunter scheint es, als verbinde sich bei ihm mit dem Begriffe eines Cardinals nothwendig der eines vom Papste aus gewissen natürlichen Rücksichten zu hoher Stellung beförderten Subjectes, das im übrigen für seinen Stand die denkbar möglichste Unfähigkeit oder wenigstens Unwürdigkeit besitzt. Dieselbe Stimmung hegt er gegen den Weltklerus überhaupt. Sie haben sich ihres Amtes unwürdig gemacht, sagt er, durch ihr schlechtes Leben und durch ihre Unwissenheit. Darum hat Gott der Herr bessere berufen, das sind die Mendicanten. Nach einer sicherlich nicht schmeichelhaften Zeichnung der Säculargeistlichkeit[1] führt er fort: So sind die Priester und Kleriker unserer Zeit, und sie wollen nicht, dass Minoriten und Predigerbrüder auch nur ihr Leben fristen. Das ist überaus grausam; denn sie wollen nicht einmal, dass wir von den Almosen leben, die wir mühsam und mit Beschämung erbetteln. Und doch gibt es viele im Orden der Minoriten und Predigerbrüder, die, wenn sie in der Welt lebten, ebenso gut Präbenden hätten, wie sie selber, und vielleicht viel besser, weil sie so adlig, reich, mächtig, gelehrt und weise waren

---

[1] Die Stelle ist in der Parmeser Ausgabe (S. 212) unterdrückt.

und sind, wie sie selber, und so auch Priester, Erzpriester, Kanoniker, Archidiakone, Bischöfe, Erzbischöfe und vielleicht Patriarchen, Cardinäle und Päpste wären, wie sie selber (S. 212).

Wer möchte nun die sittliche Fäulniss leugnen, von der ein beträchtlicher Theil des damaligen und früheren Klerus angefressen war? Wer möchte es in Abrede stellen, dass die zwei grossen Bettelorden des dreizehnten Jahrhunderts mit der gesunden Weltverachtung ihrer Stifter einem schreienden Nothstande entgegenkamen [1]). Indess ein Mann wie Salimbene ist für die Zeichnung dieser Verhältnisse keine zuverlässige Autorität. Er übertreibt in dem angezogenen Texte schamlos und verurtheilt mit seiner in der allgemeinsten Form ausgesprochenen Anklage selbst jene, die er in Augenblicken ruhiger Ueberlegung hochschätzen und verehren muss (vgl. S. 32. 40. 54. 63. 98. 150. 220 f.). Diese Neigung zum Generalisieren, wie sie bei dem Parmesen auch sonst hervortritt (vgl. z. B. oben S. 36), zeichnet den Mann und empfiehlt grosse Vorsicht bei Benützung seiner Angaben.

Was ist es nun aber im tieferen Grunde, wesswegen der Religiose dem Weltklerus im allgemeinen so feindselig gegenüber steht? Sind es die wirklichen oder angeblichen Laster, welche er an ihm verabscheut? Der Abscheu ist wahrlich nicht gross, wenn man Salimbene's ausführliche Wiedergabe der poetischen Leistungen jenes Primas canonicus coloniensis liest, eines magnus trutannus und magnus trufator (S. 41 ff. [2]). Es finden sich Wendungen darin, welche dem reproducierenden Minoriten ebenso schlecht anstehen, wie dem Verfasser selbst. Salimbene hatte für die Aufnahme dieser theilweise recht unwürdigen Machwerke keinen anderen Grund, als die Liebhaberei für Schwänke, die einzig und allein jener Geistesrichtung entstammen, welche er sonst so scharf tadelt. Oder zeigt sich Abscheu vor dem Laster, wenn er gegen den Ehebrecher Nazarius und dessen vordem gleichwerthige, damals vielleicht bekehrte Frau auch nicht den mindesten Vorwurf äussert (S. 29)? Sünde bleibt doch wohl Sünde, für Laien wie für Priester. Aber Na-

---

[1]) Vgl. Friedrich Hurter, Geschichte Papst Innocenz des dritten und seiner Zeitgenossen, 4 Bde., Hamburg 1834—1842, und das in Deutschland wenig bekannte Regestrum visitationum archiepiscopi Rothomogensis (1248—1269), ed. Bonnin. Rouen 1852. Der Name des Erzbischofs ist Odo Rigaldus (Rigaud) aus dem Franciscanerorden. Salimbene erwähnt ihn (S. 93 f. und 95 f.

[2]) Er war der «begabteste lateinische Reimer des Mittelalters»; so Böhmer bei Janssen Bd. 3, 13.

zarius war sein Freund, war ein Wohlthäter des Convents von Lucca, der ihm in dem bösen Handel mit der Aebtissin des Clarissinnenklosters viel zu danken hatte. In einem ähnlichen Verhältnisse stand der Minorit zur domina Flos Olivae, die sich als bereits verheirathete Frau von Nazarius hatte entführen lassen (S. 29). Beide besassen als Gönner des Ordens auch die Gunst Salimbene's (vgl. S. 370).

Hier scheint in der That zum guten Theil die Ursache seiner Abneigung gegen die Weltgeistlichkeit zu suchen. Er wusste, dass so mancher Bischof den Minderbrüdern übel wollte, dass er sie und ihre Thätigkeit hemmte, ihren Einfluss bei dem Volke zu schmälern suchte. Von Almosen war bei solcher Denkart naturgemäss keine Rede; Grund genug, dass der nicht grade musterhafte Jünger des heiligen Franciscus in heftigster Sprache gegen jene eifert, denen er bei seinem Adel und seiner behaupteten Wissenschaft recht wohl gleich stünde, wenn er die Armuth nicht allen Reichthümern vorgezogen hätte. Das ist ein in jenen Excursen häufig durchschlagender Gedanke. Er musste hervorgehoben werden, denn er zeichnet den Mann.

Dieser nicht selten zu Tage tretenden beschränkten Auffassung von dem Werthe eines Menschen je nach seiner thätigen und klingenden Liebe zum eigenen Orden entstammt nicht nur sein Unwille über Bischof Roland Taberna, sondern auch seine an einigen Stellen gegen Ende der Chronik ausgesprochene Verbitterung gegen die eigenen Landsleute, die Parmesen. Durchaus charakteristisch ist der Text S. 353. Der Verfasser erzählt, dass Roland Taberna, gebürtig aus Parma, der Sohn eines Schneiders, später Bischof von Spoleto[1]) und päpstlicher Gesandter in Sachen der Heiligsprechung Ludwig's IX., sich um die religiösen Genossenschaften seiner Heimathstadt manches Verdienst erworben, so namentlich um die Karthäuser, für die er «ausgedehnte Besitzungen» ankaufte. Danach heisst es: Et nota, quod dominus Rolandus Taberna, de quo supra diximus, religiosis de Parma semper durus fuit et rusticus et nunquam familiaris nec humanus et nil eis nec in morte de suo reliquit. Entweder hat Fr. Salimbene das vollständig vergessen, was er soeben niedergeschrieben hatte, oder aber, und das ist die natürlichste Annahme, er dachte sich unter den »Religiosen», von denen er redet, nur die Minoriten. Salimbene ignorirt es, dass der Bischof den vom Ausland gekommenen Jüngern des heiligen Bruno ein grosser Wohlthäter wurde, dass er auch

---

[1]) 1278—1285, Gams, Series episcoporum S. 728.

anderen geistlichen Körperschaften sich gütig erwies (S. 352). Es ist dem Bruder Adamo genug, dass er und sein Orden die gleiche Gunst nicht erfahren haben. So verdient Roland vollauf die Prädicate: religiosis de Parma semper durus, rusticus, nunquam familiaris nec humanus. Aber war er im Leben das nicht, was Salimbene wünschte, so konnte er wenigstens durch sein Testament das Geschehene gut machen. Auch diese Hoffnung erwies sich als eitel: et nil eis (i. e. religiosis de Parma) nec in morte de suo reliquit (S. 353).

Was sagt zu solcher aus engherzig-particularistischen Tendenzen hervorgegangenen Darstellung eine besser beglaubigte Geschichte? Bischof Roland von Spoleto starb in seiner Vaterstadt Parma im Kloster des Karthäuserordens, den er zum Erben eingesetzt hatte. Seine Absicht war es gewesen, die kirchliche Würde niederzulegen und diesem Orden vollkommenster Entsagung selbst beizutreten, wenn er sich von seiner Krankeit noch einmal erholen sollte [1]).

Von diesem Bericht sticht Salimbene's Erzählung zu Ungunsten der geschichtlichen Treue des Chronisten bedeutend ab. Salimbene ist ein beschränkt-naiver Parteimann; dadurch wird er unhistorisch und ungerecht.

Allein es ist ihm nicht genug, jenen Bischof verurtheilt zu haben. Roland war Parmese. Wie dieser, so entsprachen auch nahezu seine sämmtlichen Landsleute den bezüglichen Wünschen des Ordensbruders nicht. Nach der Abfertigung Roland's fährt er fort: Et hanc proprietatem et maledictionem habent communiter pro majori parte omnes [2]) parmenses, tam clerici quam layci, tam viri quam mulieres, tam nobiles quam ignobiles, et religiosis [3]) et aliis servis Dei tam suis quam extraneis, indevoti semper existant et duri atque crudeles; quod pessimum signum irae Dei super eos esse videtur .... [4]). Et in Ezech. XVI ...., quod parmensibus convenit et adaptari potest propter eorum duritiam et immisericordiam erga pauperes servos Dei .... et ideo ego frater Salimbene de Parma XLVIII annis fui in ordine fratrum Minorum et nunquam volui cum parmensibus habitare propter indevotionem eorum, quam erga servos Dei habere vi-

---

[1]) Ughelli, Italia sacra, Bd. 1², 1263 XLI.
[2]) Communiter pro majori parte omnes, eine merkwürdige Zusammenstellung. Derartige Phraseologie ist jedem eigen, welcher sich in Uebertreibungen gefällt.
[3]) Soll heissen: fratribus O. M.
[4]) Diese und die folgenden Punkte bedeuten Lücken in dem Parmeser Druck.

dentur et habent. Non enim curant illis benefacere, cum quandoque optime possent et scirent, si voluntas adesset, quia hystrionibus, joculatoribus et mimis benefaciunt larga manu et militibus, qui dicuntur de curia, multa quandoque dederunt, ut vidi oculis meis¹). Die unmittelbar folgenden Worte werden unten den Gegenstand einer weiteren fruchtbaren Betrachtung bilden.

Beispiele ganz ähnlicher Art liessen sich in Menge beibringen. Sie enthüllen Salimbene's Denkweise. Er ist zum vorhinein geneigt, ungünstig über den zu urtheilen, welcher sich der Unterstützung seines Ordens entzieht, und es fällt ihm nicht schwer, den Stab über jenen zu brechen, von dem er zu wissen glaubt, dass er seine Genossenschaft in irgend einer Weise schädigen wolle. Das ist sein Standpunkt gegenüber Papst Honorius IV., das sein Massstab für Bischof Roland Taberna von Spoleto. In dem Sinne der gegebenen Ausführungen ist es vollkommen wahr, was Gebhart²) sagt: La critique de Salimbene est nulle. Il n'envisage l'histoire qu'au point de vue des intérêts de son ordre et juge les rois, les papes et les républiques selon le bien ou le mal qu'ils font aux franciscains. Pour lui la maison d'Assise est le coeur du monde.

Diesem missverstandenen Eifer liegt eine schiefe Auffassung von seinem Berufe zu Grunde. Damit hängt ein anderer Umstand zusammen, der für das Verständniss des Parmesen von Bedeutung ist. Seine höchst unmassgebliche, an mehreren Stellen wiederholte Behauptung ist es, dass Minoriten und Predigerbrüder alle Welt den Bettel gelehrt hätten (S. 110). Das hat allerdings weder der Heilige von Assisi noch St. Dominicus vorgeschrieben. Der Widerspruch, welcher in einer derartigen Forderung liegt, verurtheilt sie selbst³).

---

¹) S. 353. S. 360 heisst es: Iste Pinottus .... fuit pulcher homo et magnifici cordis, audax et securus et more parmensium valde superbus. Trotzdem sind die Parmesen Lieblinge der Mutter Gottes. Denn beata Virgo curam illius civitatis et custodiam praecipuam habere videtur, quia a parmensibus honoratur in ea (S. 385; vgl. S. 76).
²) Études méridionales S. 108 f.
³) S. 111 gesteht der Chronizt, dass Papst Gregor X. auf dem zweiten Lyoner Concil «infolge göttlicher Eingebung» die Saccati aufgehoben, ne populus christianus propter multitudinem mendicantium taedio gravaretur. Massvoller als Salimbene drückt sich der Franciscaner aus, welcher Fol. 216 des römischen Manuscriptes folgende Randnote beigesetzt hat: Fratres praedicatores et nos multos docuimus mendicare et regulas facere; bei Clédat, Annuaire de la faculté des lettres de Lyon, Bd. 1, 205 Anm. 1.

Aber Salimbene hatte nun einmal jene Auffassung. Sie kam ihm nicht durch den Orden, sondern durch jene gewaltige Strömung, welche nicht blos ihn, sondern auch viele seiner Mitbrüder erfasste und die ihren Ausgangspunkt nahm in der calabrischen Abtei Fiore. Die Lehre Joachims und die Auslegungen, welche seine Worte erfuhren mit Bezug auf den Erneuerungsprocess der Kirche und die für denselben besonders berufenen Bettelorden, vor allem die Minoriten (S. 118 f. 122 ff. 389), hatten Salimbene, dem auch die eigene Phantasie manche Beigabe liefern mochte (S. 122. 411), so eingenommen, dass sein ganzes Denken und Fühlen von den Ideen beherrscht war, welche als das Erzeugniss jenes Propheten ausgegeben wurden [1]).

So erhielt seine Vorstellung von dem Ordensleben, im besondern von dem Orden des heiligen Franciscus, aber auch sein Begriff von der Kirche eine eigenthümliche Färbung. Salimbene's phantastisches Idealbild von der letzteren ist angekränkelt durch eine Einbildung, welche der Minorit mit jenen theilt, die er im übrigen keineswegs zu seinen Gesinnungsgenossen rechnen würde. Nach ihm und nach der Auffassung jedes echten Joachimiten muss die spiritualis ecclesia, welche während der Periode des heiligen Geistes zur Herrschaft gelangen wird, den «Buchstaben, die Hülle, das Fleischliche, das Materielle» abstreifen. «Alles wird vergeistigt und in der Vergeistigung die letzte, bleibende Vollendung erhalten» [2]).

Weil Salimbene die Thatsachen nur zu häufig im entschiedensten Gegensatze fand zu dieser seiner Vorstellung, weil er in der Kirche zeitlichen Besitz [3]), Reichthum und vielfach schwelgerisches Leben sah, so musste sein reizbares Temperament naturgemäss gegen jene reagieren, die für ihn der Stein des Anstosses waren. Die Ergüsse seiner für Themen dieser Art stets galligen Seele scheinen ihm dann am wirksamsten, wenn er sie mit möglichst schmutzigen Anekdoten würzen kann, die ihm Tagesgeschichte und Tagesklatsch reichlich boten.

Da drängt sich denn schliesslich die Frage auf, in wie

---

[1]) Dove, Doppelchronik S. 1, sagt: «Was Salimbene schreibt, ist Minoritenwort und Joachitengedanke». Auch das «Minoritenwort» ist stark joachitisch versetzt.

[2]) Denifle, Das Evangelium aeternum und die Commission von Anagni, im Archiv für Lit.- und Kirchengeschichte des Mittelalters, Bd. 1, 56. Die angeführten Sätze sind indess nicht im protestantischen Sinne zu verstehen.

[3]) Vgl. Affò, Memorie Bd. 1, 223 Anm. 1.

weit Fr. Salimbene selbst dem ascetischen Ideal entsprochen hat, welches er andern so gern vorhält. Wie steht es mit seiner Eingezogenheit, mit seiner Selbstbeherrschung, mit seiner Armuth? Er ist zu offen, als dass er seine Vorliebe für die Genüsse des Gaumens und der Augen verschwiegen hätte. Mit sichtlicher Wonne redet er von Sachen, welche diesem Gebiete angehören. Salimbene ist nicht schlecht; das wird niemand behaupten wollen. Die zahlreichen frommen Sprüchlein sind ein Ausdruck seiner Gesinnung. Allein der Mann hängt an Dingen, welche einem so reformdurstigen Joachimiten schlecht anstehen. Er lässt sich in Pisa sehr gutwillig jedes Jahr zwei neue Habite geben und ist weit entfernt, das Beispiel seines Mitbruders Boncompagno de Prato nachzuahmen, welcher sich mit einem einzigen und zwar abgetragenen Kleide begnügte (S. 122). Klarer noch tritt seine wahrhaft classische Auffassung jener Armuth, die er in Rücksicht auf seine persönlichen Ansprüche für die empfehlenswertheste zu halten scheint, in folgender Stelle hervor: Certe si ita grandis civitas esset in Francia, ut est Parma in Lombardia, convenienter et decenter centum fratres Minores viverent et habitarent ibi, habendo omnia necessaria abundanter (S. 353)[1]).

Was soll man aber zu all den unflätigen Geschichten und Geschichtchen sagen, die der Chronist mit behaglichem Vergnügen erzählt und in denen er sich über die äussersten Grenzen romanischer und südländischer Ungenirtheit hinwegsetzt? Sie gelten als culturhistorisch äusserst wichtig. Gut. Aber in welchem Lichte lassen sie den Verfasser erscheinen? Er berichtet mit nacktester Offenheit die zotenhafte Bemerkung eines florentinischen Franciscaners, schliesst eine langathmige Erklärung daran, dass der Confrater so nicht hätte reden sollen und fühlt am Schlusse doch ein unleugbares Widerstreben, das Wort des Minoriten schlechthin zu verurtheilen[2]).

Fr. Salimbene spielt die Rolle eines Spiritualen recht übel. Wohl versucht er hie und da Anläufe zu grösserer Masshaltung, die der historischen Treue wahrlich keinen Eintrag gethan hätten. Doch kommt er über den guten Willen nicht hinaus[3]). Benedictus Deus, qui nos de hac materia expedivit (S. 41), sagt er,

---

[1]) Dieser Text schliesst sich an den oben S. 73 wiedergegebenen an.
[2]) S. 40 und Clédat, Annuaire de la faculté des lettres de Lyon, Bd. 3, 184 ff.
[3]) Clédat, Annuaire l. c. S. 184. 186. Edit. Parm. S. 41. 404.

unzweifelhaft zunächst mit Bezug auf den trufator aus Florenz, schlägt aber sofort den früheren Ton von neuem an[1]). Der Parmese und seine rückhaltslosen Gönner in alten und neuen Tagen haben keinen Grund, sich über diese Beurtheilung zu beschweren. Der Massstab für dieselbe wurde keinem fremdländischen Sittencodex, sondern den Grundsätzen entlehnt, nach denen der Minorit den Werth des Menschen zu bestimmen pflegt. Salimbene ist einer aus der grossen Schaar jener, welche das schöne Wort «Reform» gar gern im Munde führen, aber die zunächst liegende Anwendung auf sich selbst nicht beachten.

Hat die soeben gezeichnete Geistesrichtung Salimbene's auch ihren Einfluss geübt auf den Schriftsteller? Zur vollständigen Charakteristik Salimbene's ist es nöthig, auch sein historisches Programm kennen zu lernen. «Das Aufkommen und die rasche Verbreitung der Bettelmönche[2]) brachte in die Geschichtschreibung ein ganz neues Element. Die bisher betrachteten Schriftsteller schrieben die Geschichte entweder ganz einfach um ihrer selbst willen oder im Interesse des Klosters, des Bisthums, dem sie angehörten, das durch tausend Fäden mit der Reichsgeschichte in Verbindung stand. Dieser feste Boden fehlte den Bettelmönchen, welche keinen Grundbesitz hatten. Sie schrieben Geschichte, um zu lehren, um Handbücher für ihre Disputationen und Vorrathskammern für ihre Predigten zu haben. Auf Urkunden kam es ihnen dabei nicht an, aber desto mehr auf allerlei Geschichten, die sich gut anwenden liessen. Sie mussten Compendien zum bequemen Gebrauch und daneben grosse Encyklopädien haben, in denen sie alles leicht aufsuchen konnten, dessen sie grade bedurften»[3]).

Ist es nicht sehr wahrscheinlich, dass ein «solcher echt bettelmönchischer, auf Nutzanwendung und Erbauung abzielender Lehrtrieb»[4]) auch die Schriftstellerei Salimbene's bestimmte? Sagt er doch zum Jahre 1284 klar und deutlich, er habe sich

---

[1]) Ich sage nicht, dass für den besonnenen Historiker das burleske Beiwerk der Chronik Salimbene's nicht auch nutzbar werden könne. Zweck vorstehender Erörterung war die Charakteristik des Mannes. Da musste denn der Widerspruch klar aufgedeckt werden, in dem er, ohne sich dessen vielleicht vollkommen bewusst zu werden, mit sich selber stand.

[2]) Eine sehr geläufige, aber unrichtige Bezeichnung. Die Mendicanten sind keine Mönche.

[3]) Wattenbach, Deutschlands Geschichtsquellen. Bd. 2⁵, 420. Vgl. Lorenz, Bd. 1³, 5 f.

[4]) Dove, Doppelchronik S. 11.

mit Erdbeben und anderen störenden Naturerscheinungen deshalb so lange befasst, weil es wisse, dass mancher Prediger, der schnell über diese Gegenstände sprechen solle, aus Mangel an Stoff in Verlegenheit gerathe[1]). Als Veranlassung dazu, dass er seine Genealogie bis auf etwa sechzig Jahre zurück verfolgt, nennt er zunächst die Bitte seiner Nichte Agnes, die als kleines Mädchen ihm den Wunsch ausgesprochen, ihre Abstammung väterlicher- und mütterlicherseits zu erfahren. Jetzt wisse sie, für wen sie beten müsse (S. 23). Der Chronist führt noch drei andere Gründe an, welche ihn bewogen haben, den Stammbaum seiner Familie zu verzeichnen. Es sind dies der Vorgang früherer Autoren, die Gelegenheit, manches gute und nützliche zu sagen, was er in anderem Zusammenhange nicht gesagt hätte, endlich der Nachweis für die Wahrheit des Wortes: Quae est enim vita vestra? Vapor est ad modicum parens et deinceps exterminabitur (ep. Jac. 4, 8)[2]). Das sind doch wohl echt «bettelmönchische» Absichten.

Später (S. 68) erklärt er, dass er seine sämmtlichen übrigen Chroniken[3]) ebenfalls für Agnes geschrieben habe, die damals als Ordensschwester im Clarissinnenkloster zu Parma lebte; also, wie es scheint, auch hier ausschliesslich der Zweck erbaulicher Unterhaltung.

Es lohnt sich der Mühe, die Sache etwas eingehender zu untersuchen und durch Vergleichung aller jener Stellen, in denen Salimbene seinen Standpunkt als Historiker zeichnet, die erste Vorbedingung für ein abschliessendes Urtheil über den Geschichtsschreiber zu erfüllen. Wie also denkt der Parmese über den Gegenstand seiner Thätigkeit, über die Form der Darstellung, wie schildert er seine Arbeitsweise?

Der Minorit beklagt sich, dass die ihm zu Gebote stehenden Vorlagen vielfach recht mangelhaft seien. Aber er tröstet sich; ordinem historiae habent congruum ... Et jam melius fuit, quod aliquid scriberent, quamvis simpliciter, quam quod omnino dimitterent. Quia saltem millesimum annorum Incarnationis Dominicae, sub quo haec vel illa facta fuerunt, habemus ab eis; et aliquam veritatem historiae et rerum gestarum et negotiorum accidentium, quam forte non haberemus, nisi Deus revelare vellet[4]).

---

[1]) S. 316. Der Parmeser Druck ist unvollständig.
[2]) Bei Clédat im Annuaire Bd. 3, 174.
[3]) Auch die vorliegende? Dove, Doppelchronik S. 4, behauptet es; ausdrücklich gesagt hat es der Chronist nirgends, weder S. 10, noch 23, noch S. 68.
[4]) Bei Clédat, Thesis S. 14 und mangelhaft in ed. Parm. S. 1.

Salimbene betont mit diesen Worten die chronologische Ordnung eines Geschichtswerkes, den Werth einer wenn auch nur ziemlich allgemeinen Zeitbestimmung, betont die Bedeutung der historischen Wahrheit ohne ausgesprochene Rücksicht auf Nebenzwecke, der Kenntniss von hervorstechenden Ereignissen, aber auch von Dingen mehr untergeordneter Natur.

Er versichert, dass er Geschichte nicht anders als der Wahrheit gemäss schreiben könne. Nos aliter historias narrare non possumus, nisi sicut de facto fuerunt et vidimus oculis nostris tempore Imperii Friderici et post mortem ejus annis multis usque ad dies nostros, in quibus scribimus haec a. D. 1284. Bezieht sich dieser Text auf den Inhalt seiner Arbeit, so entwickelt er im folgenden auch seine Grundsätze hinsichtlich der sprachlichen Form. Ego quoque scribendo diversas chronicas simplici et intelligibili stylo usus sum, ut neptis mea, cui scribebam, posset intelligere, quod legebat, nec fuit mihi cura de verborum ornatu, sed tantum de veritate historiae conscribendae.

Der Verfasser wiederholt also, dass er die Darstellung der Wahrheit als die Hauptaufgabe seiner literarischen Thätigkeit betrachtet.

Auch sonst bekundet der Parmese einen gesunden historischen Sinn und vernünftige Kritik. Das Buch des Fr. Johannes de Planum Carpi über die Wunderdinge des Orients kann er, da es ihm an Zeit fehlt, nicht vollständig abschreiben; er hebt die zwei Briefe des Papstes und des Mongolenchans heraus (s. ob. S. 33). Die Zahl derer, welche in der Schlacht bei Meloria 1284 gefangen und gefallen waren, mag er nicht angeben, weil die umlaufenden Gerüchte sich einander zu offen widersprachen. Auch den diesbezüglichen Bericht des Erzbischofs von Pisa an dessen Bruder, den Bischof von Bologna, will er nicht verwerthen. Er zieht es vor, auf die Ankunft seiner Mitbrüder aus Pisa zu warten, qui mihi certum numerum melius declararent (S. 305) — Kleinigkeiten, aber sie zeichnen den Historiker. Unzählich oft kehrt die Betheuerung wieder, dass er Augenzeuge dessen sei, was er berichte. Schöpfte er seine Nachrichten aus fremder mündlicher Mittheilung, so werden auch in diesem Falle der Gewährsmann und seine Autorität häufig genau angegeben, während schriftliche Vorlagen, die er in seiner Weise frei zu behandeln pflegt [1]), durchaus nicht immer genannt sind. Von einer Bezugnahme auf Notizen über eigene Lebensschicksale ist nirgends die Rede. Salimbene's Schreibweise ruft an vielen

---

[1]) Vgl. bei Clédat, Thesis S. 13 f. und ed. Parm. S. 1.

Stellen den Eindruck hervor, dass er nach dem Gedächtniss arbeitete, so gut und so treu er es eben konnte. Si plura facta sunt in millesimo supraposito digna relatu, sagt er zum Jahre 1285, memoriae non occurrunt. Haec supraposita bona fide descripsi praevia veritate, prout oculis meis vidi (S. 366). Frühere Notizen sollen damit nicht in Abrede gestellt werden[1]. Möglicherweise benutzte der Chronist für die Erzählung seiner Lebensschicksale auch die eigenen schriftstellerischen Arbeiten, welche augenblicklich verloren sind, aber zweifelsohne die Vergangenheit des Mannes stark wiederspiegelten[2].

Woher kommt es doch, dass der Chronist nicht selten offenbar Zusammengehöriges trennt und zu verschiedenen Zeiten, an verschiedenen Orten das erzählt, was in ununterbrochener fortlaufender Reihenfolge den Leser weit mehr befriedigen würde? Er selbst gibt die Antwort. Si quis quaerat, quare omnia, quae de tartaris sunt, non posui simul, dico, quia successive et fiebant et successive narrabantur mihi, et ideo oportuit me scribere ea modo sub isto, modo sub alio millesimo sicut fiebant et sicut ad meam notitiam poterant pervenire (S. 371), eine Bemerkung, welche auf tagebuchartige Notizen schliessen lässt.

---

[1] Vgl. Dove, Doppelchronik, S. 2 und Lorenz, Deutschlands Geschichtsquellen, Bd. 2², 262. Von wohlmeinender Seite ging mir die Bemerkung zu, dass der vom Salimbene S. 96 angeführte Küchenzettel einen unumstösslichen Beweis liefere für die Thatsache tagebuchartiger Aufzeichnungen. Es sei unmöglich, nahezu vierzig Jahre solch ein Menu in Erinnerung zu behalten. Das mag auf den ersten Blick so scheinen. Indess kann dieser Punkt für mich keine durchschlagende Bedeutung haben. Mehrfache Umstände erklären es zur Genüge, dass Salimbene auch nach langer Zeit noch von jener Mahlzeit mit grosser Ausführlichkeit zu reden wusste. Für Essen und Trinken ist er immer eingenommen. Jener Tisch zog in ungewöhnlich hohem Grade die Aufmerksamkeit des Mannes auf sich. Salimbene speiste damals mit Ludwig IX. von Frankreich, für den sein Herz in warmer Liebe schlug. Es war ihm an jenem Tage eine Tafel geboten, wie sie ihm im Orden wohl nie gedeckt wurde (vgl. S. 403). Kein Wunder, dass dieser Hochgenuss dauernde Wirkungen in dem Chronisten zurückliess. Indess wie war es doch möglich, die einzelnen Gänge nach vierzig Jahren mit solcher Bestimmtheit zu verzeichnen? Aber wer sagt denn, dass alles genau so war, wie Salimbene es später niederschrieb? Er hatte ein ganz vortreffliches Gedächtniss und darum wird er sich gewiss vieles gemerkt haben. Ob z. B. die Reihenfolge der einzelnen Gerichte genau die nämliche blieb, das ist eine andere Frage. Salimbene erlaubt sich auch sonst im Erzählen manche Willkür. Kurz, sein ausnehmend gutes Gedächtniss, sein Interesse für einen guten Tisch, seine gesteigerte Begeisterung für die in Rede stehende Tafel erklären auch ohne gleichzeitige Notizen den Küchenzettel sehr wohl.

[2] Vgl. N. Archiv Bd. 10, 222 f.

Es mag zugegeben werden, dass derjenige, welcher bei einem «Bettelmönche» nun einmal nichts weiter als die Tendenz auf Nutzanwendung und Erbauung finden will, durch die beigebrachten Belege sich in seiner Ansicht nicht sonderlich gestört sehen wird [1]). Allein es erübrigt noch ein Moment, das in dieser Beziehung Betrachtung verdient. Dem Tendenzhistoriker ist es eigen, dass er alles, was er an dem Gegenstande seiner Liebe unvortheilhaftes und schlechtes entdeckt, verschweigt oder doch durch Clauseln aller Art zu beschönigen sucht. Aus dem gleichen Grunde übersieht er leicht die guten Seiten der Gegner; könnte er sie ja doch nur, so scheint es, auf Kosten derer nennen, welche um jeden Preis gelobt werden müssen.

Wie verhält sich in diesem Stücke der Chronist von Parma? Es ist wahr, an seinen intimsten Freunden, an joachimitischen Gesinnungsgenossen, die nicht gerade der Richtung eines Girard von Borgo San Donnino angehören, entdeckt er keinen irgend wie namhaften Fehler. Da ist ihm alles Gegenstand der Bewunderung. Aber wo diese seine Manie nicht mitspielt, fällt es ihm nicht schwer, Gerechtigkeit walten zu lassen, und zwar in erster Linie mit Rücksicht auf Persönlichkeiten, die ihm im Grunde verhasst sind. Salimbene bemüht sich redlich, auch an diesen das wenn auch noch so geringe Mass von Güte anzuerkennen, welches er entdecken konnte. Die sog. Apostel sind hier eine congregatio ribaldorum et porcariorum et stultorum et ignobilium, eine synagoga sathanae (S. 111). Und doch macht ihn diese Stimmung nicht blind gegen gewisse, wie er meint, lobenswerthe Aeusserlichkeiten jener Secte. Nec aliquid bonum in apostolis Segalelli video nisi apparentiam quandam, quantum ad exteriorem habitum, quam portare videntur secundum apostolicam formam, sicut pictorum traditio a tempore Christi usque ad dies nostros perduxit; ostendens apostolos nazaraeos fuisse cum capillis longis et barba prolixa et cum mantello circa scapulas involuto. Porro aliud bonum, quod in eis notari potest, est, quia circa a. D. 1260 coeperunt apparere, quo anno verberatorum devotio per Italiam facta est; quo etiam anno, ut Joachitae dicunt, inchoatus est status Spiritus sancti, qui in tertio statu mundi in viris religiosis operari debet quandam proprietatem mysterii (S. 123).

Ebenso findet er an Fr. Elias, dem filius Belial, eine, allerdings nur eine einzige lobenswerthe That, die er der Aufzeich-

---

[1]) Dove gibt übrigens für Salimbene «objectiven historischen Sinn» und «gesundes Wahrheitsgefühl» zu (Doppelchronik S. 10).

nung für werth hielt: quia ordinem fratrum Minorum ad studium theologiae promovit (S. 105).

In vielfacher Beziehung lehrreich ist die Stellung Salimbene's zu Kaiser Friedrich II. Auch ihn stellt er in wenig schmeichelhafte Beziehungen zu dem höllischen Drachen, wenn er schreibt: Isti suprapositi fuerunt XII nobilissimi ecclesiastici principes et legati, quos in Lombardiam et Romagnolam misit Ecclesia, non solum pro animarum salute, verum etiam et contra draconis astutiam, Fridericum scilicet, qui cum suis principibus et sequacibus conabatur subvertere ecclesiasticam libertatem et fidelium unitatem (S. 223).

In den grellsten Tönen zeichnet der Entrüstete Friedrich's Habgier. Et nota, heisst es S. 224, quod Imperator Fridericus solitus erat dicere, quando aliquem sublimabat, si videbat, quod honore et divitiis abundaret: nunquam nutrivi porcum, de quo (exungiam, soll heissen) axungiam [1]) non habuerim. Volebat dicere, quod postea expoliabat eum honore impenso et divitiis, quas habebat. Ad litteram ita erat. Ein zusammenfassendes Verdammungsurtheil ist folgendes: Fuit homo pestifer et maledictus, schismaticus, haereticus et epicureus, corrumpens universam terram, quia in civitatibus Italiae semen divisionis et discordiae seminavit, quod usque hodie durat [2]).

Welches Interesse wäre nun imstande gewesen, einen Mann, der so schwere Anklagen gegen den Kaiser niedergeschrieben hat, zu einer günstigen Beleuchtung desselben zu veranlassen, wenn nicht einzig und allein die Rücksicht auf den Tribut, den die Geschichtschreibung der als solcher erkannten Wahrheit schuldet? Debet enim hystoriarum scriptor communis esse persona, ita quod nec tantum omnia mala describat unius et omnia bona subticeat (S. 245). Es mag nicht viel bedeuten, wenn Salimbene wiederholt hervorhebt, dass Friedrich an wüster Grausamkeit einem Ezzelino da Romano, diesem membrum diaboli, nicht gleich kam. Salimbene kennt andere Vorzüge. Der Kaiser hörte sich die mitunter beissenden Witze, ja selbst die Schmähreden der Spottvögel gutwillig an. Sustinebat et audiebat impune et frequenter dissimulabat se audire: quod est contra illos, qui statim volunt se ulcisci de injuriis sibi factis.

---

[1]) Böhmer, welcher Reg. 1198—1254 S. XXXVII diese Stelle bringt, beruft sich auf Höfler, Kaiser Friedrich II. S. 234, bei dem aber gerade dieses keineswegs nahe liegende Wort ausgefallen ist.

[2]) S. 3. Trotz alledem konnte man Salimbene für einen Gibellino marcio e putridissimo halten; bei Affò, Memorie Bd. 1, 223 Anm. 1

Der Staufer gilt ihm in diesem Stücke sogar als ein Tugendmuster. Si tale convicium Icilino de Romano dixisset, fecisset eum exoculari aut certe suspendi (S. 170). Aliquando fuit multum solatiosus homo, sed multos habuit insidiatores et mordaces, qui quaerebant animam ejus volentes eum occidere, maxime in Apulia et Sicilia atque in toto regno (S. 349). Zufolge der von Salimbene selbst lange Zeit als richtig anerkannten Auslegung Joachim's von Fiore hätte Friedrich weit schlechter sein müssen als er es thatsächlich gewesen ist. Er starb obendrein zehn Jahre vor dem ihm zugedachten Termin. Der Enttäuschte berichtet nur seinen eigenen Irrthum in den Worten: Fridericus malleus orbis[1]) generaliter non fuit, quamvis multa mala fecerit (S. 178). Der schärfste Vorwurf gegen den Kaiser und die aufrichtigste Würdigung seiner Eigenart finden sich in engster Verbindung S. 166 f.: Nota, quod Fridericus quasi semper dilexit habere discordiam cum Ecclesia et eam multiplicer impugnavit, quae nutrierat eum, defenderat et exaltaverat. De fide Dei nil habebat; callidus homo fuit, versutus avarus luxuriosus malitiosus iracundus; et valens homo fuit interdum, quando voluit bonitates et curialitates suas ostendere, solatiosus jocundus delitiosus industriosus; legere, scribere et cantare sciebat et cantilenas et cantiones invenire, pulcher homo et bene formatus, sed mediae staturae fuit. Nun folgen die gemüthvollen Worte: Vidi enim eum et aliquando dilexi; nam pro me scripsit fratri Helyae, generali ministro ordinis fratrum Minorum, ut amore sui me redderet patri meo ... et ut breviter me expediam, si bene fuisset catholicus et dilexisset Deum et Ecclesiam suam, paucos habuisset in Imperio pares in mundo.

So weiss Salimbene auch dem von ihm verfluchten Manfred, dem angeblichen Mörder Conrad's IV. (S. 244), manchen rühmlichen Zug abzulauschen. Er hat sich hierüber in einer seiner früheren Schriften, in dem tractatus Papae Gregorii X., verbreitet (S. 245). Zwar zieht er Enzio allen übrigen Söhnen Friedrich's II. vor (S. 244), aber auch den Enkel Conradin tadelt er mit keinem Worte, ja er kann ihm eine Art von Anerkennung nicht versagen (S. 247). Und doch begrüsst er den Untergang des ganzen Geschlechtes: Ad litteram bene fecit Deus de filiis[2]) Friderici, extirpando et delendo eos, quia haec fuit generatio

---

[1]) Vgl. Chron. Sal. S. 177 und Jos. Felten, Gregor IX. (Freiburg i. B. 1886) S. 334.
[2]) Darunter ist offenbar seine Nachkommenschaft überhaupt zu verstehen.

prava et exasperans, generatio, quae non direxit cor suum et non est creditus cum Deo spiritus ejus (S. 166).

Angesichts dieser Ausführungen kann nicht geleugnet werden, dass der Chronist von Parma vielfach sehr correcte Anschauungen über die Aufgabe des Historikers hatte, ja dass er theoretisch seinen schriftstellerischen Beruf in der Darstellung dessen, was er als Thatsache erkannte, richtig verstanden und ehrlich aufgefasst hat. In der Bethätigung seiner Grundsätze, in der praktischen Verwirklichung seines Ideals allerdings lauft so manches unter, was, wenn es diesem auch nicht widerspricht, doch mit demselben nicht ausdrücklich gegeben ist; so die einmal geäusserte Rücksicht auf Prediger, die Nutzanwendungen, welche indess, sollten sie auch noch so häufig wiederkehren, immer nur eine untergeordnete Stellung im Rahmen seines historischen Programmes einnehmen. In ihnen ist Salimbene ein Kind seiner Zeit. Aber nicht die religiös-moralische Richtung, welche der Chronist öfters thatsächlich bekundet, macht viele seiner Darstellungen unhistorisch. Der schlimmste Dämon seiner Geschichtschreibung ist der Joachimismus. Nicht die ethische Beziehung einer festgestellten Thatsache auf die Verhältnisse des Lebens macht nothwendig die Darstellung selbst unrichtig und falsch, wohl aber ist der Aufbau einer ganzen Welt nach vorgefassten, durch nichts erwiesenen Theorieen der Tod echter Geschichte. Die eitle Hoffnung auf einen Zustand allgemeiner Vergeistigung und das Verlangen, ihn durch die Mitwirkung der beiden grossen Mendicantenorden baldmöglichst herbeigeführt zu sehen, der wonnevolle Ausblick auf die Herrschaft des heiligen Geistes durch die Religiosen trübten den schwelgenden Blick des Apokalyptikers für die richtige Beurtheilung der eigenen Zeit, welche er vielfach nur durch das Perspectiv seiner mystischen Hirngespinnste betrachtete. Selbst die Hartnäckigkeit, mit welcher der Mann von Parma an gewissen Anschauungen festhielt, die sich in ihm infolge mehr persönlicher Anlässe gebildet, hätten seiner Geschichtsauffassung nie so nachtheilig werden können, wie die Begeisterung für die Lehre Joachim's und für das Wort jedes «grossen Joachiten». Mehr noch. Der Nachweis wäre nicht schwer, dass nahezu sämmtliche gegen die Grundsätze einer verständigen Geschichtschreibung verstossenden gröberen Fehler Salimbene's in dieser heillosen Sucht wurzeln, die Thatsachen joachimitisch-aprioristisch demonstrieren und construieren zu wollen (vgl. S. 123 f.). Der Chronist wird leichtgläubig (s. Chron. Sal. bei Clédat, Thesis S. 99 f. und oft), wird abergläubisch (z. B. ed. Parm. S. 268) und findet schliesslich in der Lehre des calabrischen Sehers von der durch und durch verpesteten Gegenwart und der in Erwartung stehenden nebelhaft-idealen Zukunft auch eine Beschönigung für seine von blinder Leidenschaft eingegebenen, deshalb von Uebertreibungen nicht freien Declamationen gegen das thatsächlich Bestehende.

Die Charakterisirung Salimbene's als Historiker führt naturgemäss zur näheren Betrachtung seines einzigen noch vorhandenen Geschichtswerkes, seiner Chronik.

II. Die Chronik des Fr. Salimbene und ihre geschichtlichen Grundlagen.

1. Die Chronik.

Lange Zeit galt die Meinung, dass zwei Werke des Bruders Salimbene einer späteren Nachwelt überkommen seien, die oft genannte Chronik und das von Muratori SS. VIII. sog. Memoriale potestatum Regiensium. Der erste, welcher gegen diesen von Affò [1]) vorgetragenen, unter andern von Böhmer [2]) angenommenen Satz Einsprache erhob, war Schirrmacher, welcher im Jahre 1871 «gelegentlich zu zeigen gedenkt, dass Salimbene nicht als der Verfasser des Memoriale anzusehen sei, wofür er seit Affô's Beweisführung gegolten hat» [3]).

Was er versprochen, führte Dove in grösserem Umfange durch. Er ging weiter und enthüllte das Memoriale als das Bruchstück einer Quelle Salimbene's [4]). So sind denn ausser der Chronik alle übrigen Arbeiten des Minoriten von Parma augenblicklich verloren.

Liegt das noch vorhandene Geschichtswerk als Autograph vor oder sind es Abschriften, in denen es erhalten blieb?

Fast durchgängig wird, abgesehen von der lückenhaften Copie Amati's, die römische Handschrift als die einzige erwähnt. Es ist der Codex Vatic. 7260. Böhmer erhielt im Jahre 1850 in der Vaticana den Bescheid: è un codice unico [5]), Potthast [6])

---

[1]) Memorie Bd. 1, 232.
[2]) Reg. 1198—1254 S. LXXVI und LXXVIII.
[3]) Die letzten Hohenstaufen, Göttingen 1871. S. 400 n. 15.
[4]) S. oben S. 3.
[5]) Bei Janssen, Joh. Friedrich Böhmer's Leben, Briefe und kleinere Schriften, Bd. 3, 10.
[6]) Bibliotheca medii aevi: S. 524. Das Supplement von 1868 vervollständigt die Notiz nicht.

kennt nur diesen, und Clédat schreibt: Magno licet nomine dignus a plurimis adhuc vel eruditis Salimbene ignoratur. Quid mirum, cum ejus Chronica uno tantum servata sit codice manu scripto [1]), in quo a tertiodecimo saeculo usque ad annum 1857 obscura latuit et ignota [2]).

Das erste noch vorhandene Blatt der vaticanischen Handschrift führt die Nummer 208, das letzte die Nummer 492. Anfang und Ende fehlen. Die Zahl sämmtlicher Blätter des erhaltenen Manuscriptes beträgt 273. Das Format ist Octav [3]). Die Chronik beginnt, so weit sie vorliegt, mit einer Begebenheit des Jahres 1167: [Manuel imperator Con]stantinopolitanus ma[ximam] Venetorum multitudinem per totam Greciam dispersorum in unius diei spatia (soll heissen spatio) cepit, sicut aves ab absconso venatorio laqueo capiuntur [4]). Den Schluss bildet das Jahr 1287.

Die Ansichten über die Provenienz dieser handschriftlichen Chronik waren von jeher getheilt. «Die Schrift ist aus dem Ende des dreizehnten oder dem Anfange des vierzehnten Jahrhunderts», sagt Papencordt [5]), der mithin keineswegs ihre Originalität behauptet. Nach Höfler [6]) ist das «Manuscript offenbar Autograph des Verfassers». Clédat [7]) theilt dieselbe Meinung, wird aber hierin heftig bekämpft von Novati [8]), demzufolge die Handschrift eine gleichzeitige Copie ist. Dem Franzosen schliesst sich Holder-Egger an. Er schreibt: «Es kann nicht der geringste Zweifel bleiben, dass der letztere (Clédat) voll und ganz Recht hat. Verschiedene Indizien, welche theils schon Herr˙ Clédat entwickelt hat, theils ich an andern Orten darzulegen haben

---

[1]) Clédat meint den römischen.
[2]) Thesis S. 7. Vgl. Revue historique Bd. 10 (1879), 117.
[3]) Ein Facsimile von Fol. 423 s. bei Clédat, Thesis, Titelblatt.
[4]) Vgl. Papencordt im A. Archiv Bd. 7 (1839) S. 667 f. Clédat, Thesis, S. 8 und 67. Dem letzteren ist die Angabe entnommen, dass das Schlussblatt mit 492 beziffert ist. Nach Papencordt a. a. O. S. 668 und Höfler in den Münch. gel. Anzeigen Bd. 14 (1842), col. 676, ist Bl. 491 das letzte. Eine ausführliche Beschreibung des Cod. Vat. 7260 gibt Clédat in dem Annuaire de la faculté des lettres de Lyon, Bd. 1 (1883) S. 201 ff.
[5]) A. Archiv, Bd. 7, 667.
[6]) Münch. gel. Anzeigen, Bd. 14 col. 676.
[7]) Thesis S. 9 f. und Annuaire de la faculté des lettr. de Lyon, Bd. 1, 201 ff.
[8]) In dem Giornale storico della letteratura ital. Bd. 1 (1883) S. 384 Anm. 3. Clédat's Entgegnung s. Revue historique Bd. 24 (1884), 224 ff. Bezeichnend für den Charakter, den die Polemik angenommen hat, sind unter anderm die Noten 1 und 2 in dem Annuaire Bd. 3, 163 f.

werde, beweisen es zur Evidenz, dass der ganze Codex von Anfang bis zu Ende von des Autors eigener Hand geschrieben ist» ¹). Es mag für den Zweck vorliegender Arbeit genügen, jenes Beweismoment hier anzuführen, welches Clédat in seiner These S. 9 f. geltend macht. Es ist folgendes: Irrthümer und Fehler, welche sich ein Autor zu Schulden kommen lässt, tragen ein anderes Gepräge als die Versehen des Abschreibers. Verstösse der letzteren Gattung sind nun im Codex Vat. 7260 nicht zu finden, wohl aber solche, welche die Hand des Autors verrathen. So sind nirgends Sätze oder Satzglieder ausgelassen, was bei Abschriften häufig der Fall ist, nie eine sinnstörende Unterbrechung dieser Art zu entdecken. Dagegen erscheinen am Rande vielfach Zusätze und Anmerkungen von derselben Hand, welche den Text schrieb; z. B. auf Blatt 357: «Isti versus sumuntur ex libro comitissae Mathildis et sunt utiles ad rerum praeteritarum notitiam cognoscendam. Fol. 242: De Primate trutanno et de versibus suis et rithmis. Nota, quod primas Aurelianensis fuit ²).

Hat mithin nach der entschiedenen Versicherung Holder-Egger's der römische Codex als Original zu gelten, so ist derselbe Gelehrte nicht in der Lage, mit gleicher Bestimmtheit die nächste Genesis des Manuscriptes zu erklären. Er sagt: «Weniger geneigt würde ich sein, zu glauben, dass in dieser Handschrift der erste Entwurf des Werkes vorliegt, dafür sind doch viele Blätter zu glatt weggeschrieben; wahrscheinlicher ist es schon eine Reinschrift, in der dann aber wieder viel geändert ist, namentlich auf den Blatträndern zu verschiedener Zeit vielfach Zusätze von des Autors Hand gemacht sind. Auf der andern Seite scheint es aber zweifelhaft, ob man bei der eigenthümlichen Arbeitsweise Salimbene's an einen solchen ersten Entwurf denken darf, da er einen sehr grossen Theil seines Werkes aus seinen Quellen meist wörtlich abschrieb, für andere Abschnitte aber, namentlich für seine persönlichen Erinnerungen und moraltheologischen Excurse, möglicherweise seine früheren schriftstellerischen Arbeiten, die er öfter erwähnt, benutzte» ³).

Für die Geschichte des vaticanischen Codex herrscht von der Zeit seiner Abfassung bis in das fünfzehnte Jahrhundert vollständiges Dunkel. Biondo und Sigonio haben ihn gekannt[4].

---

[1] N. Archiv, Bd. 10 (1885), 222.
[2] Clédat, Thesis S. 10. Vgl. Annuaire Bd. 1, 209 ff. und Novati in dem Giornale storico Bd. 1, 384 Anm. 3.
[3] N. Archiv, Bd. 10, 222 f.
[4] Muratori SS. 9, 757.

Zur Zeit des Kanonisten Franz Pegna befand er sich im Besitze des Cardinals Savelli, wie aus folgender Stelle hervorgeht. Cum nuper in bibliotheca Illustrissimi et Reverendissimi Jacobi Sabelli Cardinalis, inquisitoris supremi in universa christiana republica, repertus esset liber manu scriptus, qui res gestas in multis Italiae urbibus superioribus continebat, inter cetera ejus libri auctor fr. Salimbenus de Adam Parmensis ordinis Minorum s. Francisci initia, progressus et incrementa hujus Segarelli describit [1]). Der Grossinquisitor machte am 11. Februar 1587 die Handschrift seinem Freunde Paul Sanvitali zum Geschenk. Hierüber gibt eine Bemerkung auf dem ersten Blatt Auskunft: Cum amplissimus Cardinalis Jacobus Sabellius, S^{mi} D. N. Papae Vicarius ac summus Inquisitor, librum hunc chronicorum Fr. Salimbeni de Adam Parmensis ordinis Minorum apud se haberet, illum Paolo Sanvitali, utriusque signaturae Referendario sibique in muneribus publicis tam sanctissimae Inquisitionis quam Vicariatus officiis et intima familiaritate conjunctissimo, dono dedit III. Idus Februarii anni 1587 [2]).

«Im folgenden Jahrhundert scheint der literarische Schatz gänzlich verschollen gewesen zu sein. Selbst Wadding, der doch in Rom selbst arbeitete, kannte ihn nur aus einigen älteren Citaten. Erst zu Anfang des achtzehnten Jahrhunderts entdeckte P. Torribia die Handschrift wieder in der Bibliothek des Herzogs von Poli aus dem Geschlechte der Fürsten Conti» [3]). Hier ruhte sie, als bereits lebhafte Wünsche nach deren vollständiger Veröffentlichung laut wurden. Tiraboschi und Marini sprachen sich mit Entschiedenheit dafür aus. Affò wollte von einem derartigen Unternehmen nichts wissen. Die Chronik sollte nach seinem Urtheil ungedruckt bleiben, perciocchè racchiude cose gravi alla corte di Roma. Graf Savioli und Monsignor Marini waren entschlossen, Hand an's Werk zu legen. Noch bedurften sie des Manuscriptes, welches sich unter der Obhut des Abbate Reggi, damaligen Vorstandes der Bibliothek des Hauses Conti, befand. Reggi zog die Sache in die Länge, bis der Codex um ein paar Scudi an die Vaticana verkauft und auf diese Weise

---

[1]) Worte Pegna's bei Eymericus, Directorium inquisitorum p. 2, q. 12, ed. Venet. 1607 S. 271. Ich verdanke den Text der Güte des hochwürdigen P. Franz Ehrle S. J. in Rom. Die Schreibung «Segarellus» wechselt mit «Segalellus».

[2]) Bei Affò, Memorie, Bd. 1, 231 und Papencordt im A. Archiv, Bd. 7, 667 f.

[3]) Ehrle in der Zeitschrift für kath. Theologie, Bd. 7 (1883), 768.

vor einer Publikation wirksamer geschützt war [1]). Von den zu jener Zeit herrschenden Grundsätzen hat sich jüngst Seine Heiligkeit Papst Leo XIII. losgesagt.

Wie bemerkt, gilt das römische Manuscript fast allgemein als das einzige. Clédat musste seiner Zeit den Vorwurf hinnehmen, dass er gar so schnell der Hoffnung auf Entdeckung anderer Handschriften entsagt habe [2]). Es wäre ihm nicht schwer gewesen, diese Hoffnung in seiner nächsten Nähe erfüllt zu sehen. Saint Priest citirt in seiner histoire de la conquête de Naples, Bd. 1 (1847) S. 250 Anm. 2 ein «Manuscrit de la Bibliothèque royale, collection du Theil. R. 4». Damit hat es folgende Bewandtniss. Sämmtliche sog. Manuscrits du Theil sind Abschriften, welche durch La Porte du Theil gegen Ende vorigen Jahrhunderts in dem vaticanischen Archiv und in den römischen Bibliotheken für das Cabinet des chartes gemacht wurden. Diese Copieen sind gegenwärtig eingereiht in die collection Moreau. Die eine Hälfte umfasst jene Documente, welche dem vaticanischen Archiv, im besondern den Registern der päpstlichen Kanzlei entnommen wurden. Der andern, welche mit Nr. 1260 der collection Moreau beginnt, gehören die übrigen Stücke an. Die Pariser Handschrift ist also gegenüber der römischen eine «copie plus ou moins fidèle faite per La Porte du Theil» [3]). Was es mit dieser Treue auf sich hat, mag einigermassen durch den Text beleuchtet werden, welchen Saint Priest an der bezeichneten Stelle dem Pariser Manuscripte Salimbene's entlehnt haben will.

Chron. Sal. fol. 407 coll. 1. 2. des Manuscrit de la Bibl. royl. collection du Theil.	Chron. Sal. ed. Parm. S. 245.
Erat Johannes de Procida, potens et magister curiae Manfredi et eidem profuit ille, qui dedit venenum regi Conrado ad instantiam Manfredi, fratris sui.	dominus Johannes de Procida, potens et magnus in curia Manfredi, et fertur, quod fuit ille, qui dedit venenum Regi Conrado ad instantiam ipsius Manfredi, fratris sui.

---

[1]) Affò-Pezzana, Memorie, Bd. 6 Abth. 2 S. 57 f. Note 1 bringt interessante Bemerkungen Tiraboschi's und Marini's an Affò, dat. 1785 Januar 24 und 1787 Juli 18. Vgl. Tiraboschi, Storia della letteratura ital., Bd. 4 (Rom 1783) S. 230.
[2]) S. Revue historique, Bd. 10 (1879), 117.
[3]) Nach brieflicher Mittheilung (dat. 1887 Anfang August) des Herrn Ledos, ehemaligen Schülers der École des chartes.

Der Ausgabe von Parma gebührt in diesem Falle unstreitig der Vorzug.

Sodann war es vor etwa fünfzig Jahren Papencordt, welcher mit einiger Wahrscheinlichkeit auf ein anderes Manuscript der Chronik Salimbene's hinwies. «Wie ich höre», schreibt er [1]), «soll übrigens noch eine andere Handschrift des Salimbene in Mailand existieren und zwar in der Ambrosiana, doch wusste man mir nichts Sicheres anzugeben». Von einem derartigen Manuscript ist indess nichts zu entdecken. Der Handschriftenkatalog der Ambrosiana weiss von einer Chronik Salimbene's nichts. Herr Bibliothekar Ceriani [2]) hält dafür, dass die Angabe Papencordt's auf einem Missverständniss beruhe [3]).

Modern wie die Pariser Copie und sehr lückenhaft ist die Abschrift des Salimbene, welche A. Archiv Bd. 12, 415 verzeichnet ist und sich gegenwärtig in Privatbesitz befindet [4]). Auch sie gehört dem Ende des achtzehnten Jahrhunderts an. Monsignore Marini, damaliger Custos der vaticanischen Bibliothek und Verfasser des Werkes Degli archiatri Pontifici (2 Bde, Rom 1784), liess sie durch Amati für den Herzog von Sermoneta anfertigen. Der hohe Herr beabsichtigte eine Fortsetzung der Scriptores rerum Italicarum Muratori's. Salimbene sollte in der Sammlung einen Platz finden. Doch der gewaltige Corse, welcher mit ehernem Schritt den Continent zerstampfte, knickte auch jene Blüthe literarischen Strebens [5]). Die Copie wurde nach dem

---

[1]) A. Archiv. Bd. 7 (1839), 670.

[2]) Dessen brieflicher Mittheilung, dat. 1887 August 16, ich diese Auskunft verdanke.

[3]) So erwies sich auch eine andere Hoffnung als eitel. Es wurde mir versichert, dass Bonelli in den Noten seines Prodromus ad opera omnia s. Bonaventurae, Bassani 1767, zwei Abschriften des Cod. Vat. 7260 erwähne. Ich war nicht imstande, den betreffenden Text zu finden, will aber gern zugeben, dass er mir entgangen ist. Uebrigens können, wenn die Originalität der römischen Handschrift feststeht, andere Manuscripte, vor allen die jüngeren, nur eine untergeordnete Bedeutung beanspruchen. Ihr Werth würde in etwaigen beigegebenen Glossen liegen, die auf verlorene Quellen zurückgehen, namentlich aber in einer leichteren Lesbarkeit des vollständigen Textes, den indess Holder-Egger «mit ganz geringen Ausnahmen» in der oft sehr schwer verständlichen Urschrift entziffert hat. Vgl. N. Archiv, Bd. 10 (1885), 224. Eine Handschrift Asburnham aus dem fünfzehnten Jahrhundert hat Waitz notirt im N. Archiv Bd. 4 (1879), 611 n. 1111.

[4]) Es ist die nämliche, von der Lorenz, Deutschlands Geschichtsquellen Bd. 2³, 261 Anm. 3 sagt: «Auch eine Hs. der Propaganda in Rom?» Durch einen glücklichen Zufall kam sie mir in Wien zu Gesicht.

[5]) Ueber einen späteren Plan desselben Unternehmens s. Münter im A. Archiv, Bd. 4 Abth. 1 (1822) S. 214 f.

Tode des Herzogs versteigert. Sie kam in würdige Hände. Commendatore Gian Francesco de Rossi entsprach dem Wunsche Pezzana's und bewilligte das Manuscript für die Zwecke des Druckes in den Monumenta Parmensia. Antonio Bertani, Amadio Ronchini und Luigi Barbieri gaben nun im Jahre 1857 die Chronik des Minoriten auf Grundlage jener durch Abbate Amati hergestellten Copie als dritten Band der genannten Parmeser Sammlung heraus [1]).

Als diese Publication erschien, hatten nicht blos Italiener, sondern auch deutsche Gelehrte an eine Veröffentlichung der wichtigen Quellenschrift gedacht. Böhmer lag die Sache sehr am Herzen. Um so ungehaltener äusserte er sich über die «kindischen Einwendungen», mit denen man ihm an Ort und Stelle klar zu machen suchte, dass man eine Abschrift Salimbene's nicht gestatten dürfe [2]). Mit Freuden begrüsste er das Unternehmen seiner italienischen Fachgenossen. «Geben nun die tüchtigen Gelehrten Parma's ... den Salimbene (in dem ich zu Rom nur lesen durfte ohne abzuschreiben) endlich heraus, wie sie angekündigt haben, so erhalten jene Gegenden und ein weiter Umkreis mit einemmal einen neuen Stoff von der grössten Bedeutung» [3]).

Der Parmeser Druck ist trotz seiner grossen Mängel begreiflicherweise mit allseitigem Interesse aufgenommen worden. An Inhalt und Form lässt er ausserordentlich viel zu wünschen übrig. Holder-Egger trägt kein Bedenken, die Behauptung auszusprechen, dass «man aus dieser Ausgabe den Autor und sein eigenthümliches Werk, dieses subjectivste Product mittelalterlicher Geschichtschreibung, nicht beurtheilen und würdigen

---

[1]) Monumenta historica ad provincias Parmensem et Placentinam pertinentia, vol. III. Chronica fr. Salimbene Parmensis ordinis Minorum, ex codice bibliothecae vaticanae nunc primum edita. Parmae, ex officina Petri Fiaccadori, 1857. S. XV, 424, 4°. Die letzte Wendung des Titels ist eine Schmeichelei für die Ausgabe. Obige Daten sind dem Vorwort S. XV entnommen. Ueber die Publication s. die kurze, recht gute Notiz bei Giuseppe Bertocci, Repertorio bibliografico delle opere stampate in Italia nel seculo 19. Storia vol. 2, Roma 1880, S. 285 f. n. 514. Vgl. Reusch, Der Index der verbotenen Bücher, Bd. 2 (Bonn 1885) S. 158. Die betreffende Bemerkung zählt sechs Zeilen mit drei, ich will sagen, Druckfehlern: 1. «Monumenta historica ad provincias Parmensem et Placentinam» gibt keinen Sinn, es fehlt pertinentia. 2. Salimbene's Chronik steht nicht im 6., sondern im 3. Bande dieser Sammlung; s. die Bogenzeichnung. 3. Der Parmeser Druck umfasst nicht die Jahre 1282—1287, sondern 1212—1287.
[2]) Vgl. z. B. Brief 209 bei Janssen, Bd. 3, 10; ferner Bd. 2, 235, 532.
[3]) Bei Janssen, Bd. 3, 180.

kann». «Es liegt das daran, dass regelmässig die von der einen zur andern Erzählung überleitende Reflexion, das einleitende Citat u. s. w. weggelassen sind, ohne dass das immer oder auch nur meistentheils angezeigt ist. Es versteht sich von selbst, dass das nicht geschehen kann, ohne das Verständniss des Einzelnen und die Würdigung des ganzen schwer zu schädigen. Allenfalls hätten einige grössere Partieen, worin ausschliesslich lange und ermüdende und ebenso naive Exposition von Bibelstellen gegeben wird, wegbleiben können, aber auch diese sind doch für den Autor charakteristisch, und so war die ganze Masse des Ungedruckten, welche nach Novati's Schätzung ein Drittheil der Handschrift einnehmen mag, abzuschreiben [1].»

Hinsichtlich der Form «ist der Abdruck der Stücke, welche die (Parmeser) Ausgabe giebt, in den verschiedenen Partieen sehr verschiedenwerthig, zu Anfang schlechter, später besser. Der, welcher die Abschrift für die Edition besorgte, hat sich erst allmählich in die zierliche, aber mit zahllosen und den seltensten Compendien überaus überladenen Handschrift Salimbene's eingelesen. Ganz grobe Irrthümer finden sich später meist nur da, wo die Handschrift sehr verblasst war. Mehr gesündigt ist durch willkürliche Einsetzung von Worten, die in der Handschrift nicht stehen, namentlich bei Stellen, die aus dem Zusammenhang herausgerissen, abgedruckt wurden und so unverständlich waren. Auch falsche Conjecturen sind hier und da eingesetzt worden für das Richtige, welches die Handschrift, abgesehen von ganz leichten Schreibfehlern immer und überall bietet» [2].

---

[1]) Im N. Archiv, Bd. 10 (1885) S. 223. Der genannte Gelehrte gibt indess zu, dass die historische Erzählung «ziemlich vollständig» mitgetheilt ist. Vgl. Ehrle in der Zeitschrift für kath. Theologie, Bd. 7 (1883) S. 768.

[2]) A. a. O. Anm. 1. Einige wenige evidente Proben für das Gesagte dürften sein S. 1 Z. 3 das sinnstörende vos statt nos, ebd. Z. 9 tantum statt utrum. Vgl. Clédat, Thesis S. 13 f. S. 410 letzte Zeile das unverständige pene eas statt penitentias. Vgl. Denifle, Die Constitutionen des Predigerordens vom Jahre 1228, im Archiv für Literatur- und Kirchengeschichte des Mittelalters, Bd. 1 (1885), 166 Anm. Ein von diesen drei Irrthümern völlig verschiedenes Gepräge trägt der Text (S. 4 Z. 13): Et nota, quod Innocentius (III) ... fuit generosus homo. In der Handschrift steht: Et nota, quod Innocentius papa fuit audax homo (bei Clédat im Annuaire de la faculté des lettres de Lyon, Bd. 3, 164). Es ist das offenbar eine aus missverstandenem Eifer hervorgegangene Fälschung, die mehr als alle sonstigen durch Unfähigkeit veranlassten Fehler den Werth einer Quellenpublication in Frage stellt. Hiermit verglichen ist noch entschuldbar die allerdings durch Punkte nicht angemerkte Auslassung von: Verumtamen principium maledictionis

Ferner ist es ein Mangel der ed. Fiaccadori, dass die als aliquot fragmenta S. 401—414 angehängten Auszüge Affò's nicht in die Chronik selbst aufgenommen sind, der sie doch thatsächlich angehören. So sind die Abschnitte Innocentius III. bis sub epilogo (S. 413 f.) unter 1198, Huguitio natione tuscus bis cum baronibus baro (S. 414) unter 1209—1211, Incipit liber de Praelato bis persequerer inchoatam (S. 401—413) unter 1238 einzusetzen [1]).

War eine Controle des Parmeser Druckes, beziehungsweise eine Vervollständigung für einzelne kürzere oder längere Stellen schon früher geboten durch die unmittelbar der Handschrift entlehnten Citate der Historiker, z. B. Sbaralea's, Bonelli's, Affò's [2]), Papencordt's [3]), Raumer's [4]), Höfler's [5]), so wurde der Gebrauch jener Ausgabe wesentlich gebessert durch die Bemühungen Clédat's, welcher nicht blos den noch vorhandenen, aber in dem bisher einzigen Drucke fehlenden, wenig originellen Anfang des Manuscriptes als Anhang zu seiner oft genannten Thesis veröffentlichte (1167—1212), sondern auch vor zwei Jahren die reichen Ergebnisse eines Vergleiches des Cod. Vat. 7260 mit den ersten fünfzig Seiten der ed. Fiaccadori herausgab [6]). Jener Abdruck der ersten Partien durch Clédat ist «recht gut». «Dagegen sind die Stücke, welche Novati im Giornale storico della letteratura ital., Bd. 1 (381 ff.) abgedruckt hat, voll der erstaunlichsten Fehler» [7]). Wenn dem Studium Salimbene's und seiner Chronik wenig gedient ist mit C. Cantarelli's italienischer Uebersetzung, deren erster Band in der Stärke von 349 Seiten 1882 zu Parma erschien und die Novati eine infelice traduzione nennt [8]), so sind die Bestrebungen, welche auf die

---

et dissensionis inter Romanum imperium et Ecclesiam ipse (Innocentius III.) fuit cum suis imperatoribus Octone quarto et Friderico secundo. Diese Worte sind S. 3 Z. 7 v. u. einzusetzen. Vgl. Höfler in den Münch. gel. Anzeigen, Bd. 14 (1842) col. 674, Clédat, Annuaire Bd. 3, 164.

[1]) Vgl. Dove, Doppelchronik, S. 2.
[2]) Vgl. Affò-Pezzana, Memorie, Bd. 6 Abth. 2 S. 57 (Giunta).
[3]) Im A. Archiv, Bd. 7 (1839), 668 f. Ueber Münter's Auszüge s. ebd. Bd. 4 Abth. 1 (1822), 121 und 214 f.
[4]) Auch die neueren Auflagen seiner Geschichte der Hohenstaufen citieren noch die Handschrift.
[5]) In den Münch. gel. Anzeigen, Bd. 14 (1842) col. 673 ff. Kaiser Friedrich II. München 1844.
[6]) In dem Annuaire de la faculté des lettres de Lyon, Bd. 3 (1885) 163 ff.
[7]) Holder-Egger im N. Archiv, Bd. 10, 223 Anm. 1.
[8]) In dem Giornale storico, Bd. 1, 409 Anm. 1. Vgl. die Metthei-

kritische Herausgabe der Arbeit des Minoriten gerichtet sind, einer um so grösseren Beachtung werth. «Ende der sechsziger Jahre beschloss die Redaction der Monumenta Germaniae in Anbetracht der Wichtigkeit, welche Salimbene auch für die Reichsgeschichte des dreizehnten Jahrhunderts besitzt, eine vollständige, den Anforderungen der historischen Kritik entsprechende Ausgabe in ihre grosse Sammlung aufzunehmen und beauftragte Hermann Pabst mit der Arbeit. Nach dessen Tod im deutsch-französischen Kriege ging der Auftrag an Scheffer-Boichorst über; jedoch, ohne dass bis jetzt über die Ausführung etwas Weiteres verlautbart wäre.» So Ehrle im Jahre 1883 [1]).

Inzwischen hat bekanntlich Dr. Holder-Egger das mühsame Werk übernommen. Auch in Italien regten sich wiederholt ähnliche Bestrebungen, welche endlich, wie es scheint, von besserem Erfolge gekrönt sein sollen, als es Ende des vorigen Jahrhunderts der Fall war. Zwar ist von den Bemühungen Professor Gatti's in Rom, welcher von der historischen Gesellschaft von Modena und Reggio mit der Correctur und Ergänzung der Parmeser Ausgabe betraut wurde und im Herbst 1884 seine Arbeit beendet haben sollte [2]), nichts bekannt geworden. Anstatt seiner ist Commendatore Venturi in Reggio für den gleichen Zweck eingetreten und hat den Druck der Chronik Salimbene's bereits begonnen [3]).

Was über die Arbeit des Minoriten und über deren Druck gesagt wurde, betrifft weit mehr ihre Aussenseite, als das Wesen des Geschichtswerkes selbst. Es ist die Aufgabe der folgenden Zeilen, dasselbe nach Inhalt und Form in grossen Umrissen zu besprechen und zu würdigen.

Der Minorit von Parma behandelt in seiner letzten histo-

---

lungen Clerici's in der Philolog. Wochenschrift 1882 coll. 143—145, 175—182 und oben S. 4. Dem Repertorio bibliografico delle opere stampate in Italia nel seculo 19 von Bertocci, storia, vol. 3 (Rom 1887) fasc. III S. 417 n. 726 entnehme ich den Titel der Uebersetzung: Salimbene Parmigiano dell' Ordine dei Minori. — Cronaca volgarizzata da Carlo Cantarelli, per cura di Battei. Parma t. Adorni 1882—83. vol. 2 in 8°. Die l. c. beigegebene Notiz ist nicht imstande, das oben gesagte zu entkräften.

[1]) In der Zeitschrift für kath. Theologie, Bd. 7, 767.
[2]) Ehrle a. a. O. S. 768.
[3]) Ich habe mich brieflich an den Herrn gewendet und um die bisher gedruckten Bogen gebeten, aber nichts ausgerichtet.

rischen Leistung, soweit sie erhalten ist, einen Zeitraum von 120 Jahren, 1167—1287. Die Eingangspartieen sind im Vergleich zu den folgenden kurz und knapp. Der Stoff schwillt mit der zunehmenden eigenen Erfahrung mehr und mehr an, gleichzeitigen Ereignissen wird mit Vorliebe eine grössere Ausführlichkeit gewidmet. Doch ist von einem stetigen Anwachsen der Erzählung keine Rede. Schenkt der Chronist bei Behandlung der Regierung Innocenz's III. dem sog. vierten Kreuzzuge, den eben entstandenen beiden grossen Bettelorden und dem, der sie angeblich vorausgesagt, Joachim von Fiore, eine beziehungsweise eingehende Aufmerksamkeit, scheint sich diese für die folgenden zwei Decennien um ein bedeutendes zu mindern, so beginnt ein neues schriftstellerisches Interesse mit dem Jahre 1228. Zum Jahre 1229 bietet die editio Fiaccadori mehr als zwanzig Quartseiten (S. 8—29). Aber auch jetzt ist von einer Gleichmässigkeit der Behandlung des geschichtlichen Materials, von einer berechneten Vertheilung der subjectiven Excurse keine Spur zu finden. Das Jahr 1230 ist in kaum sieben Zeilen abgethan (S. 29 f.). Die Belagerung Parma's durch Friedrich II. und dessen Niederlage lieferten dem Chronisten, welcher theilweise Augenzeuge der Vorgänge gewesen war, reiche Ausbeute. Ueber fünfzig Seiten stehen unter 1248 (S. 93—148), fünfundsechzig Seiten unter 1250 (S. 160—225). Die Jahre 1262 und 1263 bieten je fünf und kaum vier Zeilen (S. 242). Der Zeitraum von 1262 bis 1281 füllt SS. 242—280. Die letzten sechs Jahre, 1282—1287 einschliesslich, umfassen einen sehr beträchtlichen Theil des Werkes (S. 280—399). Bei diesem Vergleiche mussten allerdings die grössern und kleinern Lücken der Parmeser Ausgabe vollständig ausser Betracht bleiben.

Der ganze so eigenthümlich vertheilte Stoff ist das bunteste Allerlei, was man sich nur denken kann. Dove findet «vier historische Naturen darin vereinigt: Autobiographie, Ordensgeschichte, landschaftliche Annalistik, Weltchronik»[1]), denen als selbständige Gruppe sehr wohl die Culturgeschichte im weitesten Sinne des Wortes angereiht werden darf. Böhmer, welcher der Ansicht ist, dass «die neuen Thatsachen, die Salimbene gewährt, weniger wichtig sind, als die neuen Farben»[2]), hält ihn trotzdem «vom höchsten Werth»[3]). Er hatte zunächst die politische und die Literaturgeschichte im Auge.

---

[1]) Doppelchronik, S. 4.
[2]) Bei Janssen, Bd. 3, 10.
[3]) Ebd. S. 13.

Es kann sich hier nicht darum handeln, die einzelnen Partieen der Chronik zu analysieren und alle jene Stellen herauszuheben, welche das Wort jenes grossen Kenners des dreizehnten Jahrhunderts rechtfertigen. Nur auf einige Punkte soll hingewiesen werden, für welche der Parmese der Geschichtsforschung in besonderer Weise Vorschub geleistet hat.

Da sind es vor allem die Zustände Oberitaliens und der Romagna, welche in seiner Chronik mit immer steigendem Interesse und mit einer Ausführlichkeit behandelt werden, die an Details nichts zu wünschen übrig lässt. Aber gerade dadurch sind seine Berichte so schätzenswerth. Wer kennt nicht die ewigen Raufhändel der oberitalischen Communen? Indess das Bild von all diesen Vorgängen ist häufig blass, es ist zu allgemein, es fehlt die Individualisierung. Da tritt Fr. Salimbene ein, er, in hohem Masse receptiv und doch originell, hat jene Kämpfe entweder als Augenzeuge angesehen oder aber er suchte bei der ihm angebornen Neugierde, wenn man will, Wissbegierde, aus dem Munde massgebender Persönlichkeiten jene Nachrichten einzuziehen, aus denen er das anschaulichste Bild des Vorganges entwirft. So erfährt der Historiker nicht blos den Kampf dieser oder jener Stadt, er erfährt auch die näheren und nächsten Ursachen des Streites, den Verlauf in seinen einzelnen Phasen, den Ausgang, die Folgen, alles frisch und lebenswarm. Die auftretenden Personen werden mit Namen genannt, auch ihre Genealogie [1]), ihre etwaigen Beziehungen zu Fr. Adamo gemeldet. Nicht selten werden die betheiligten Figuren eingehend charakterisirt und vorgeführt, wie sie leibten und lebten. Oft setzt der Chronist sein eigenes, vielleicht recht gefärbtes Parteiurtheil bei oder lässt es in irgend einer Wendung einfliessen. So wird seine Darstellung über den allerwärts gleichen Städtekampf eigenartig und durch die möglichst anschauliche Wiedergabe der Thatsachen ebenso drastisch an sich, wie belangvoll für historische Zwecke.

Diese Aufgabe der Geschichtschreibung hat Salimbene in seiner Weise trefflich gelöst. Die Menschen, welche er zeichnet, sind keine wesenlose Schemen, wie sie nie und nirgends existirt haben; sie bestehen aus Fleisch und Blut. So muss jede Charakteristik werden, sobald sie nur einmal zum einzelnen sich

---

[1]) Ueber einen bestimmten Fall vgl. Antonio Tarlazzi, Riscontri critici tra la cronaca di fra Salimbene e gli storici di Ravenna intorno alla decadenza della famiglia dei Traversari dominante in quella città in Atti e memorie della regia deputazione di storia patria per le provincie di Romagna, anno 9, Bologna 1870 S. 37 ff.

herablässt und jene scheinbar nebensächlichen Umstände enthüllt, deren Kenntniss zur richtigen Beurtheilung des ganzen inneren und äusseren Menschen nöthig ist. Durch seine eingehende, von der Unmittelbarkeit des Augenblicks dictirte Darstellung unterscheidet sich der Parmese sehr zu seinen Gunsten von den meisten seiner übrigen mittelalterlichen Collegen. Immer ist es derselbe Hader, immer die gleiche unerbittliche Feindschaft, welche jene Comunen spaltet. Dadurch aber, dass der Chronist dem Leser ein Bild von dem Kampfe entwirft, wie er sich thatsächlich abgespielt hat, dadurch dass Salimbene am rechten Orte die ausschlaggebenden Einzelverhältnisse berichtet, bietet seine Erzählung immer neue Daten, ist deshalb auch immer individuell.

So führt der Mann von Parma den Leser ein in die Geschichte seiner Heimathstadt, die ihm naturgemäss den reichsten Stoff lieferte, in die Geschichte Reggio's, wo er einen Theil seines Werkes schrieb. Die Schicksale dieser beiden Städte stehen in der Reihe der localhistorischen Nachrichten Salimbene's im Vordergrunde. Neben ihnen werden das mächtige Bologna, das benachbarte Modena, das damals bedeutende Cremona am häufigsten erwähnt. Es folgen Mailand und Ferrara, Piacenza, Mantua und die Städte der Romagna[1]). Es ist ein lebensvolles Panorama, welches Salimbene entrollt, überreich an neuen, wenn nicht immer ansprechenden, so doch interessanten Zügen.

Fr. Salimbene war Minorit. So ist denn auch ein beträchtliches Bruchstück seiner Chronik der Geschichte des Franciscanerordens gewidmet. Der Parmese verkehrte noch mit Männern, welche der Heilige von Assisi selbst eingekleidet hatte. Genau wird die Stellung des jedesmaligen Papstes dem Orden gegenüber gezeichnet, seine grösseren oder geringeren Sympathieen. Gewissenhaft werden die Cardinäle genannt, welche das Protectorat über die Minoriten geführt. Salimbene hat beobachtet, dass jeder, der einmal dieses Amt verwaltete, später Papst geworden ist (S. 271), so Johann Cajetan, qui postmodum factus papa (Nicolaus III.) regulam eorum exposuit et declaravit quaedam, quae intellectu difficilia videbantur. Der Historiker erhält sodann von dem Chronisten für die Geschichte der ersten Generäle so manche schätzenswerthe Nachricht, z. B. über Bruder Elias, der ihn in den Orden aufgenommen hatte. Salimbene widmet dem Abtrünnigen, dem filius Belial (S. 405), auf nahezu zwölf Quartseiten eine ingrimmige Philippika[2]). Dagegen ist Johann von

---

[1]) S. Dove, Doppelchronik, S. 6.
[2]) S. 402 ff. Vgl. Wadding, Annal. Minorum, Bd. 3 (Rom 1732) S. 19 ff. Jos. Felten, Gregor IX., S. 327 ff.

Michael, Salimbene.

Parma, den der gleichgesinnte Fr. Adamo bis in die verborgenste Herzensfaser gekannt zu haben scheint (S. 126), mit rührender Pietät gezeichnet. Immer und immer wieder kommt der treue Schüler auf seinen Meister zurück. Es ist ihm ein süsses Bedürfniss, wenn auch nur vorübergehend ein Wörtlein zum Lobe dieses maximus Joachita zu sagen. Salimbene bespricht die Ordenscapitel, nicht nur die allgemeinen (130. 137. 142. 251. 283. 291. 337. 391. 407. 410 f.), auch Provincialcapitel führt er an (z. B. S. 62. 67. 93. 397. 404 f.). Besonders anziehend ist dieser Theil seines Buches in jenen Partieen, welche den gegenseitigen Verkehr der Brüder betreffen, ihre Wirksamkeit, ihre Erfolge, ihre rasche Ausbreitung, ihre Stellung zu Kaiser Friedrich II., zu andern Orden, zum niederen und hohen Weltklerus.

Auch die Auswüchse einer falschen, überspannten Ascese berichtet Bruder Salimbene getreu, sei es nun dass er sie als solche verurtheilt, wie die der Apostoliker, oder aber selbst tiefer in sie verstrickt ist, als er es ahnt. Zwar verwirft er den Ultra-Spiritualismus des Fr. Girard von Borgo San Donnino, dessen liber introductorius ad Evangelium aeternum er in Imola den Flammen überlieferte; aber ein inniger Verehrer des Abtes von Fiore bleibt Salimbene auch nach dem Jahre 1260, wiewohl doch die Prophezeiungen, auf die er so fest gebaut, in eben diesem Jahre zu Schanden wurden. Für seine Denkweise war es von keinen weiteren Folgen, dass sich der Getäuschte vorgenommen hatte, nichts mehr zu glauben, als was er sehe. Bei alledem will Salimbene durchaus kein Häretiker sein. Ein Mann, wie Fr. Hugo und andere maximi clerici et maximi Joachitae, bestärkten ihn in seinem Mysticismus.

In dem Spiritualismus einer nicht geringen Zahl selbst hervorragender Mitglieder des Minoritenordens ist das Vorspiel gegeben für die Ausschreitungen eines Theils der Brüder während des vierzehnten Jahrhunderts. Salimbene ist es, der nicht nur selbst von der neuen Strömung ergriffen wurde, sondern auch in seiner Chronik eine Erscheinungsphase entwickelt, die für ein naives Gemüth noch einen unschuldigen Anstrich haben konnte, bald aber zu böser Entartung gedeihen sollte.

Fr. Salimbene will Mystiker sein, glaubt fest an seine Propheten und ist daneben von Haus aus eine derb-realistische Natur, in seinem ganzen Wesen so plastisch angelegt und aller Verschwommenheit so fremd, dass diese innige Verbindung zweier so verschiedener Geistesrichtungen an sich schon die Aufmerksamkeit nicht nur des Psychologen, sondern auch des Historikers in Anspruch nehmen darf. Der Ordensmann lässt sich bitter gegen andere aus, die bei weitem nicht zu jener Strenge verpflichtet waren wie er und redet bei alledem gar zu gern von seinen früheren Besitzungen, von den Ehrenbezeugungen, die man ihm erwiesen, von seiner eigenen Vortrefflichkeit. Er liebt eine reich besetzte Tafel und ist in der Verherrlichung des Weines unerschöpflich. Salimbene ist für die äussere Erscheinung sehr empfänglich; «homo pulcher fuit», «domina pulchra» kehrt durchschnittlich wohl auf jeder dritten Seite wieder. Dazwischen Aeusserungen echter ungeschminkter Frömmigkeit. Und ein Mensch, so mitten in der Welt und aus der Welt, für die er fühlt und mit der er fühlt, ist imstande, sich in eine Zukunft zu versenken, die ihm durch nichts weiter, als durch die abstrusen Sprüchlein mystisierender «Propheten» gewährleistet ist.

Da ist es nun wiederum seine Chronik, welche das Porträt dieser Doppelnatur mit dem lebhaftesten Colorit zeichnet, sicher ein neuer Beleg für den Werth der Quelle. Der Autor, ein Kind des dreizehnten Jahrhunderts. liefert nicht blos ein Denkmal seiner Zeit, soweit sie für ihn Beachtung verdiente, sondern auch ein wahrheitsgetreues Bild seines eigenen Ich, seines Fürchtens und Strebens, seines Hasses und seiner Liebe.

Sind die Biographie des Fr. Salimbene, die Nachrichten über das Ordensleben und über das Sectenwesen an und für sich schon ein nicht zu verachtender Beitrag zur Culturgeschichte, so erfährt dieselbe eine weitere schätzbare Bereicherung sei es durch längere Schilderungen, sei es durch gelegentlich eingestreute Bemerkungen über die verschiedensten Zweige des öffentlichen Lebens, über die Anschauungen des gemeinen Volkes, über die Bestrebungen der Gelehrtenwelt, über die sittlichen Verhältnisse jener Tage, namentlich mit Beziehung auf den Klerus, über den gegenseitigen Verkehr bei Vornehm und Gering, über Scherz und Schwank, über Moden und unzählich anderes. Wenn das autobiographische Element der Chronik einen memoirenhaften Anstrich verleiht, so erhält sie durch Nachrichten dieser letzten Gattung den Charakter der Novelle. «Salimbene hat etwas vom Talent des Boccaz» [1]).

Um diese Seite des Werkes zu zeichnen, ist es wahrlich nicht nöthig, dem Autor in jene tiefsten Niederungen zu folgen, in welche er gar nicht selten mit sichtlichem Wohlbehagen herabsteigt und die der Arbeit des Parmesen den Stempel einer Skandalchronik aufgeprägt haben. Das Buch liefert für die

---

[1]) Böhmer, bei Janssen, Bd. 3, 10.

culturhistorische Kenntniss des dreizehnten Jahrhunderts andere, bedeutsamere Daten.

Eine Reihe hierher gehöriger Züge ist oben bereits angeführt worden. So die in Frankreich herrschende Sitte, dass die vornehme Welt, Ritter und Edelleute, auf dem Lande lebten, dass infolge dessen die Städte auf den Mittelstand beschränkt seien, ferner die von italienischen Kaufleuten zahlreich besuchten Messen in Troyes und Provins, die Nachrichten über den Reichthum, die Pflege und den Genuss des Weines in Frankreich, die Schilderungen aus der Zeit des grossen Alleluja von 1233, die Notizen über die Klöster des eigenen Ordens und anderer religiöser Genossenschaften, die schriftstellerische Thätigkeit daselbst, die Uebung des Gesanges. Auch für die Kriegsgeschichte liefert die Lebensbeschreibung des Minoriten, welcher den weltbewegenden Stürmen öfter in nächster Nähe anwohnte, so manches Blatt detaillirter Darstellung. Der Parmese war für dieses Fach eingenommen. Er hatte Vegetius, De re militari ad Theodosium Imperatorem gelesen und sich für die von dem Autor aufgestellten militärischen Kunstgriffe interessirt (S. 197).

Erwähnt wurde die weit verbreitete Ansicht, dass in dem Sturze Friedrich's II. der Untergang des Kaiserthums überhaupt besiegelt wäre. Die Ereignisse weniger Jahre hatten einen Zustand herbeigeführt, mit dem die Vergangenheit nicht mehr bestehen zu können schien. Eine Signatur der Zeit lag in der grenzenlosesten Rohheit. Ezzelin war wohl ein leibhaftiges membrum diaboli, jeder andere däuchte um nicht vieles besser. Et ita libenter videbat homo hominem tempore illo euntem per viam, sicut libenter videret diabolum (S. 71). Salimbene liebt zuweilen eine hyperbolische Sprache. Er mag verantwortlich sein für den Werth seiner culturhistorischen Bemerkungen. Die Beispiele niedrigster Verkommenheit bei Mitgliedern von den verschiedensten Rangstufen des Klerus sind höchst bedaulicher Art. Der lustige Versifex Kanonikus Primas von Köln ist nicht das einzige unwürdige Subject seines Standes. Man hat sein Selbstbekenntniss «Generalbeicht» genannt. Dazu fehlt ihm eins, allerdings das wichtigste, die Reue. Der Mann geht auf in der Seligkeit des Weingenusses und seiner Folgen. Andere schmachvolle Anekdoten finden sich mit eckelhafter Breite erzählt bei Novati in dem Giornale storico della letteratura italiana, Bd. 1, 400 Anm. 2 = Clédat, Thesis S. 35 Anm. 3, Novati l. c. S. 401 ff., 403. Salimbene will ferner die Geliebte des Cardinallegaten Gregor von Montelongo (S. 199) und eine Tochter des Cardinals Octavian gekannt haben, die, obwohl Nonne, ihrem Vater in gewissen Dingen recht ähnlich sah (S. 196). Von einer andern Klosterfrau weiss der Chronist zu berichten, sie sei durch den Gesang des Fr. Heinrich aus dem Franciscanerorden so entzückt worden, dass sie um jeden Preis dem Ordensmanne folgen wollte. Aber es glückte ihr nicht. Sie sprang durch's Fenster und brach sich ein Bein (S. 67). Salimbene rügt es als Unfug, den sich einige Priester zu Schulden kommen liessen, dass sie Geld auf Zins gaben, um für ihre Bastarde ein Vermögen zu schaffen. Andere fand er, welche Weinschänken hielten; auf dem Schilde war eine Kreisfigur[1]) zu sehen, vielleicht das einladende Symbol einer fröhlichen Tafelrunde. Begreiflicherweise lag unter solchen Verhältnissen alles, was den Gottesdienst betraf, arg danieder. Die Messbücher, Paramente und Corporalien jener verwahrlosten Diener des Altares waren im elendsten Zustande, die Kelche klein und aus Zinn, der Wein für das heilige Opfer entweder ordinär oder sauer, die besudelten[2]), viereckigen Hostien so klein, dass sie bei der Elevation kaum über den Fingern sichtbar waren. Multae mulieres habent meliores ligaturas subtellarium, quam multi sacerdotes habent cingulum, stolam et manipulum, ut vidi oculis meis. Salimbene kannte einen Mitbruder, welcher an einem Festtage in der Kirche eines Geistlichen der gezeichneten Art celebrieren sollte. Es fehlte an einem Cingulum. Da musste die Küchenmagd mit ihrem Schlüsselriemen dienen. So oft sich der Priester am Altare umwandte, um das Dominus vobiscum zu sagen, hörte das Volk den Lärm der Schlüssel (S. 215).

Vor allem mussten die Cardinäle am Hofe Innocenz's IV. in Lyon recht böse Sachen aus dem Munde des Fr. Hugo vernehmen (vgl. oben S. 18). Sie wünschten, dass er ihnen Neuigkeiten erzähle. Im Vertrauen auf den Schutz des Papstes, cujus auxilio et audacia eram fretus, sagte Hugo, hielt er den tief Empörten eine furchtbare Strafpredigt, die sich der vollauf befriedigte Salimbene von seinem Meister nachträglich erzählen liess. Unter andern geisselt Hugo die am päpstlichen Hofe herrschende Geldgier mit den einem Trutannus entlehnten Versen:
      Accusative ad curiam si ceperis ire,
      Proficis in nichilo, si pergis absque dativo.
Ferner:
    Curia romana non curat ovem sine lana;
    Praesulis Albini seu martyris ossa Rufini

---

[1]) Cum signo circuli (S. 215).
[2]) Hostia tota ex muscarum stercoribus maculata (S. 215).

Romae quisquis habet, vertere cuncta valet.

Mus elephas fit, fasque nephas, de Simone Cephas [1]) u. s. w.

Audientes autem haec cardinales dissecabantur cordibus suis et stridebant dentibus in eum. Non tamen habuerunt audaciam respondendi, quia timor Domini irruerat super eos et manus Domini erat cum isto (Novati l. c. S. 416).

Voll des beissendsten Sarkasmus gegen sämmtliche Kirchenfürsten ist die von Salimbene aufgenommene, zweifelsohne geistreiche Teufelsepistel, epistola Luciferi, principis Ecclesiae, ad praelatos ejusdem [2]). Der Brief beginnt folgendermassen: Lucifer, princeps tenebrarum, tristitiam profundi regens et Acherontis imperia, dux Herebi, rex Inferni, rector Gehennae, universis sociis regni nostri, filiis superbiae, praecipue modernae ecclesiae principibus, de qua noster adversarius Jesus Christus per prophetam praedixit: Odivi ecclesiam malignantium, salutem, quam vobis optamus et nostrorum obedientiam mandatorum et, prout incepistis, legibus obedire Sathanae et nostri juris praecepta jugiter observare. Auf sie habe er, der oberste der Teufel, seine Hoffnung gesetzt; durch sie werde er die Welt erobern. O societas gratissima nobis daemonibus, olim per prophetas promissa et ab ipsis temporibus pristinis antiquitus reprobata, dum Jesus te vocavit synagogam Sathanae et te designavit per meretricem magnam, quae fornicata est cum regibus terrae, facta de matre noverca, de sponsa Christi adultera, de casta meretrix! Confractae sunt januae paupertatis tuae, charitatem tuam primam reliquisti, nobis adhaesisti, o dilecta nostra Babylon. Der Höllenfürst empfiehlt seinen angeblich treuesten Vertretern auf Erden die charissimas filias et amicas, superbiam, avaritiam fraudem, luxuriam et alias, praecipue dominam Simoniam, quae vos fecit et propriis lactavit uberibus ac nutrivit, und schliesst: Valeatis illa felicitate, qua nos desideramus et intendimus finaliter praemiare.

Datum apud centrum terrae secus nigras undas Flegetontis, in nostro palatio tenebroso, praesentibus catervis daemonum propter

---

[1]) Bei Novati in dem Giornale storico della lett. ital. Bd. 1, 415 f. Nach der Interpunction zu schliessen hat der Herausgeber den Sinn der Strophe nicht verstanden. Obige Interpunction ist Correctur. «Der rothe (oder gelbe) und der weisse Heilige» (= Gold und Silber) ist ein bekannter mittelalterlicher Witz. In wenig veränderter Form stehen Vers 2 und 3 bei Höfler in der Bibl. des lit. Ver. in Stuttgart, Bd. 16 (1847) S. 72 Anm.:

Martyris Albini nec non et membra Rufini
Si quis habet, Romae quaeque valet facere.

[2]) Möglichst schlecht wiedergegeben von Novati l. c. S. 419 ff. Teufelsbriefe kommen in späteren Zeit öfter vor..

hoc specialiter vocatorum ad nostrum consistorium dolorosum, sub nostri terribilis signi charactere in robore praemissorum.

Man würde irren, wollte man glauben, dass der vom Chronisten an manchen Stellen seines Buches ausnahmslos verurtheilte Weltklerus nicht auch Männer aufwies, an denen sich jeder ein Muster nehmen konnte und an denen selbst der in diesem Punkte zu äusserster Schärfe geneigte Parmese mit tiefster Ehrfurcht emporzublicken sehr guten Grund hatte. Theodorich, Erzbischof von Ravenna, 1228—1249 [1]), Vorgänger Philipp Fontana's, ist ihm ein Heiliger (S. 40). Der sog. Bruder Benedict, gleichfalls ein Mitglied des Säcularklerus, dünkt ihm ein zweiter Johannes Baptista (S. 32). War der letztere eine schlichte einfache Seele ohne wissenschaftliche Schulung, so weiss der Chronist dem Erzbischofe von Vienne, offenbar Johannes von Bournin, 1219—1266 [2]), nicht blos ein heiliges Leben, sondern auch gelehrte Bildung nachzurühmen. Durch die Schrecken eines Erdbebens war der ehemalige Bischof von Brescia Albertus Rezzato, 1213—1228 [3]), später Patriarch von Antiochien, zu einem Leben des Gebetes, der Abtödtung und thätigen Nächstenliebe bekehrt worden (S. 63 f.). Auch der oben S. 58 f. erwähnte Bischof und päpstliche Legat Martin von Mantua konnte durch seine aufrichtige Demuth für den Minoriten nur ein Gegenstand der Erbauung sein (S. 220).

Ein prächtiges Culturbild ist Bruder Berthold von Regensburg (S. 325—329). Der Werth dieses Textes speziell für die deutsche Sittengeschichte ist längst erkannt und gewürdigt worden. Die betreffende Stelle Salimbene's ist eine der wichtigsten in der Quellenliteratur über den berühmten Franciscaner. Et nota, quod frater Bertholdus praedicandi a Deo gratiam habuit specialem; et dicunt omnes, qui eum audiverunt, quod ab apostolis usque ad dies nostros in lingua theotonica non fuit similis illi. Hunc sequebatur multitudo magna virorum et mulierum, aliquando sexaginta vel centum millia, aliquando civitatum plurium simul maxima multitudo, ut audirent verba melliflua et salutifera, quae procedebant ex ore ejus . . . . [4]). Hic ascendebat bettefredum (sive turrim ligneam quasi ad modum campanilis factam, qua pro pulpito in campestribus utebatur), quando praedicare volebat, in cujus etiam cacumine ponebatur pennellus ab his,

---

[1]) Gams, Series episcoporum S. 718.
[2]) Gams, ibid. S. 655.
[3]) Gams S. 780. Salimbene sagt S. 63: qui fuit de Robertis de Regio.
[4]) Lücke in dem Parmeser Druck (S. 325).

qui artificium collocabant, ut ex vento flante cognosceret populus, in qua parte ad melius audiendum se ad sedendum collocare deberet. Et mirabile dictu! ita audiebatur et intelligebatur a remotis ab eo sicut ab his, qui juxta eum sedebant; nec erat aliquis, qui a praedicatione sua surgeret et recederet nisi praedicatione finita. Et cum de tremendo judicio praedicaret, ita tremebant omnes, sicut juncus tremit in aqua; et rogabant eum amore Dei, ne de tali materia loqueretur, quia eum audire terribiliter et horribiliter gravabantur (S. 325).

Es folgen sodann einige ergötzliche Geschichtchen. So fällt beispielsweise Bruder Berthold unter die Räuber, bekehrt diese, kann aber in Folge eines traurigen Missgeschickes den Anführer derselben nicht vom Tode retten. Tröstlicher verläuft die Erzählung von jener vornehmen Dame, welche im Verein mit mehreren Gesinnungsgenossinnen sechs volle Jahre dem Bruder Berthold durch Stadt und Land nachgereist war. Sie hatte wohl seine Predigten gehört, aber nie ein Wort mit ihm reden können. Endlich da all ihr Vermögen verausgabt war, wurde ihr Wunsch erfüllt. Sie hatte mit ihren Begleiterinnen nichts mehr zu essen und klagte ihr bitteres Leid dem verehrten Ordensmanne. Dieser schickt sie zu einem reichen Wechsler, an dessen Fingern unrechtes Gut klebte. Er sollte ihr in Geld den Werth des täglichen Ablasses auszahlen, den zu gewinnen sie sechs Jahre lang dem Bruder Berthold gefolgt wäre. Der Wucherer lachte, liess aber geschehen, was die Fremde im Auftrage des Predigers thun sollte. Legt euer Geld in die eine Wagschale, sagte sie, und ich hauche in die andere; so werdet ihr sehen, wieviel jener Ablass werth sei. Es geschah, und der staunende Bankier war mit all seinem Gelde nicht imstande, dem Athem der Dame das Gleichgewicht zu halten (S. 326 f.).

Wer wollte all die Licht- und Schattenseiten des Jahrhunderts ausspüren, die Salimbene in seiner Chronik verzeichnet hat? wer all die einzelnen Züge, die Belege für die Eigenart jener Tage zusammenstellen? Den trufator Boncompagno (S. 38 f.), den einst so hoch gefeierten und schliesslich aberwitzigen Fr. Johann von Vicenza aus dem Predigerorden (S. 39), die barmherzige Matrone Mabilia, Salimbene's Beichtkind in Ferrara, und ihre ärztliche Praxis, welche sie schliesslich den Fachmedicinern und Apothekern missliebig machte (S. 191), Bruder Lukas O. M. und seine Leichenrede bei der Beerdigung König Heinrich's VII.[1],

---

[1] Höfler, Kaiser Friedrich II. S. 91 Anm., ist ein peinlicher Verstoss untergelaufen. Der Verfasser hat dixit für dicet gelesen und so das

die tota biblia in gallico vulgari (S. 336), die goldene Rose (S. 331), die Verlobung des Dogen von Venedig mit dem Meere (ebd.), die von Salimbene nach Autopsie beschriebene Reichskrone und anderes? Ein treffendes Zeitbild ist es, welches der Chronist entwirft, wenn er erzählt, dass der Cardinallegat Latinus aus dem Orden des heiligen Dominicus für die Lombardei, für Tuscien und die Romagna die Bestimmung erliess, die Frauenwelt habe ihre Schleppen von anderthalb Ellen Länge bis auf eine Spanne zu verkürzen. Infolge dieser Verfügung habe eine der Betroffenen dem Bruder Salimbene ihren Schmerz mit den Worten geklagt: «kein Kleidungsstück ist mir theurer als gerade die Schleppe». Sie stand in ihrem Kummer nicht allein. Denn der Befehl des Legaten, welcher im Weigerungsfalle die Absolution in der Beicht untersagt hatte, war den Frauen «bitterer als jeder Tod» (S. 54). Für ein anderes von demselben Cardinal Latinus ausgegangenes Verbot wussten die Geschädigten ein weit wirksameres Gegenmittel ausfindig zu machen; isti tribulationi remedium invenerunt, quod minime potuerunt caudis. Der gestrenge Herr hatte befohlen, das ganze weibliche Geschlecht, jung und alt, solle verschleiert einhergehen. Was thaten sie? Sie liessen sich Schleier fertigen aus goldgesticktem Byssus und Seide. So waren sie, sagt der Chronist, zehnmal hübscher, aber auch gefährlicher (S. 55; vgl. S. 222).

Einem hochpersönlichen Interesse Salimbene's verdankt der Leser seiner Chronik den Küchenzettel jener Mahlzeit, die durch die Gegenwart Ludwig's IX. die Aufmerksamkeit des Italieners in gesteigertem Grade auf sich zog. Das etwas complicierte Programm des Fastengerichtes lautet: Habuimus illa die primo cerasas (sic), postea panem albissimum, vinumque, ut magnificentia regia dignum erat, abundans et praecipuum ponebatur. Et juxta morem gallicorum erant multi, qui nolentes invitarent et cogerent ad bibendum. Postea habuimus fabas recentes cum lacte decoctas, pisces et cancros, pastillos anguillarum, risum cum lacte amigdularum et pulvere cynamomi, anguillas assatos cum optimo salsamento, turtas et juncatas et fructus necessarios habuimus abundanter atque decenter. Et omnia curialiter fuerunt apposita et sedulo ministrata (S. 96).

Einem weiteren Gesichtskreise gehören die Urtheile an, welche Salimbene über ganze Nationen oder Städte niedergelegt

---

ganze auf den Kopf gestellt. Vgl. ed. Parm. S. 45, wo übrigens in Zeile 15 v. u. auferet anstatt aufert zu setzen ist. Cf. Clédat, Annuaire Bd. 3, 188.

hat. Spricht sich in ihnen zunächst meist nur seine eigene Auffassung aus, so mag es an andern nicht gefehlt haben, welche gerade so dachten wie er.

Bei der dem Chronisten innewohnenden notorischen Neigung zur Verallgemeinerung gewinnt es den Anschein, als halte er dafür, dass in jedem römisch-deutschen Kaiser so etwas von einem Kirchenstürmer stecke. Ein Wort, das ihm bei Erwähnung Heinrich's VI. entschlüpft ist, lässt es vermuthen. Imperator Henricus finaliter totum regnum occupavit et majores destruxit et secundum morem Imperatorum theutonicorum multipliciter Ecclesiam impugnavit (S. 175).

Ist Salimbene, aus welchem Grunde immer, geneigt, den Engländern die Gunst seines Schutzes widerfahren zu lassen (S. 93. 399), so hat er für die Franzosen wohl das sehr fragliche Lob, dass sie nicht nach Art der Cremonesen in weitschweifigen Reden sich gefallen, sondern kurz und bündig das sagen, was sie denken, im übrigen ist er trotz seiner tiefen Verehrung für König Ludwig IX. und trotz seiner lang gehegten Sympathie für dessen Bruder Karl von Anjou ein abgesagter Feind der Franzmänner. Es will nicht viel heissen, wenn er ihre Triefäugigkeit auf den unmässigen Genuss des Traubensaftes zurückführt (S. 92). Salimbene weiss von seinen romanischen Stammesvettern mehr zu erzählen und mag sich auf seine Erklärungen etwas zu Gute thun, da er ja zwei Jahre in Frankreich zugebracht hatte. Es ist ihm eine Genugthuung, dass eine grosse Zahl französischer Schiffe am 28. August 1287 südlich von Neapel durch die Aragonesen in Grund gebohrt, dass viele aus der Bemannung, die dem Tode in den Fluthen entgangen waren, geblendet wurden, ohne Unterschied des Ranges, Gemeine, Ritter, Adlige, Barone. «Das war billig und recht», meint er[1]), «denn sie sind über alles Mass stolz und dumm, ein verfluchtes Volk, die alle übrigen Nationen der Welt verachten, vornehmlich die Engländer und die Lombarden — unter Lombarden verstehen sie sämmtliche Italiener. In Wahrheit sind sie aber selbst verachtungswürdig und werden auch von allen verachtet. Quibus convenire potest, quod de Trutanno trutannice dicitur:

Dum Trutannus in manu pateram tenet et sedet ad piram,
Regem Capadocum credit habere cocum» [2]).

---

[1]) Der einzige zu Gebote stehende Text (S. 398 f.) ist sehr verstümmelt.

[2]) So lese ich den sinnlosen Text S. 399, der einschliesslich der Klammern lautet:

«Haben nämlich die Franzosen gründlich gezecht, dann meinen sie, dass sie die ganze Welt mit einem Schlage überwältigen und in den Sack stecken könnten. Aber sie täuschen sich .... Sie sind überaus stolz. Sie plagten das sicilische Reich, die Tuscier, die Lombarden, welche im Königreich Apulien wohnten und schleppten fort ohne jegliche Entschädigung .... Getreide, ... Fleisch, Kapaunen, Gänse, Hühner, alles, was zum Lebensunterhalt gehört. Und es war ihnen noch nicht genug, dass sie nichts zahlten für diese Dinge; sie schlugen obendrein die guten Leute, denen sie es raubten, und brachten ihnen schwere Wunden bei. Patuit hoc in exemplo, quod subsequenter dicetur. Quidam parmensis speciosissimam ibidem habebat uxorem, quae cum a quodam gallico pretium petiit pro anseribus, quas sibi (= ei) vendiderat, non solum pretium pro anseribus negavit, verum etiam et graviter vulneravit et ita percussit eam uno ictu, quod secundo opus non fuit, et tamen quaesivit ab ea, si iterum percuti vellet ab eo» (S. 398 f.).

Für die Charakteristik der Spanier weiss der Minorit ein Urtheil beizubringen, das ihm werthvoll und glaubwürdig erscheinen mochte. Ein Spanier selbst hatte es gefällt. In Tolosa lebte ein alter hässlicher Hexenmeister. Ihm wurde der junge Philipp, nachmaliger Bischof von Ferrara, Erzbischof von Ravenna und päpstlicher Legat, als armes Studentlein von einem Ritter zugeführt. Der Nigromantiker versuchte an dem Fremden seinen Spuck, aber er misslang. Der Mann erklärte rundweg: «Ihr Lombarden taugt für diese Kunst nicht. Darum überlasset sie uns Spaniern. Wir sind wilde Leute und den Teufeln ähnlich» (S. 200).

Wiewohl selbst Lombarde und Parmese, ist Salimbene an einigen Stellen zu Ende der Chronik auf seine Landsleute gar nicht gut zu sprechen. Ein scharfes Urtheil über die Bewohner von Parma wurde oben S. 72 f. angeführt. Ueber die Lombarden im allgemeinen spricht er sich gleichfalls sehr ungünstig aus, und zwar in einer Weise, dass man in den Spielen der dama-

---

Dum Trutannus in m pateram tenet, et sedet ad pir, (sic) (?)
Regem Capadocum — credit habere cocum.
Der Gleichklang mit pate r a m fordert p i r a m (= πῦρ; vgl. pyra bei Du Cange und Bellini ..., Vocabulario universale della lingua Ital. Bd. 6 [Mantua 1852] S. 229); ähnlich im zweiten Vers: Capadocum — cocum. Es frägt sich nur, ob pir, der erste Theil des Wortes, richtig wiedergegeben ist. Sinn und Zusammenhang sind klar. Sieht der Trutannus die Bedürfnisse der niederen Natur befriedigt, dann glaubt er, der Herr der Welt zu sein. So die Franzosen.

ligen Jugend die heutigen wiederzuerkennen glaubt. Der Chronist handelt von der pax valde intricata, bei deren Vermittlung er im Jahre 1285 selbst thätig war und sagt: De pace Lombardorum parum confido, quia sic est de pace eorum, sicut de ludo puerorum, quando ponunt et superponunt manus super genua sua, quia dum quilibet vult victor existere, extrahit manum de inferiori parte et superponit alterius manui ipsum percutiendo et sic se existimat habere victoriam (S. 348).

Sehr wenig schmeichelhaft ist für die Betheiligten ein der Thierwelt entnommener Vergleich zwischen drei norditalischen Städten. Et nota, quod sicut inter homines et serpentes, canes et lupos, equos et gryphes naturale est odium, sic inter pisanos et januenses, pisanos et lucenses, pisanos et florentinos [1]).

Nicht ganz so herb, wie gegen die Franzosen, aber doch in hohem Grade verstimmt ist Salimbene gegen die Venetianer. Sie sind geizige, filzige, abergläubische Leute, möchten sich die ganze Welt unterjochen, wenn es möglich wäre. Kaufleute, welche zu ihnen kommen, werden roh behandelt. Man fordert hohe Preise von ihnen und nimmt einem und demselben Passagier an verschiedenen Orten jenes Gebietes zur selben Zeit viele Zölle ab. Bringt ein Kaufmann seine Waaren dahin, um sie abzusetzen, so darf er sie nicht wieder mit sich fortnehmen, ja er ist gezwungen, sie dort zu verkaufen, ob er will oder nicht. Strandet ein fremdes Lastschiff an ihrer Küste, so darf es nicht wieder in See stechen, bevor es all seine Waaren ebendort verkauft hat. Sie behaupten, Gott habe es so gewollt, dass das Schiff strande; dem dürfe man sich nicht widersetzen (S. 252 f.).

So malt der Parmese Völker und Menschen. Es sind ethnographische Porträts, die er liefert. Sie erhöhen die Mannigfaltigkeit, durch welche der Inhalt seines Buches ausgezeichnet ist.

Noch ist es ein Gesichtspunkt, unter welchem der Historiker die Arbeit des Franciscaners betrachten muss und der bisher nur nebenbei erwähnt wurde. Sein Werk enthält nicht blos Autobiographie, Minoriten- und Joachimiten-Geschichte, nicht blos Städteannalistik und das reichste Material für die Beurtheilung von Sitten und Cultur des dreizehnten Jahrhunderts. Es hat überdies einen ausgesprochenen universalhistorischen Charakter. Daher die Bezeichnung «Chronik», womit der Verfasser selbst für seine Leistung den Anspruch einer Weltgeschichte

---

[1]) S. 306 f. Vgl. Jul. v. Pfluck-Harttung, Iter Italicum, 2. Abth. (1884) S. 559 n. 30.

erhebt[1]). Schauplatz der Darstellung sind nicht blos das Kämmerlein seines Herzens, die Räume irgend eines Ordensconvents, nicht Tuscien, nicht die Lombardei nur. Er hat Frankreich selbst gesehen, weiss von England zu erzählen, von den Kreuzzügen in Spanien, in Afrika und im Orient. Ein glücklicher Zufall führt ihm den soeben aus bisher unbekannten Ländergebieten zurückkehrenden päpstlichen Legaten Johannes von Planum Carpi entgegen und setzt ihn in Stand, seine Nachrichten über den fernsten asiatischen Osten durch Berufung auf einen zuverlässigen Augenzeugen zu begründen. Nahezu die ganze damalige Welt ist die Bühne, auf welcher sich sein historisches Schauspiel entfaltet. Zwar erzählt er nicht alles, aber er bespricht vieles. Immer lebensvoller treten seine Figuren in den Vordergrund, je näher sie nach Ort und Zeit ihm selbst stehen. Die neuesten Darstellungen der Zeit Friedrich's II. und der staufischen Epigonen haben durch die Benutzung Salimbene's allerdings selten an Zeichnung gewonnen, desto mehr aber an Colorit[2]).

Wie der Chronist über Friedrich II. und dessen Nachkommen urtheilt, wurde an einigen Beispielen gezeigt. Für den Kaiser insbesondere bietet Salimbene in reichster Fülle alle jene Belege, welche den Ausspruch rechtfertigen: «Es zeigen sich an ihm nicht selten in ein und derselben Richtung die auffallendsten Widersprüche, als seien zwei Naturen in einer Person vereinigt gewesen»[3]). Konrad IV. überlebte seinen Vater angeblich nur wenige Tage (S. 82). Konradin ist ihm nicht unsympathisch, aber sein Untergang ist die Besiegelung des gerechten Strafurtheils, welches die generatio prava der Staufer getroffen (S. 166). Die Gegenkönige haben für den Parmesen wenig anregendes (S. 167). Keiner brachte es zu jener Würde, derentwegen ein Italiener für den deutschen Herrscher patriotisches Interesse fühlt. Rudolf I., der Freund des Minoritenordens (S. 237) und Wiederhersteller der Reichseinheit, schien günstige Aussichten auf die Kaiserkrone zu haben. Allein Gott der Herr wollte nicht, dass sie noch einmal das Haupt eines Sterblichen ziere (S. 268).

[1]) Vgl. Dove, Doppelchronik, S. 6 ff.
[2]) Dove, Doppelchronik, S. 7. Vgl. Böhmer's Urtheil oben S. 95. Da der bei Clédat, Thesis, S. 67 ff. gedruckte erste Theil der noch vorhandenen Chronik Salimbene's meist aus dem liber de temporibus herübergenommen ist, so muss derselbe im folgenden unberücksichtigt blieben. Directe oder indirecte Entlehnungen aus Martin von Troppau sollen der Vollständigkeit halber nicht ausgeschlossen seien, aber als solche vermerkt werden.
[3]) Ficker, Reg. V. S. XIV.

In Italien nimmt der von Manfred hart bedrängte heilige Stuhl seine Zuflucht zu Karl von Anjou. Salimbene hatte den Fürsten in Frankreich kennen gelernt und sich an seiner Frömmigkeit erbaut. Von dem düsteren Wesen dieses Realpolitikers weiss der Chronist kaum etwas zu sagen; jedoch wird sein Ehrgeiz wiederholt betont (S. 355 f.). Karl gilt ihm bei seinem ersten Auftreten als Hort der Kirche. Doch achtet er auch Peter von Aragonien (S. 354). Seine Vorliebe für letzteren steigt, und schliesslich spricht Salimbene die vollste Zufriedenheit darüber aus, dass eine stattliche französische Flotte in den neapolitanischen Gewässern elend zu Grunde ging. Die Grausamkeiten, deren sich die verhassten Franzmänner im süditalischen Reiche schuldig machten, hatten den Lombarden gründlich verstimmt (S. 398 f.). Das sind Farben und Farbentöne, welche Salimbene dem grossen Zeitgemälde eingefügt hat. Seine vorzüglichste Theilnahme schenkt er, was weltgeschichtliche Partieen betrifft, den Päpsten[1]). In welchem Colorit erscheinen diese bei dem Chronisten?

Innocenz III., 1198—1216, ist ein kühner, hochherziger Mann. Unter ihm stand die Kirche in kraftvoller Blüthe. Er hielt das Scepter über das römische Kaiserthum, über die Könige und Fürsten des gesammten Erdkreises. Zwar findet das vierte Lateranconcil nicht die Billigung des beschränkten Ordenbruders, dem es unter anderem die achtzehn Psalmen des sonntäglichen Matutins nicht streicht (S. 3), es langweilt ihn sogar, die auf jener Synode getroffenen Bestimmungen anzuführen. Nicht genug. Innocenz III. ist ihm der Urheber des folgenden Kampfes zwischen Staat und Kirche. Principium maledictionis et dissensionis inter Romanum Imperium et Ecclesiam ipse fuit cum suis imperatoribus Octone quarto et Friderico secundo, quem exaltavit et filium nominavit Ecclesiae. Ipse vero Fridericus fuit homo pertifer et maledictus[2]). Indess man kann den Papst entschuldigen. Denn er hat Otto in guter Absicht entsetzt und Friedrich erhoben (S. 4). Innocenz III. ist einer jener kriegerischen Päpste, die schon Joachim vorausgesehen hat, wenn sagt: Aliqui conabuntur in principes, aliqui ducent pacificos suos dies. In die erste Gruppe gehören ausser dem genannten auch Alexander III., Gregor IX. und Innocenz IV., in die zweite Honorius IV., Alexander IV. und Clemens IV. (S. 8). Für Gregor IX., 1227—1241, hat Fr. Salimbene eine gewisse Vorliebe (S. 194. 304),

---

[1]) Ebenso wie der liber de temporibus, eine seiner Vorlagen.
[2]) Bei Clédat in dem Annuaire de la faculté des lettres de Lyon, Bd. 3, 164.

er war ein Gönner des Minoritenordens (S. 58. 194. 207. 211), eine bei aller Willensenergie gutherzige Natur (S. 46). Er hatte seine Freude am Gesang, und es war nicht nur die Rücksicht auf St. Franciscus, den er selbst heilig gesprochen hat, sondern auch eine gewisse Eingenommenheit für die süssen Weisen des Fr. Heinrich, wenn er diesen nach wiederholtem Austritt aus dem Orden immer wieder in Gnaden aufnahm (S. 67). Salimbene kann sich's nicht versagen, den Klatsch nachzuschreiben, dass Cardinal Octavian der Sohn Gregor's IX. gewesen; forte quia dilexerat eum speciali amore, fügt er bei (S. 196).

Auch Innocenz IV., 1243—1254, ein Mann von starkem Gedächtniss (S. 25), der grösste Diplomat des Mittelalters, wie man ihn in neuester Zeit genannt hat, bewies den Minderbrüdern wiederholt und in sehr ausgezeichneter Weise seine Huld. Sechs Minoriten hatte er stets in seiner Nähe (S. 86; vgl. S. 213). Doch war er nicht frei von dem Vorwurf des Nepotismus (S. 60; vgl. S. 195). Seine Massregeln gegen Friedrich II. sind durchaus gerecht (S. 72). Für Fr. Hugo und Johann von Parma hegte er eine innige Verehrung. Den letzteren liebte er wie seine eigene Seele. Der Papst gedachte ihn, den er bei jedem Besuche zu küssen pflegte, mit dem Purpur zu schmücken. Nur der Tod hinderte ihn daran [1]).

Eins missglückte dem grossen Manne, wenn anders die Deutung, welche Salimbene den Thatsachen gibt, richtig ist. Innocenz IV. hatte Friedrich II. seiner Würde entkleidet. Die Parmesen lehnten sich auf gegen die Reichsregierung, schlugen und verjagten den Kaiser; Victoria, seine jüngste Schöpfung, ward von Grund aus zerstört. Friedrich gerieth durch diese herben Schicksalsschläge in wüthende Raserei. Was er schlimmes thun konnte, das that er; was er nicht konnte, das drohte er an. Der Papst erkannte, dass der Tobende nur auf eine Gelegenheit warte, sein Gift auszuspeien, und sandte in ernstlicher Besorgniss für seine Person Fr. Johannes von Planum Carpi, dem er nach der geschickten Erledigung der Mission zum Tatarenchan grosses Zutrauen schenkte (S. 86 f.), an den Hof Ludwig's IX. mit der Bitte, der französische König möge das geplante Kreuzzugsunternehmen aufschieben, bis es klar werde, was Gott der Herr schliesslich mit Friedrich noch vorhabe. Weiter liess er melden, dass es in Italien eine Menge Ungläubiger und Leute der

---

[1]) S. 133. Vgl. Novati in dem Giornale storico della lett. ital. Bd. 1, 414—417.

schlimmsten Sorte gebe, Raubgesindel, heruntergekommene und verschuldete Subjecte, die um Friedrich geschaart diesem als ihrem Haupte folgen und die Kirchengüter plündern. Die Vorstellungen des Papstes blieben wirkungslos. Der König ging zur See; denn die Vorbereitungen gestatteten keinen Aufschub (S. 87).

Salimbene bewahrte dem heiligen Vater, der ihn als jungen Diakon in Lyon so liebevoll behandelt hatte, stets ein ehrendes Andenken (S. 231. 319), wiewohl in der letzten Zeit seiner Regierung eine kleine Irrung zwischen ihm und dem Orden eingetreten war (S. 212 f.).

Ein Papst so ganz nach dem Herzen Bruder Salimbene's war Alexander IV. (1254—1261). Auf Bitten der Franciscaner hatte Gregor IX. ihn zum Cardinal gemacht (S. 232); er wurde mit dem Protectorate des Ordens betraut (S. 131. 213). Seine Vorzüge überwogen derartig, dass selbst die entschiedene Abneigung Alexander's IV. gegen Fr. Johann von Parma und dessen joachimitische Richtung (S. 131) das günstige Urtheil des Chronisten über ihn nicht trüben konnte. Es war eine seiner ersten Thaten, dass er die den Mendicanten nachtheilige Verfügung, welche sein Vorgänger unter dem Einfluss des Säcularklerus getroffen hatte, aufhob (S. 213). Alexander IV. war eine dankbare Seele und, was mehr sagen will, er war frei von jeder ungeordneten Anhänglichkeit an seine Verwandten. Der Papst hatte eine Schwester im Orden der heiligen Clara, einer seiner Neffen war Minorit. Weder dieser wurde Cardinal, noch jene Aebtissin. Seine Treue in der Freundschaft war unvergleichlich; sie stellte selbst das Verhältniss zwischen Jonathas und David in Schatten (S. 232). Der Eifer für das Heil der Seelen liess ihn einen allerdings vergeblichen Bekehrungsversuch an Ezzelin machen; er wollte ihn aus einem membrum diaboli zu einem Kinde Gottes und Freunde der Kirche umwandeln (S. 199). Alexander IV. war ein Feind von jeder Einmischung in Kriegshändel, eine friedliche, zu Güte und Milde geneigte Natur (S. 232), aber unter Umständen auch starker Affecte fähig (S. 336).

Sehr verschieden von ihm ist sein Nachfolger. Urban IV., 1261—1264, nicht ohne Grossmuth (S. 146), lenkte durch seinen thätigen Antheil an den Fragen der hohen Politik die Geschicke der Halbinsel in neue Bahnen. Er war es, der Karl von Anjou in's Land rief und ihm für die der Kirche gegen Manfred geleisteten Dienste das sicilische Königreich verlieh (S. 243. 289). Der Chronist legt ihm Nepotismus der schlimmsten Art zur Last (s. oben S. 69). Beim Erscheinen eines Kometen erkrankt der Papst, und in derselben Nacht, welche für ihn die letzte war, verschwindet das Unglücksgestirn ¹).

Clemens IV., 1265—1268, nimmt die päpstliche Würde erst an, nachdem er eine Wallfahrt nach Assisi unternommen. Er hatte Familie gehabt, war ein berühmter Advocat und Rathgeber des französischen Königs gewesen. Nach dem Tode seiner Frau wurde er wegen der Heiligkeit seines Lebens und wegen hervorragender wissenschaftlicher Befähigung Bischof, Erzbischof und Cardinal. Er war in Fasten und Wachen, in Gebet und andern guten Werken so eifrig, dass man dafür hielt, Gott der Herr habe damals die Kirche um seiner Verdienste willen von vielen Unordnungen befreit. Schon glaubte man, die Sache Karl's von Anjou und der Kirche sei verloren. Denn Conradin stand im Begriffe, mit Uebermacht in das aufgeregte sicilische Reich einzuziehen. Da verkündete der Papst in öffentlicher Rede allem Volke, dass der jugendliche Staufer wie ein Rauch vergehen, dass er einem Schlachtopfer gleich das Land betreten werde. Quod et rei postmodum probavit eventus (S. 249)²).

Antequam Papae Clementi succederet alius Papa, quiddam horribile apparuit in mundo. Die lange Sedisvacanz war unerhört. Gregor X., 1271—1276, suchte durch sein Papstwahldecret dem Uebel für die Zukunft vorzubeugen (S. 266; vgl. S. 262). Ueber diesen Papst hatte Salimbene früher schon einen ganzen Tractat geschrieben (S. 245). Zwar trifft auch ihn einmal der Tadel des Nepotismus (S. 40), doch ist Gregor X. im übrigen für den Chronisten eine äusserst achtungswerthe Erscheinung. Er war ein grader, offener Mensch, gerecht und gottesfürchtig (S. 265). Auf seinen Wunsch wurde Rudolf von Habsburg zum deutschen König gewählt (S. 237. 273). Weiss der Parmese das imposante vierte Lateranconcil nur mit ein paar verächtlichen Bemerkungen abzuthun, so ist er voll des Lobes für die zweite allgemeine Synode von Lyon 1274 (S. 262. 267). Es gereicht ihm zu sichtlicher Befriedigung, dass hier nicht bloss der Verein der Apostoliker, jene synagoga sathanae, sondern auch die Saccati feierlich aufgehoben wurden (S. 112. 116. 119. 121. 329; vgl. oben S. 73 Anm. 3). Gregor X. erschien auf der Versammlung in Lyon als ein wahrer Heiliger (S. 267). Das Wohl der gesammten Kirche und die Befreiung Palästinas lagen ihm ernstlich

---

¹) S. 242. 341. Vgl. Martin von Troppau, M. G. SS. XXII, 473 ad a. 1264.
²) Zu der Vita Clemens' IV. vgl. Martin von Troppau, M. G. SS. XXII, 441 ed a. 1265.

Michael, Salimbene. 8

am Herzen (S. 262)[1]). Die Welt war seiner nicht werth. Darum nahm der Herr ihn hinweg (S. 267). Der Chronist weiss noch von zwei anderen Ursachen, welche den Tod des Papstes herbeigeführt hätten — nescio si decipior (S. 268). Es sind dies seine Absicht, Rudolf zum Kaiser zu krönen, und sein fester Wille, das heilige Grab wiederzugewinnen. Mit diesen beiden Plänen stand er, ohne es zu wollen und zu ahnen, angeblich in Widerspruch mit Gottes Vorsehung, derzufolge ein Kaiser nach Friedrich II. und die Befreiung des heiligen Landes ausgeschlossen bleiben sollten (S. 268).

Es folgen die kurzen Regierungen Innocenz's V. aus dem Dominicanerorden (S. 268), Hadrian's V.[2]) und Johann's XXI. Die beiden letzteren werden ausdrücklich als Freunde der Minoriten bezeichnet (S. 213. 86. 133). Auch gegen Nikolaus III., 1277—1280, hegte der Chronist eine wohlwollende Gesinnung, obgleich dieser Papst den grössten Theil der Cardinäle, welche ihm den Purpur verdankten, seiner Verwandtschaft entnahm (S. 54). Aedificavit Sion in sanguinibus (S. 55). Indess er war andrerseits den Minderbrüdern aufrichtig zugethan. Sie hatten einstens in ihm ihren Protector verehrt und Beweise entschiedener Freundschaft erfahren (S. 131. 271. 376). Zwei Minoriten wurden durch ihn dem heiligen Collegium beigesellt (S. 271 f.). Auch später bewies er dem Orden seine Zuneigung wiederholt (S. 142. 271). Salimbene wusste das hoch anzuschlagen. Die Verehrung für den Papst liess sich auch dadurch nicht erschüttern, dass derselbe nicht blos eine unverhohlene Abneigung gegen den «grossen Joachiten» Johann von Parma an den Tag legte, sondern auch energisch in die politischen Zeitfragen eingriff. Er berief gegen den bisherigen zweifelhaften Schützer des heiligen Stuhles, Karl von Anjou, den aus staufischem Blute entsprossenen Aragonesen Peter (S. 289), welcher indess nach dem Tode des Papstes in dessen Nachfolger einen kräftigen Vertreter der Sache Karl's zu bekämpfen hatte (S. 282. 330). Der Chronist behandelt die Kriegshändel des Franzosen Martin's IV., 1281—1285, wiederholt und stellenweise ausführlich. Es missfällt ihm ohne Zweifel der Aufwand hoher Geldsummen, die ursprünglich für Kreuzzugszwecke bestimmt gewesen, jetzt aber, oft genug mit dem schlechtesten Erfolge (S. 279. 282 f.), zur Behauptung mittelitalischer Gebiete verausgabt wurden (S. 183. 223. 279. 285. 288. 316). Doch wählt der Parmese seine Aus-

---

[1]) Vgl. Martin von Troppau, M. G. SS. XXII, 442.
[2]) S. 213 Zeile 16 heisst dieser Papst irrthümlich Adrianus tertius.

drücke mit Vorsicht (vgl. z. B. S. 223), um nicht undankbar zu sein gegen den, welcher dem Orden des heiligen Franciscus aus ganzem Herzen zugethan war. Martin hatte stets Minoriten in seiner Nähe, ein Minorit war sein Beichtvater (S. 212, 279)[1]).

In Anbetracht dieser Auffassung nun, welche Salimbene den Päpsten, ihren Freunden und Feinden, entgegenbringt, kann über den kirchlich-politischen Standpunkt des Chronisten auch nicht der leiseste Zweifel bestehen. Fr. Salimbene war Guelfe[2]).

Was dem Joachimiten und überspannten Bibelexegeten in Bezug auf kirchliche Zustände missfiel, das war die damalige weltliche Macht der Geistlichkeit, die Einflussnahme der Päpste auf die politische Zeitlage. Naturgemäss geräth der Mann von Parma mehr als einmal mit sich selbst in Widerspruch. Oder was ist es anderes, als ein Aufgeben jenes Grundsatzes, wenn der Chronist den für das staufische Haus so tragischen Ausgang des Riesenkampfes zwischen den beiden höchsten Gewalten als ein gerechtes Gottesurtheil hinstellt (S. 166)? War ja der Verlauf der Dinge in erster Linie gerade durch die Massnahmen des heiligen Stuhles herbeigeführt worden, der den undankbaren Kirchenstürmer mit Fug und Recht abgesetzt habe (S. 72) und damit den Ruin des unverbesserlichen einleitete.

Verschwommen und unklar wie der Joachimismus des Minoriten war auch seine Vorstellung von dem Verhältniss zwischen Staat und Kirche.

Ein nicht uninteressanter Text mag hier Platz finden. Salimbene hat gemeldet, dass der neu erwählte römische König Rudolf dem Papste die Romagna geschenkt habe, und fährt fort: Saepe enim romani Pontifices de republica aliquid volunt emungere, cum Imperatores ad Imperium assumuntur. Ipsi vero convenienter negare non possunt, quod postulatur ab eis, tum propter curialitatem et liberalitatem, quam in principio Imperii sui maxime erga Ecclesiam volunt ostendere, tum etiam quia credunt se dono habere, quidquid de Imperio dabitur eis, tum etiam, quia erubescunt se acetum ostendere, antequam in cucurbita sint, tum etiam, ne omnino patiantur repulsam. Nam dominus Rudolfus, electus ad Imperium, in Alamannia in pace moratur, et Ecclesia de sua coronatione parum curare videtur (S. 282; vgl. S. 288).

---

[1]) Ueber Honorius' IV., 1285—1287, s. oben S. 68. Nikolaus IV., 1288—1292, ist nur einmal, S. 376, erwähnt. Vgl. oben S. 66.
[2]) Vgl. oben S. 81.

Es kann nicht als die Aufgabe dieser Arbeit gelten, den überreichen Inhalt der Chronik Salimbene's nach den im Eingang dieses Abschnittes (s. oben S. 95) angegebenen Gesichtspunkten zu erschöpfen. Die gebotenen Proben dürften indess sowohl die Mannigfaltigkeit als auch die ausserordentliche Fülle des aufgehäuften Stoffes einigermassen beleuchtet haben.

Welche Gestalt hat nun der Parmese diesem Material verliehen? in welcher Form tritt sein Geschichtswerk auf? Die äussere Anlage ist annalistisch. Jahr um Jahr schreitet die Erzählung voran. Doch das chronologische Gerüst ist sehr weitschichtig angelegt. Der Verfasser reiht dem Faden der Zeitrechnung alles auf, was ihm der Augenblick in die Feder dictirt. Es ist nicht immer leicht, genau zu bestimmen, wann das erwähnte Ereigniss anzusetzen sei. Nur soviel lässt sich sagen, dass es meist nicht in den millesimus supradictus fällt. Salimbene pflegt es anzumerken, dass der betreffende folgende Bericht dem Jahre angehört, welches ihn dem Gange der Chronik entsprechend beschäftigt. Von einem einheitlichen Ganzen trägt das Werk keine Spur. Die Sprache ist schlicht und einfach, ein leicht verständliches Latein nicht ohne Eleganz. La cronaca è scritta in barbaro latino, ma di elegante barbarie [1]). Der Autor ist nie verlegen um's Wort. Er findet schnell den Ausdruck, welcher seinen Gedanken treu und lebendig wiedergibt. Hierin liegt ein grosser Vorzug seiner Schreibweise. Die Darstellung ist nie ermüdend, nie schleppend und eintönig; selbst wo in localgeschichtlichen Nachrichten der Detailmalerei die weitesten Grenzen gezogen sind, bietet das Buch, dank der drastischen Behandlung des Gegenstandes eine gefällige, angenehme Lesung. Der Parmese hat eine rege Phantasie, er sieht und hört, was er schreibt. Alles nimmt auch in seiner Erinnerung das Gepräge der Bestimmtheit an; daher unter anderem seine dankenswerthen geographischen Skizzen. Er fühlt das Bedürfniss, demjenigen, zu welchem er redet, den Genuss oder doch die Frische der Unmittelbarkeit zu gewähren. Bruder Berthold ist umringt von einer dicht gedrängten Menge und im Begriff, eine seiner zündenden Predigten zu halten. Das Volk steht am Ufer eines Flusses. Gegenüber der Kanzel befinden sich mehrere Galgen,

---

[1]) Bertocci, Repertorio bibliografico delle opere stampate in Italia nel secolo 19; storia, vol. 2. (Rom 1880) S. 285.

daran gehängte Verbrecher. Diese Zeichnung genügt dem Chronisten noch nicht. Wenn du dergleichen liest, sagt er seinem italienischen Landsmann, so stelle dir als Beispiel vor das Ufer des Reno bei Bologna (S. 328). Salimbene malt vortrefflich, ist zudem ein brillanter Erzähler. Er handelt von der furchtbaren Seeschlacht bei Meloria 1284, die wohl mit der Niederlage der Pisaner endete, aber auch den siegreichen Genuesen schwere Opfer kostete. «Wer vermag es doch ohne Trauer und ohne einen Strom von Thränen nur in Gedanken zu fassen, wie sich diese zwei herrlichen Städte, durch die uns Italienern die Fülle alles guten zuströmte, gegenseitig zerstört haben, nur in Folge von Eifersucht, Stolz und einer thörichten Eitelkeit, dass eine der andern es zuvorthun wollte, als sei das weite Meer nicht gross genug? ... Im nämlichen Jahre nach jenem Kampfe zogen eine grosse Menge Frauen aus Pisa, schöne, erlauchte, reiche und mächtige Damen, in Schaaren bald zu dreissig, bald zu vierzig von Pisa zu Fuss nach Genua. Sie wollten ihre Gefangenen zurückfordern und besuchen. Die eine hatte dort ihren Gatten, die andere einen Sohn, einen Bruder oder einen Verwandten. Als nun diese Frauen die Wärter um ihre Gefangenen baten, da gaben ihnen diese zur Antwort: gestern starben dreissig, heut vierzig; wir haben sie in's Meer geworfen. Und so halten wir's täglich mit den Pisanern. Da jene Edelfrauen solches über ihre Theuren vernahmen und sie nicht finden konnten, da ergriff sie übergrosses Weh. Sie brachen vor Schmerz zusammen und fielen zu Boden. Vor Angst und Herzeleid vermochten sie kaum zu athmen. Kurz danach aber, als sie wieder zu sich gekommen waren, zerrissen sie mit den Nägeln ihr Antlitz und rauften sich die Haare aus. Mit lauter Stimme und lauter Wehklage jammerten sie, bis ihnen der Thränenquell versiegte. Denn an Hunger und Entbehrung, an Elend und peinvoller Trauer starben die Pisaner Gefangenen in den Kerkern dahin; ... und man hält sie nicht einmal der Gräber ihrer Väter für werth, man gönnte ihnen keine Bestattung ... Und als jene Frauen von Pisa heimgekehrt waren, da fanden sie andere todt, die sie lebend verlassen hatten. Denn Gott der Herr schlug die Pisaner in jenem Jahre mit Pest und viele kamen um ... Es gab kein Haus, in welchem nicht eine Leiche lag ... Das Schwert des göttlichen Zornes tödtete die Pisaner, weil sie sich lange Zeit gegen die Kirche aufgelehnt haben ... Vier Jahre weilte ich einst unter ihnen als Minorit in einem Ordensconvent. An vierzig Jahre sind seither verstrichen. Darum bedaure ich die Pisaner und ich habe mit Pisa Mitleid. Gott weiss es» (S. 305 f.).

So sind durchgehends die Personalzeichnungen plastisch und fesselnd. Von seinem Landsmann Bernhard, einem Verwandten Papst Innocenz's IV., sagt er: «Ich habe nie einen Menschen gesehen, welcher einen mächtigen Fürsten besser vorstellte. Er war eine imposante Figur. Stand er gewappnet im Kampfgewühl und hieb er mit seiner Eisenkeule rechts und links in die Feinde, so stoben sie auseinander und flohen vor ihm, wie vor dem Teufel. Und will ich mir seine Person vergegenwärtigen, so denke ich nach alledem, was man liest und was ich davon mit eigenen Augen gesehen habe, an Kaiser Karl den Grossen» (S. 80)[1]).

Eine Eigenthümlichkeit der Chronik Salimbene's sind die häufigen Digressionen. Sie geben dem Geschichtswerk den Anstrich des buntesten Durcheinanders, sind deshalb für dessen formelle Seite durchaus charakteristisch. Folgendes Beispiel mag einen Fall dieser Art vorführen. Der Chronist erwähnt S. 8 die Schlacht bei dem Castell des heiligen Cäsarius. An diese Notiz schliessen sich im Rahmen von ungefähr fünfzehn Quartseiten eine lange Reihe mehr oder minder ausführlicher Nachrichten. Der Zusammenhang ist oft sehr lose. Der Verlauf der Erzählung ist dieser: Bei dem Fort des heiligen Cäsarius fällt Bernhard Oliverii de Adam;
er ist der Vetter von Salimbene's Vater;
Kreuzzug seines Vaters, Einzelnheiten;
Salimbene erhält von seinem Vater eine Mittheilung über die Grundsteinlegung der Taufkapelle in Parma;
an Stelle dieser standen die Häuser seiner Vorfahren; deren ursprünglicher Name;
der jetzige Name seiner Familie;
ein Stück Genealogie mit Bemerkungen zu einzelnen Gliedern seines Hauses;
der Chronist erwähnt sich selbst;
sein Eintritt in den Orden;
seine drei Namen;
der dritte wurde ihm von einem Franciscaner beigelegt, welcher als der letzte das Ordenskleid aus der Hand des heiligen Stifters erhalten hatte;
Salimbene hat auch den ersten Jünger des seraphischen Heiligen gekannt;
Schmerz seines Vaters über den Eintritt Salimbene's in den Orden;

---

[1]) Vgl. S. 64. 156. 163. 236. 317 f. 322. 337. 348.

Herr Guido beklagt sich bei Friedrich II.;
dessen Brief, Scene in Fano (sehr ausführlich), ermuthigender Traum;
die Brüder verstecken Bruder Salimbene zu Fano in einem fremden Hause;
er zeigt sich später dem Wohlthäter erkenntlich; dieser wird Dominicaner, aus einem gewissen Grunde nicht Minorit;
Fr. Elias stellt Bruder Salimbene die Wahl seines Wohnortes frei, er verlangt Tuscien;
kommt nach Jesi; Geschichtchen über die Abkunft Friedrich's II.;
drei Gründe, welche die Fabel stützen sollen;
der dritte Grund führt Johann von Brienne ein; längere Schilderung desselben; Bibelstellen; Johann wird Minorit;
Johann von Brienne ist mütterlicher Grossvater Conrad's IV.; eine zweite Tochter war an Kaiser Balduin vermählt;
die Schilderung des kriegerischen Johann wird fortgesetzt;
Salimbene erhält von Bruder Elias den gewünschten Brief;
sein Aufenthalt in Lucca; Absetzung des Elias; Sonnenfinsterniss;
Salimbene in Pisa; umständlicher Bericht über den Besuch einer Art von Menagerie;
Salimbene trumpft einen Parmesen ab;
Versuchung gegen den Beruf;
ein Traum tröstet ihn über die Schwierigkeiten der Armuth;
in der Erzählung desselben hat er einige Worte frei beigefügt wegen des Wilhelm von St. Amour und seiner verurtheilten Lehre, dass die Armuth nicht zum Himmel führe;
Sendling seines Vaters und dessen Abfertigung durch Salimbene;
er kommt in die Provinz Bologna;
Zeitläufte;
Salimbene in Cremona, Parma; Belagerung von Parma;
Salimbene nach Frankreich, in Lyon bei Papst Innocenz IV.;
der Chronist ruft sich zur Ordnung (S. 20);
Fortsetzung der Genealogie;
Bemerkungen über die Grossmutter und über die Mutter;
fünf Gründe für die Darstellung der Stammtafel;
Salimbene ruft sich zum zweiten Male zur Ordnung (S. 24), und kehrt zu seinem Ausgangspunkt, zur Schlacht bei dem Fort des heiligen Cäsarius, zurück, in welcher einer seiner Ahnen gefallen war.

 Man sieht, oft genügt ein flüchtig ausgesprochenes Wort, um den Mann in eine völlig neue Richtung zu drängen. Aber auch diese verlässt er in kurzem. Sein Weg geht in Schlangenlinien und führt schliesslich, wenngleich nicht immer, so doch nicht selten wieder an den Anfang zurück. Später (S. 58) sagt der Chronist einmal sehr naiv: Sed de hac materia satis sit dictum. Diximus enim haec omnia occasione Pauli Traversarii **praeter intentionem nostram**.

Woher doch diese Abschwenkungen von dem eigentlichen Gegenstande der Erzählung? Salimbene sieht keinen Grund, weshalb er dem augenblicklichen Eindrucke, der Stimmung, welche ein in seinem Kopfe aufsteigender Gedanke hervorruft, nicht nachgeben, findet keine Ursache, weshalb er das ganze Ideengewebe, welches sich an die erste Empfindung angesponnen hat, nicht auch seinem Leser entrollen sollte. Es hängt dies mit seinem sanguinischen Subjectivismus zusammen. Der Chronist von Parma ist der «persönlichste unter den Geschichtschreibern des eigentlichen Mittelalters» [1]).

Hiemit mag in Verbindung stehen, dass er je nach dem Interesse, welches eine Begebenheit für ihn besitzt, dieselbe in kurzen Zwischenräumen zweimal und öfter nach einander erzählt, meist gleich richtig oder gleich unrichtig [2]), hie und da sehr verschiedenwerthig [3]).

Die episodenartigen Digressionen, welche sich der Verfasser gestattet, bilden nicht die einzige Unterbrechung seiner Darstellung. Einen sehr beträchtlichen Theil der Chronik nehmen die Texte der heiligen Schrift ein. Sie reihen sich in der Regel gleichfalls an gewisse den Autor ansprechende Vorstellungen an. Der bibelfeste (S. 234) Minorit ist imstande, ganze Seiten in ununterbrochener Folge mit derartigen Belegen für seine Anschauungen zu füllen. Dass er sie immer aus dem Stegreif niedergeschrieben habe, ist schwer zu glauben. In der Parmeser Ausgabe sind längere Intermezzo's der genannten Gattung fast regelmässig unterdrückt. Einen Begriff von dem thatsächlichen Hergang gewährt die für die ersten fünfzig Seiten der ed. Fiaccadori von Clédat [4]) gebotene Ergänzung. Hier finden sich (Annuaire 3, 163—192) mit Abzug der Correcturen und kleineren Zusätze nur Schrifttexte oder doch biblische Erzählungen. Mitunter spielt diese Neigung des Ordensbruders in's komische über. So legt er einer alten Nonne des Klosters Clavarum, südöstlich von Genua, ein keineswegs kurzes Gebet in den Mund,

---

[1]) Dove, Doppelchronik, S. 1.
[2]) Z. B. den Tod Conrad's IV.
[3]) Wie die Schlacht bei Muradal; vgl. den ersten Bericht bei Clédat, Thesis, S. 116 und den zweiten in der ed. Parm. S. 2.
[4]) In dem Annuaire de la fac. des lettres de Lyon, Bd. 3.

welches lediglich aus Stellen der heiligen Schrift zusammengesetzt ist [1]).

So sind es häufig auch Bibeltexte, an welche sich die oft recht weitschweifigen moral-theologischen Excurse anknüpfen, deren einzelne Momente der Chronist mit Vorliebe durch ein «erstens», «zweitens» u. s. f. unterscheidet.

Die Exegese, welche die Aussprüche der heiligen Schrift durch den joachimitisch gebildeten Theologen erfahren, ist grossentheils sehr verschroben und wunderlich. Die Worte müssen sich seinem Genius anbequemen; Salimbene macht aus ihnen, was ihm beliebt. An jener Stelle, wo er nach einer längeren Abschweifung sich wieder sammelt, entschuldigt er seine «unfreiwillige» [2]) Zerstreuung mit zwei sehr entlegenen Vershälften: Quia spiritus, ubi vult, spicat (Jo. 3, 8), nec est in hominis ditione prohibere spiritum (Eccle. 8, 8), wahrlich ein Commentar der ausschweifendsten Art. Joachim und Fr. Hugo waren dem Prophetenschüler hellleuchtende Vorbilder in freiem Gebrauch und beliebiger Deutung der heiligen Bücher. Schrifttexte fliessen übrigens häufiger in die Erzählung des Chronisten ein, als es die Parmeser Ausgabe andeutet. Salimbene bedient sich der Wendungen, welche ihm durch öftere Lesung geläufig waren, in seiner eigenen Darstellung. Fuerunt ibi multi homines et mulieres, **juvenes et virgines, senes cum junioribus** (S. 284 und sonst sehr oft; vgl. Ps. 148, 12). Die gleiche Verwerthung finden die Ritusbücher der Kirche. So heisst es im Anschluss an die Erwähnung von den Ablässen, welche man in den Kirchen Ravenna's während des Monats Mai gewinnen könne: Et multi vadunt illuc de diversis partibus mundi, **ut indulgentiam, quam semper optaverunt, piis supplicationibus consequantur**[3]). Ein Leser, dem diese Worte und deren ursprüngliche Bedeutung bekannt sind, wird sich über diese Zusammenstellung eines leisen Lächelns nicht enthalten können. Salimbene war tactvoll genug, dass er aus der Misshandlung, welche er der heiligen Schrift angedeihen liess, keine

---

[1]) Sic cepit orare et cum Deo etiam disputare. Clédat l. c., S. 179 f. Diese oratio und disputatio umfasst 1 1/3 Octavseiten in Kleindruck.

[2]) Praeter intentionem nostram diximus; S. 58. Vgl. oben S. 120.

[3]) S. 54. Die unterstrichenen Worte sind aus der Oration Fidelium Deus, die sich in der ersten und vierten missa pro defunctis des römischen Messbuches und nach der Allerheiligenlitanei (z. B. im Brévier) findet. Die Stelle ist im Druck durch nichts als Entlehnung gekennzeichnet. Eine kritische Ausgabe wird auch dieser Forderung zu entsprechen wissen.

praktischen Folgerungen für das Dogma zog. Die schwierige Prädestinationslehre berührt er, allerdings nur obenhin, an zwei Stellen; was er sagt, ist richtig. Ein Text findet sich indess in seinem Buche, welcher auf den ersten Blick befremden könnte, da er die religiösen Anschauungen des Chronisten in ein sonderbares Licht zu rücken scheint. Niger von Leccaterra, einer von denen, welche der Gegenpartei in Modena weichen mussten, will die Marienkirche des eroberten feindlichen Forts Macretum, südwestlich von Modena, in Brand stecken. Schon hatte er Feuer angelegt und die blasphemischen Worte gesprochen: Vertheidige dich nun, heilige Maria, wenn du kannst! Da plötzlich trifft ihn eine Lanze, von fremder Hand geschleudert, und durchbohrt ihm das Herz. Der Spötter fiel todt zu Boden. Seine eigenen Leute haben ihn offenbar nicht getödtet, fährt der Chronist fort. Man meint deshalb, er sei von Mercur erlegt worden, tum quia (Mercurius) injuriarum Virginis gloriosae ultor consuevit existere, tum etiam quia Julianum apostatam cum lancea in bello interfecit Persarum (S. 349). Also eine Figur des römischen Götterhimmels Rächer der seligsten Jungfrau? Bei den fortgeschrittensten Pionieren des im fünfzehnten Jahrhundert neu auflebenden Heidenthums, bei Lorenzo Valla, Poggio und ihren Gesinnungsgenossen, wäre eine derartige Anschauung recht verständlich. Das Räthsel löst sich auch im vorliegenden Falle durch die Erwähnung Julian's und seines Todes. Unter den zahlreichen von einander abweichenden Erzählungen über den Untergang dieses Kaisers findet sich bei den ältesten Autoren auch jene, dass der Apostat durch den Speer des heiligen Kriegsmannes und Martyrers Mercurius gefallen sei und zwar auf Befehl der seligsten Jungfrau, also durch ein Wunder, das sich vielleicht beweisen lässt. Im andern Falle dürfte der Umstand, dass gerade ein Mercur in nächster Beziehung zur Gottesmutter diesen Sühnact vollführen musste, möglicherweise auf eine der Functionen jenes alten Göttercavaliers zurückzuführen sein [1]).

Endlich soll noch auf einen mehr stilistischen Vorzug der Chronik Salimbene's hingewiesen werden. Die lebhafte Phantasie des Italieners sieht die erzählte Begebenheit, die handelnde Person nicht nur möglichst klar und plastisch, sie liebt es auch, ihren Gegenstand in Bildern wieder zu finden und durch Vergleiche dem geistigen Auge in höherem Grade zu veranschau-

---

[1]) Vgl. Baronius, Annal. eccl. ad a. 363 n. 52 (mit Pagi's Note) ff. Ferner Nöldeke, Ueber den syrischen Roman von Kaiser Julian, in der Zeitschr. der deutsch-morgenländ. Gesellschaft, Bd. 28 (1874) S. 263 ff.

lichen. Nicht selten entlehnt Salimbene dieselben den Sentenzen der altclassischen Dichter oder auch den Weisheitssprüchlein seiner neuen Propheten. Oefter bietet er sein eigenes Werk. Man kann nicht sagen, dass Salimbene's Parallelen und tropische Redeweisen immer gewählt seien; treffend und packend sind sie sicher, zuweilen wahrhaft schön.

Für gewisse Persönlichkeiten tauchen bei dem Chronisten fast regelmässig die nämlichen bildlichen Vorstellungen auf. So kommt ihm bei Erwähnung Ezzelin's unwillkürlich der Teufel in den Sinn. Für die aufgeregte Stimmung Kaiser Friedrich II. nach der Niederlage bei Parma braucht Salimbene mit Vorzug den Vergleich mit einer wüthenden Bärin. Erat amaro animo, veluti si ursa raptis foetibus in saltu saeviat, totus inflammatus ad iram et in furorem conversus (S. 87 und öfter). Sehr gut in ihrer Art ist folgende Zeichnung der Lombarden: Obliqui sunt valde et lubrici, dum aliud loquuntur et aliud agunt, ut si velis anguillam aut murenullam strictis tenere manibus, quanto fortius presseris, tanto citius elabitur (S. 163)[1]. Der Autor entnimmt seine Bilder gern der Thierwelt. Er schildert den Zweikampf Karl's von Anjou mit dem unbesiegbaren campanischen Ritter und sagt: Miles vero ita insiluit super eum, sicut nisus (Sperber) super aviculam vel sicut accipiter insilit in anatem (S. 356). Von der Begeisterung der Flagellanten heisst es: Volabat ista devotio sicut aquila festinans ad escam (S. 239). Eine unter fremder Firma auftretende unwürdige Parallele zur Beleuchtung des Verhältnisses zwischen Papst und Kaiser findet sich S. 52.

Die soeben angestellte Betrachtung mag genügen zur Bestätigung der Thatsache, dass die Arbeit Fr. Salimbene's nach Inhalt und Form den reichsten Wechsel bietet, aber auch als eine in dieser doppelten Hinsicht nicht minder bedeutsame, denn merkwürdige Schöpfung gelten muss. Betrifft das Gesagte die Chronik an sich, so sind nun die Elemente zu untersuchen, aus denen sie sich zusammensetzt. So vieles immer in ihr originell sein mag, einen Theil muss der Verfasser anderwärts entlehnt haben. Für die frühere Geschichte ist dies ohnehin einleuchtend. Welches sind nun die historischen Vorlagen Salimbene's gewesen?

---

[1] Vgl. oben S. 107 f.

2. Die Quellen der Chronik.

Die Frage nach den der Chronik Salimbene's zu Grunde liegenden Quellen ist für einzelne Partieen des Werkes schwieriger, als sie auf den ersten Blick zu sein scheint. Der Parmeser Druck beginnt im Texte des Jahres 1212 mit den Worten: Amodo incurrimus verba inculta et rudia et grossa et superflua, quae etiam in multis locis grammaticam non observant. Salimbene beklagt sich, dass er nun auf Autoren angewiesen sei, die zum mindesten bezüglich der sprachlichen Form viel zu wünschen übrig lassen. Klarer wird das Verhältniss durch Berücksichtigung des Satzes, welcher in der römischen Handschrift dem Amodo unmittelbar vorhergeht: Hic verba Sichardi episcopi defecerunt[1]). Damit ist der Gegensatz ausgesprochen zwischen einer Quelle, welche Salimbene für den früheren Theil der Chronik diente, und dem Material, mit dem er nun zu arbeiten habe. Der Verfasser macht aus der Benützung Sicard's, der von 1185—1215 Bischof von Cremona war, auch sonst kein Hehl. Er nennt ihn noch an zwei anderen Stellen. Verba sunt Sycardi Cremonensis episcopi, heisst es zu dem Jahre 1188, und zu 1198: Quae secuntur, verba sunt Sichardi episcopi Cremonensis[2]).

Es frägt sich nun: ist die von Salimbene ausgebeutete Arbeit Sicard's noch vorhanden? und wo ist sie?

Nach der Ansicht derer, welche den Parmeser Druck der Chronik veranstaltet haben, hat die Arbeit des Minoriten von Parma, soweit sie die Bl. 208—219 umfasst, als ein Excerpt des von Muratori im siebenten Bande der Scriptores veröffentlichten sog. Sicardi episcopi chronicon zu gelten. Für diese Ausgabe benutzte Muratori zwei Codices, den Wiener Sicardtext[3]) und den von ihm selbst so bezeichneten «Estensischen Sicard» in Modena (in M. VI. H. S.), jenen in erster Linie von Karl dem Grossen an[4]). Das Chronikon des Cremoneser Bischofs nun, wie es Muratori SS. 7. vorliegt, ist nach dem Urtheil des

---

[1]) Bei Clédat, Thesis, S. 116. Offenbar auf Grund dieses Textes wurde von Ludwig Bethmann im Jahre 1854 die römische Hs. des Salimbene Codex Vat. 7260 in folgender Weise notirt: «7260. Sicardi Cremon. chron. 1167—1212 und Fortsetzung von Fr. Salimbene bis 1283» (?). A. Archiv 12 (1872), 258.

[2]) Bei Clédat, Thesis, S. 78 und 104. Die inconsequente Orthographie wurde nach dem Vorgange der Ausgabe Clédat's beibehalten.

[3]) Vgl. Tabulae codicum manu scriptorum in bibl. Palat. Vindob. asservat., Bd. 2 (Wien 1868) S. 265 n. 3352, 3.

[4]) Vgl. Muratori SS. 7, 526.

hochverdienten Italieners nichts anderes als ein erweiterter Sicard und nach den Herausgebern der ed. Parm. eine Quelle Salimbene's.

Dem ist nicht so. Ein Vergleich liefert hierfür den Beweis [1]). Die einschlägigen Texte sind folgende:

Salimb. (bei Cledat, Thesis, S. 116).	**„Chronicon Sicardi"**, bei Muratori SS. 7, 623 D. E. und 624 D.
Item eodem anno (1212) Almiramamolintus, rex Mauritanie, veniens in Hyspaniam cum infinita multitudine Saracenorum minitabatur non solum Yspanias, sed etiam Romam . . . . [2]). Et per gratiam Salvatoris Christianissimis regibus Aragonum . . . . trucidantibus, hostes terga verterunt . . . . Domum Christianus exercitus ad propria remeavit agens gratias Salvatori. Cui est honor et gloria in secula seculorum. Amen. Hic verba Sichardi episcopi defecerunt. A modo[3]) incurrimus verba inculta et rudia et grossa et superflua, quae etiam in multis locis grammaticam non observant. . . . et ideo oportebit nos amodo ordinare . . . . Similia fecimus in multis aliis chronicis, quae a nobis et scriptae et editae et emendatae fuerunt. Porro anno et millesimo suraposito Rex Franciae cum	Eodem anno (1212) Almiramamolinus, rex Mauritaniae, veniens in Hyspaniam cum infinita multitudine Sarracenorum minitabatur non solum Hispanias, sed et Romam . . . . [2]). Et per gratiam Salvatoris Christianissimis regibus Aragonum . . . . trucidantibus, hostes terga verterunt . . . . Domum Christianus exercitus ad propria remeavit agens gratias Salvatori, cui est honor et gloria in secula seculorum. Amen. (Hieran schliesst sich unmittelbar der unten folgende Satz: Eodem anno . . . .) Eodem anno dicitur, quod rex Franciae cum Comite Mon-

---

[1]) Vgl. Dove, Doppelchronik, S. 98.
[2]) An Stelle der Punkte stehen gleichlautende Berichte.
[3]) Salimb. ed. Parm. S. 1 f.

comite Montisfortis crucesignatus fuit et praeparatus cum aliis hominibus crucesignatis pro proelio et exercitu, qui fuit in Hispania, quando apud Muradal Imperator Saracenorum devictus fuit....	tisfortis et aliis hominibus crucisignatis, et * (wahrscheinlich unlesbar) de proelio et exercitu, qui fuit in Hispania, quando apud Amuradal Imperator Saracenorum devictus fuit....

Salimbene erzählt also zu dem Jahre 1212 den Sieg der Christen über Almiramamolintus, König von Mauretanien. Am Schluss dieser Nachricht steht der Satz: Hic verba Sichardi episcopi defecerunt. Folglich endet hiermit für Salimbene nach dessen eigenem Geständniss eine bisher von ihm geschätzte Quelle. Es folgen die Worte: Amodo incurrimus verba inculta ... Salimbene zeichnet diesem neuen Quellenmaterial gegenüber seinen Standpunkt und setzt (ed. Parm. S. 2) die Geschichte des Jahres 1212 fort. Ganz ebenso verfährt in Bezug auf die geschichtlichen Partieen Muratori's Sicard. Nur fehlt jener Zwischensatz: Hic verba Sichardi.... und das unmittelbar folgende bis emendatae fuerunt. Diese Parenthese ist lediglich ein Werk Salimbene's. Was diesem subjectiven Ergusse vorausgeht und was ihm folgt, findet sich ebenso bei Salimbene wie im «Chronicon Sicardi».

Und der Mann von Parma sollte dieses benützt haben? Seine Darstellung sollte nur ein Auszug des Chronisten von Cremona sein? Aber Salimbene versichert ja, nachdem er die Niederlage der Moslims berichtet, dass ihn Sicard nur im Stiche lasse. Muratori's Sicard indess fährt in ebenderselben Weise fort, wie Salimbene nach seinem Zwischensatz. Mit andern Worten: es ist undenkbar, dass Salimbene eine zusammenhängende Vorlage in der angegebenen Weise unterbrochen habe. Salimbene hat nicht den Sicard Muratori's benützt, wohl aber legt sich jedem das umgekehrte Verhältniss nahe.

Hat nun aber Muratori's Sicard dem Minoriten von Parma an dieser einen Stelle nicht vorgelegen, dann ist er überhaupt nie jene Quelle gewesen, die Salimbene seinen Sicard nennt, es wäre denn, dass der Erklärung des Chronisten: Hic verba Sichardi episcopi defecerunt jedes Beweismoment abgesprochen würde.

Diese Argumentation ist gegen eine gegründete Einsprache gesichert, nicht so die Schlüsse, welche Dove [1]) geneigt zu sein

---

[1]) Vgl. Doppelchronik, S. 100.

scheint, aus den beiden andern Stellen zu ziehen, in denen Sicard von Salimbene genannt wird. Für sich genommen bilden diese zwei Texte schwerlich eine selbständige Stütze gegen die Behauptung Bertani's und seiner Freunde. Dove schreibt [1]): «Man weiss, dass Sicard häufig von seiner Person redet; von diesen autobiographischen Sätzen hat Salimbene zwischen 1167 und 1212 nur zwei aufgenommen — die andern lässt er, wie fast alle Cremoneser Localnotizen fort, und ein gleiches thut natürlich auch die Chronica imperatorum [2]) —; da er nun aber an jenen beiden Stellen die erste Person der Grammatik mit herüberschrieb, so hielt er es, um Missverständnisse zu vermeiden, für geboten, den Verfasser seiner Wir- oder Ich-Quelle zu nennen. So beim Jahre 1187, wo Sicard folgendermassen schrieb (Mur. VII, 605, D): Nos autem rogatu civium nostrorum in Theutoniam ivimus, ut ab imperatore castrum Manfredi reaedificandi licentiam impetraremus; sed spe cassata redeuntes a. D. 1188 castrum Leonis felicius inchoavimus. Bei Salimbene steht dieser Passus gleichlautend, nur dass er zu Ende felicius ausgelassen; er fügt aber hinter inchoavimus hinzu: Verba sunt Sycardi Cremonensis episcopi. Die Chronica imperatorum hat hinwiederum bis inchoavimus den Text Salimbene's — auch bei ihr fehlt felicius —; dann aber lässt sie die Nennung der Quelle ganz weg, um nachher, wie vorher sonst dem Gange der Salimbenischen Darstellung Schritt für Schritt zu folgen».

Diese Worte mögen zunächst genügen. Dove ist, wie gesagt, entschieden geneigt, sie als selbständigen Beweis aufzufassen. Was sollen sie beweisen? Dove's These lautet: «Salimbene ist, soweit er erhalten, also von Mitte des Jahres 1167 an, das Original, die Chronica imperatorum dagegen die vielfach nachlässige und theilweise gekürzte Copie dieses Originals» [3]), also worauf es ankommt, Salimbene ist keineswegs Auszug aus der Chronica imperatorum d. h. dem estensischen Sicard Muratori's.

Diess folgt indess zunächst daraus nicht, dass nach Salimbene's Vorgang der «estensische Sicard» das felicius vermissen lässt. Hätte der Parmese wirklich den genannten Sicard Muratori's ausgeschrieben, so würde die gleiche Lücke nur naturgemäss sein [4]).

---

[1]) S. 98 f.
[2]) D. h. der estensische Sicard Muratori's.
[3]) S. 97 f.
[4]) Uebrigens ergibt sich aus dem Fehlen des felicius in der Kaiserchronik, dass der «estensische Sicard» und der Wiener Sicardtext in en sachlich identischen Partieen formelle Varianten aufweisen. Das

Ebensowenig beweist den aufgestellten Satz die von dem Minoriten beigesetzte Notiz, dass er die Worte des Bischofs von Cremona angeführt habe. Denn eine solche Bemerkung ist sehr erklärlich, nachdem der Autor eine fremde Person redend eingeführt hatte. Andrerseits ist ihr Ausfall in der Chronica imperatorum vom Standpunkt derer, welche Dove bekämpft, in noch höherem Grade begreiflich und selbstverständlich, da ja nach der Auffassung dieser eben Sicard die erste Person ist, welche redet und schreibt.

Dass ferner die Chronica imperatorum «nachher wie vorher dem Gange der Salimbenischen Darstellung Schritt für Schritt folgt», kann nach dem bereits gesagten gleichfalls keine Instanz zu Gunsten Dove's bilden. Dove geht noch weiter.

Drei Worte des von ihm angezogenen Textes der Chronica imperatorum scheinen ihm an und für sich schon die Berechtigung seiner Ansicht zu empfehlen. Er sagt: «Doch noch eins vergass ich zu bemerken: Die Kaiserchronik liest statt in Theutoniam ivimus, wie Sicard und nach ihm Salimbene, vielmehr in Theotonicam vivimus[1]), eine Verhunzung, die allein schon zeigt, dass sie schwerlich Salimbene's Vorlage gewesen» (S. 99).

Welche Corruptel hält nun Dove für gar so schwierig und unlösbar? in Theotonicam statt in Theutoniam? Aber Dove kannte nach seiner eigenen Aussage damals den Cod. Vat. 7260 nicht (S. V). Die Parmeser Ausgabe beginnt erst später, wäre auch in strittigen Textfragen keine Richterin. Der in diesem Druck fehlende Anfang der römischen Handschrift findet sich indess bei Clédat, Thesis, S. 67—116, und zwar ist diese Reproduction im Gegensatz zu ähnlichen Leistungen Novati's nach dem Urtheile Holder-Egger's[2]) «recht gut». Merkwürdigerweise liesst nun aber Clédat (l. c. S. 78) an der fraglichen Stelle Salimbene's gerade das incriminirte in Theotonicam. Ebenso wenig kann das an sich sinnlose, aber aus dem Zusammenhange sehr leicht in ivimus aufzulösende vivimus in Betracht kommen. Denn diese Correctur würde auch ein anderer als Salimbene getroffen haben, wenn er in seiner Vorlage die gleiche fehlerhafte Lesart gefunden hätte.

---

felicius bei Muratori l. c. muss aus dem Wiener Codex stammen. Daraus folgt ferner, dass die von Muratori als gleichlautende Texte beider Codices angeführten Stellen thatsächlich nicht völlig übereinstimmen.

[1]) Von Dove selbst unterstrichen.
[2]) N. Archiv, Bd. 10, 223 Anm. 1.

In ganz ähnlicher Weise liessen sich Bedenken äussern gegen die Aufstellungen, die Dove bezüglich des dritten Textes versucht, in welchem sich bei Salimbene der Name Sicard's vorfindet. Auch dieser Excurs[1]) gilt dem Bonner Gelehrten als ein für sich sehr wohl bestehendes Argument. Denn er schliesst, nachdem er in völlig gleicher Würdigung sämmtliche drei Texte analysirt hatte, mit der Bemerkung, dass er «durch solche Belege» seinen Satz für gesichert halte. Der Satz ist gesichert. Darüber kann kein Zweifel bestehen. Indess die von Dove an zweiter und dritter Stelle angezogenen Texte Salimbene's sind in der gedachten Voraussetzung allerdings recht leicht verständlich, können aber für sich betrachtet eben diese Voraussetzung nicht erhärten.

Es ist also gewiss, dass die Behauptung, der «estensische Sicard» sei für die Jahre 1167—1212 Salimbene's Vorlage gewesen[2]), unrichtig ist. Im Gegentheil hat bereits Dove nachgewiesen, dass der Chronica imperatorum, dem Sicard Muratori's, Salimbene zu Grunde liegt. Holder-Egger, welcher sämmtliche für die ganze Frage einschlägigen Codices studirt hat, bestätigt dies mit den Worten: «Die Collation des Vaticanus und Estensis schliessen jeden Zweifel daran aus»[3]).

Damit ist aber auch ein wohl begründeter Rückschluss auf die in der römischen Handschrift Salimbene's fehlenden Partieen gestattet. Denn ist in der That der zweite Theil des Codex Estensis nur ein mehr oder minder unvollkommener Auszug Salimbene's, soweit dieser handschriftlich vorliegt, so könnte es nur das Spiel eines nicht leicht denkbaren Zufalles sein, dass dieser angebliche Sicard einzig für die noch vorhandenen Blätter den Minoriten von Parma wiedergibt. Nichts liegt näher, als die Annahme, dass in dem ersten Theile eben dieser bis einige Zeit vor Christus hinaufreichenden Kaiserchronik im

---

[1]) S. 99 f.
[2]) Vgl. ed. Parm. S. 1 Anm. 1.
[3]) Nach brieflicher Mittheilung dat. 1887 August 4. Allein «darin irrt Dove vollkommen, dass er meint, die beiden Theile des Codex Estensis seien von demselben Schreiber geschrieben. Daran ist nicht im entferntesten zu denken. Schon die Schriftprobe, die er selbst gibt, überzeugte mich davon, noch mehr die Prüfung der Handschriften selbst» (ebd.). Fedele Savio, Studi storiche sul marchese Guglielmo III. di Monferrato ed i suoi figli, Roma, Torino, Firenze 1885, S. 34 meint: Quanto all' edizione del codice estense, il signor Dove ha, con buoni argomenti, dimostrato che essa non è opera di Sicardo, ma sì di uno scrittore molto posteriore; la controversia non è ancora definita.

ganzen Grossen auch der für verloren gehaltene Salimbene enthalten sei ¹).

Ist nun aber Muratori's Sicard durchaus nicht das, was er zu sein vorgibt, so frägt es sich, ob und wo die Quelle zu finden ist, auf die Salimbene wiederholt zurückkommt. Wo ist der reine Sicardtext? Augenblicklich ist er weder gefunden noch aus den in Betracht stehenden Codices gewonnen. Die Frage ist schwierig; für Dove, dem die nöthigen Handschriften nicht zur Verfügung standen, war sie unlösbar. Scheffer-Boichorst²) hält die Wiederherstellung der Chronik Sicard's von Cremona für «eine der unangenehmsten Aufgaben, welche die Monumenta Germaniae noch zu lösen haben». Holder-Egger, welcher den gesammten Sicardapparat beherrscht, hofft auch hier «weiter zu kommen», als es seinen Vorgängern auf diesem Forschungsgebiet möglich war.

Was im besondern die Wiener Handschrift betrifft, welche Muratori neben dem Codex Estensis kannte, so ist sie auch nach dem Berliner Gelehrten ein «wirklicher Sicard, aber ein sehr schlechter Vertreter der zweiten Handschriftenklasse, aus der sich kein sicheres Resultat gewinnen lässt» ³).

War nun nach Salimbene's Andeutung die Chronik des Cremoneser Bischofs für die Zeit bis 1212 seine Hauptquelle, von der er nicht ohne einiges Missbehagen scheidet, so lagen ihm doch für diese frühere Zeit seiner Arbeit auch andere Materialien vor. Es folgt dies aus den Worten, in denen er sein Programm für die Benützung sprachlich formloser Vorlagen niederlegt: Oportebit nos amodo ordinare et meliorare et addere et demere et grammaticam bonam ponere, cum fuerit opportunum, sicut etiam supra in hac eadem cronica manifestum est nos fecisse in multis locis, in quibus multas falsitates et ruditates repperimus, quarum aliquae a scriptoribus sunt introductae, qui multa falsificant, aliquae vero a primis dictatoribus fuerunt positae⁴). Vielleicht ist es möglich, eine dieser neben Sicard's

---

¹) Dove S. 101. Clédat's Einwendung s. im Annuaire de la faculté des lettres de Lyon, Bd. 1 (1883) S. 203.
²) Jenaer Literaturzeitung 1874 Nr. 30 S. 457.
³) Nach brieflicher Mittheilung.
⁴) Bei Clédat, Thesis, S. 13 f. Danach sind der theilweise sinnlose Parmeser Druck S. 1, sowie die Textconjecturen Dove's S. 8 zu verbessern.

Chronik für die gleiche Zeit von Salimbene herangezogenen Quellen namhaft zu machen.

Da ist es wiederum Alfred Dove (S. 109 ff.) gewesen, welcher aus einer Reihe von Nachrichten, die sich in der Parmeser Ausgabe allerdings nicht finden, aber jetzt bei Clédat, Thesis, S. 67—116 vorliegen, mit feinem Takte eine neue Quelle Salimbene's erschloss. Während nämlich die späteren, übrigens seltenen Erwähnungen des Hauses Monferrat bei Salimbene nichts weniger als Vorliebe für dasselbe bekunden, tragen die äusserst zahlreichen Berichte über die Markgrafen Wilhelm, Conrad und Bonifaz, wie sie im ersten noch erhaltenen Theile der Chronik stehen, ein völlig verschiedenes Gepräge. Auf den vierzig hier in Betracht kommenden kleinen Seiten bei Clédat sind die Monferrats mehr als dreissigmal genannt; es ist besonders die Zeit von 1186 bis zu dem sog. vierten Kreuzzuge einschliesslich. Wenn auch keine Figur sonst die Aufmerksamkeit Salimbene's in höherem Grade auf sich zieht — es sei denn der Abt Joachim, dem auch hier ein längerer Passus gewidmet ist —, so spricht aus den knapperen und ausführlicheren Erzählungen über die Monferrats ein warmes Interesse, ja stellenweise eine Begeisterung, welche den Quellenkritiker auf eine selbständige Vorlage des Minoriten hinweist. Die Monferrats stehen in den Nachrichten über die orientalischen Verhältnisse entschieden im Vordergrund. Zu wiederholten Malen erscheinen sie mit dem ehrenden Beiwort «unbesiegt». Wegen dieser auf localhistorischem Interesse beruhenden Verschmelzung des Kreuzzugs mit den glorreichen Thaten des oberitalischen Fürstenhauses hat Dove die von ihm entdeckte Quelle die monferratische Kreuzzugsgeschichte genannt. Scheffer-Boichorst[1] leugnet nun freilich den einheitlichen Charakter dieser Vorlage und ist der Ansicht, dass «wir diese Kreuzzugsgeschichte getrost aus unserer Literatur streichen können». Dagegen bekennt sich die neueste Forschung Holder-Egger's ganz und voll zu Dove's Entdeckung[2].

Aber wer war doch der Verfasser dieser Monferratischen Kreuzzugsgeschichte? Es ist nicht uninteressant, diesen Punkt einer reiflicheren Erwägung zu unterziehen. Möglicherweise ergibt sich aus der Lösung dieser Frage eine glückliche Perspective für die Oekonomie der Quellenverhältnisse bei Salimbene überhaupt. An zwei Stellen seiner Chronik führt der Minorit den Assistenten des Cardinallegaten Peter redend ein, ohne jedoch

---

[1] Jenaer Literaturzeitung 1874 Nr. 30 S. 457.
[2] Nach brieflicher Mittheilung.

seinen Namen beizufügen. Eodem anno, heisst es zum Jahre 1203 [1]), magister Petrus Cardinalis, apostolicae Sedis legatus, apud Siciliam (wofür Dove S. 95 Seleuciam vorschlägt), Ciliciae municipium, Armeno catholico [et] XIIII suis episcopis mitras et baculum, me praesente, in praesentia regis Armeni tribuit pastoralem, recipiens ab eo debitam sanctae Romanae ecclesiae fidelitatem.

Der zweite Text steht unter dem Jahre 1204 und lautet folgendermassen [2]): Eodem anno venerabiles viri dominus Sosfredus et magister Petrus, presbyteri cardinales, apostolicae sedis legati, de Syria Constantinopolim adierunt, ubi ab Imperatore civibusque Latinis et Graecis apud sanctam Sophyam honorifice recepti fuerunt. Qui ibidem spiritualia negotia tam inter Graecos quam Laticos diffinierunt et divina officia, me assistente, solemniter celebrarunt. Nam et ego ad mandatum praedicti cardinalis magistri Petri in sabbato IIII Temporum ante Nativitatem Domini in templo sanctae Sophyae solemniter Ordines celebravi. Qui et ipse pro amore Domini crucifixi peregrinans in Syria, sicut prius ut ei assisterem in Armenia, sic et post in Graecia, fueram comitatus eundem.

Die erste Person, welche in diesen beiden Texten redet, ist zweifelsohne der Assistent des päpstlichen Legaten Peter. Ist es möglich, diese Persönlichkeit näher zu bestimmen?

Zwei Stellen Salimbene's sind in anderem Zusammenhange bereits oben erwähnt worden, in denen als die redende erste Person Sicard, Bischof von Cremona, klar und deutlich genannt ist [3]).

Wäre es nicht sehr wohl denkbar, dass auch die beiden fraglichen Texte denselben Ursprung haben? Fast ist man geneigt zu glauben, dass vor allen Dove diesen Schluss unter-

---

[1]) Bei Clédat, Thesis, S. 108.
[2]) Bei Clédat, S. 110.
[3]) Vgl. oben S. 124. Der eine Text ist nach der Fassung in Muratori's Sicard oben S. 127 wiedergegeben worden; cf. Clédat, Thesis S. 78. Der zweite lautet vollständig so: Eodem tempore fuit quidam Cremonae vir simplex, fidelis plurimum et devotus, nomine Homobonus, ad cujus obitum et ad cujus intercessionem et merita Dominus huic mundo multa declaravit miracula. Eapropter Romam peregre proficiscens eodem anno, scl. 1199, praesentiam summi pontificis adii et ut in catalogo Sanctorum adnumeraretur auctoritate ecclesiastica per divinam misericordiam feliciter impetravi. Wer diese Worte ursprünglich geschrieben hat, lehrt der unmittelbar vorausgehende Satz: Quae sequuntur, verba sunt Sichardi episcopi Cremonensis. Bei Cledat, Thesis, S. 104.

schreiben würde, da er sich wiederholt zur «newtonischen Regel» bekennt (z. B. S. 66. 110) und nicht gesonnen ist, mehrere Ursachen anzunehmen, wo eine einzige genügt. Der Satz ist vollkommen wahr; nur ist er älter als Newton. Eine gesunde Philosophie hat ihn von jeher gekannt. Er lautet in schulgerechter Form: entia sine necessitate non sunt multiplicanda. Es dürfte sich empfehlen, dieses auch für die historische Kritik beherzigenswerthe Princip im vorliegenden Falle scharf im Auge zu behalten.

Also noch einmal: Wer ist der Assistent des Cardinallegaten Peter? Aus dem eben (S. 132) angeführten Texte geht zunächst hervor, dass es sehr wahrscheinlich ein Bischof war; er sagt nämlich von sich selbst: solemniter Ordines celebravi [1]).

Aber er ist nicht nur sehr wahrscheinlich ein Bischof gewesen, sondern er war es wirklich, und zwar der Bischof von Cremona. Wie so? Die Gesta Innocentii III.[2]) enthalten einen Brief des Legaten Peter. Er handelt von den Streitigkeiten zwischen dem Könige von Armenien und dem Grafen von Tripolis. An drei Stellen führt der Verfasser den Bischof von Cremona mit genau den Functionen ein, welche sofort den Assistenten des Legaten zeichnen. So «befiehlt Cardinal Peter in Gegenwart domini Cremonensis et aliorum, qui mecum aderant, den beiden Parteien, sich des Krieges zu enthalten. Kurz darauf erzählt er dem Papste: Misimus proinde cum literis nostris nos, ‹ rex Hierusalem atque barones peregrini, venerabilem Cremonensem episcopum, nämlich den König und den Grafen aufzufordern, sie sollten den Cardinal als Schiedsrichter anerkennen. Zum Schluss oder wie es im Briefe heisst: in procinctu recedendi et eundi Constantinopolim wird dann nochmals der episcopus Cremonensis zu Rathe gezogen» [3]).

Darauf hin lässt sich nun kein gegründetes Bedenken mehr erheben, dass der Bischof von Cremona und der Assistent des päpstlichen Legaten Peter ein und dieselbe Person ist. Der

---

[1]) Scheffer-Boichorst (in der Jenaer Literaturzeitung 1874 Nr. 30 S. 457) glaubt aus diesen Worten mit voller Gewissheit den Charakter des Bischofs erschliessen zu müssen; «denn Ordines celebrare, Priesterweihen vollziehen (!), kann nach kanonischem Rechte eben nur ein Bischof». Aber Ordines müssen nicht grade Priesterweihen sein; und selbst für die Ertheilung des Subdiakonats, der ersten höheren Weihe, ist unter Umständen nicht die bischöfliche Würde erforderlich.

[2]) Migne, Patrol. lat. tom. 214. XVII ff.

[3]) Scheffer-Boichorst a. a. o. Der Brief steht ausser bei Muratori, SS. Bd. 3, 557 ff., auf den sich Sch.-B. bezicht, auch bei Migne, Patrol. lat., tom. 214, CLVI ff.

damalige Bischof von Cremona ist aber kein anderer als Sicard. Dies hatte auf Grund der Gesta Innocentii III. längst schon Muratori erkannt und in der Einleitung zu seinem Chronicon Sicardi (SS. Bd. 7, 524) klar ausgesprochen. Dove (S. 96 f.) setzt sich darüber hinweg mit der Bemerkung: diese «vereinzelte Thatsache», dass der Bischof von Cremona das Kreuz genommen habe, «wird auf einem falschen Namen beruhen». Jener Brief, auf welchen Scheffer-Boichorst hingewiesen hat und der gleichfalls den Gesta Innocentii III. entnommen ist, war ihm sicher entgangen. Es ist nicht das einzige Mal, dass ein voreiliger Schluss dem Bonner Gelehrten zum Verhängniss geworden ist [1]).

Aber was ist es denn im letzten Grunde, wodurch Dove sich veranlasst glaubt, die Identität Sicard's mit dem Assistenten des Cardinals Peter so entschieden in Abrede zu stellen? Eine andere Antwort hierauf ist kaum denkbar, als die Besorgniss, es möchte durch dieses Zugeständniss die Chronica imperatorum, der zweite Theil des Codex Estensis, ein erweiterter Sicard werden und auf diese Weise die so schlagend widerlegte Hypothese Muratori's von dem estensischen Sicard zu neuer Geltung kommen. Scheffer-Boichorst (a. a. O.) allerdings lässt sich in seiner Polemik gegen Dove schliesslich zu dem Satze verleiten: «Somit ist es denn nicht mehr zweifelhaft, dass die Chronica imperatorum uns einen vollständigeren Text der Sicard'schen Chronik erhalten hat, als die übrigen Codices».

Durch diese Behauptung, wäre sie begründet, würden die von Dove im früheren klargelegten Quellenverhältnisse, vor allem die Beziehung der Kaiserchronik zu Salimbene, sehr stark verschoben werden. Allein folgt denn aus der Identificierung Sicard's mit dem Begleiter des päpstlichen Legaten Peter in der That jener gefürchtete Schluss? Keineswegs.

Oder wäre es nicht denkbar, dass Sicard selbst der Verfasser der von Dove mit soviel Feinheit aufgefundenen monferratischen Kreuzzugsgeschichte ist? Stehen ja doch die zwei Stellen, in denen er als erste Person auftritt, nicht etwa in der Chronik des Bischofs von Cremona, sondern mitten unter Nachrichten über die Verhältnisse des Orients, also gerade in eben jener Kreuzzugsgeschichte. Genau nach dem Recepte der «newtonischen Regel» fasst Holder-Egger seine auf gründlichem Studium des handschriftlichen Materials fussenden, aber wie er versichert, nur hierdurch erweisbaren Resultate seiner Forschung

---

[1]) Vgl. Theodor Ilgen, Markgraf Conrad von Montferrat. Marburg 1880 S. 12 ff.

in folgende Worte zusammen: «Sicard's Chronik reicht nur bis zum Jahre 1202. In den Handschriften hat sie eine dürftige Fortsetzung, theils bis zum Jahre 1215, theils bis 1221, erhalten. Eine solche Handschrift mit Fortsetzung hat Salimbene benutzt. Ausserdem hatte er aber **eine jetzt verlorene**, ebenfalls von Sicard verfasste Schrift, die sog. monferratische Kreuzzugsgeschichte, in der die Stellen über Siccard's Betheiligung am Kreuzzuge vorkommen. Partieen aus dieser Schrift verband Salimbene mit Excerpten aus Sicard's Chronik. So löst sich diese intricante Frage [1].»

Darf diese sehr ansprechende Conjectur des Berliner Gelehrten thatsächlich als endgültige Lösung gelten, dann ist aber auch das kritische Genie Muratori's, der bei Dove mehrmals recht hart mitgenommen wird, gerade in diesem Punkte auf das glänzendste gerechtfertigt. Es ist wohl zu beachten, dass Salimbene dem grossen Italiener nur aus dritter Hand, so zu sagen, nur dem Namen nach bekannt war. Den Autor selbst, sein Manuscript, hatte er nie gesehen. So war es möglich, dass er die Chronica imperatorum des Codex Estensis für einen erweiterten Sicard hielt. Wie aber stellte er sich im übrigen die Quellenverhältnisse vor? Seine Vermuthung [2] geht dahin, dass der gedachten Kaiserchronik zwei Werke des Bischofs von Cremona zu Grunde liegen, sein eigenes Chronikon und seine Geschichte des damaligen Orients. Dieser letzteren gehören nach Muratori sämmtliche Stellen an, in denen das Haus Monferrat erwähnt und gefeiert wird. Beide Schriften Sicard's seien durch einen späteren zu einem gewissen Ganzen — chronica imperatorum [3] — verschmolzen worden. Muratori erkannte also sehr wohl die zwei fraglichen Quellen der Kaiserchronik, erkannte auch Sicard als ihren gemeinsamen Verfasser, nur war es für ihn kaum möglich, die Verarbeitung derselben nicht durch den Schreiber der Kaiserchronik, sondern durch dessen Quelle, durch den für Muratori noch verschlossenen Salimbene zu errathen.

---

[1] Nach brieflicher Mittheilung, dat. 1887 August 4. Ueber Sicard vgl. u. a. Arisius, Cremona literata, Bd. 1 Parma 1792 S. 87 ff., Ughelli, Italia sacra, Bd. 4³ col. 605 f., Muratori, SS. Bd. 7, 523 ff., Migne, Patrol. lat., tom. 214, XC n. (28); Julius Ficker in den Mittheilungen des Instituts für österr. Geschichtsforschung, Ergbd. 1 (1885) 399 f. Zu obiger Erklärung Holder-Egger's vgl. die Ansicht Wüstenfeld's bei Ilgen, Markgraf Conrad von Montferrat, S. 14 Anm.

[2] SS. Bd. 7, 525 ff.

[3] Der zweite Theil des Codex Estensis.

Verwickelter als in diesem einen Falle liegen die Verhältnisse nirgends, oder besser gesagt: verwickeltere Controversen haben sich an keine der übrigen geschichtlichen Vorlagen des Minoriten geknüpft. Vielmehr stellt sich die Sache für alle andern Partieen des Werkes bei weitem einfacher heraus. Dove's Studie ist hierfür durchaus grundlegend und nach Holder-Egger auch «vollkommen abschliessend» [1]).

Auf den ersten Blick ergibt sich eine verwandschaftliche Beziehung zwischen Salimbene und dem Memoriale potestatum Regiensium [2]). Muratori kannte, wie bemerkt, Salimbene in der Handschrift noch nicht. Aber soviel hielt er für ausgemacht [3]): Der Verfasser des Memoriale müsse ein Franciscaner von Reggio sein und wegen der von ihm erwähnten Gleichzeitigkeit der Ereignisse in den Jahren 1280—1290 sein Werk geschrieben haben.

Der erste, welcher nach dem Erscheinen des Memoriale das römische Manuscript Salimbene's sah, war Affò. Dieser hat «nahezu Evidenz» [4]), dass der Parmese der Autor des Memoriale sei. Denn er sei Franciscaner, schreibe zu Reggio, schreibe über dieselben achtziger Jahre gleichzeitig. Nun sei aber buchstäbliche Abschrift zweier Schriftsteller unter den gezeichneten Verhältnissen nicht anzunehmen.

Diese Ansicht Affò's, dass Salimbene das Memoriale verfasst habe, machten Böhmer [5]), Winkelmann [6]) und Tabarrini [7]) rückhaltlos zu der ihrigen. Schirrmacher indess erklärte [8]), er werde gelegentlich zeigen, dass das Memoriale mit Unrecht dem Salimbene zugeschrieben werde, hat aber lange Jahre hindurch den Beweis hiefür nicht erbracht. Waitz [9]) that sodann in dieser Frage einen entscheidenden Schritt, Dove endlich brachte sie in der oft genannten Arbeit zum Abschluss. Sein Ergebniss ist kurz Folgendes: Salimbene ist nicht der Verfasser des Memoriale, wohl aber lag dieses in dem liber de temporibus et aetatibus, dessen zweiten Theil es bildet, dem Minoriten von Parma bei

---

[1]) Nach brieflicher Mittheilung. Wie ich diese Bemerkung verstehen muss, wird das folgende zeigen.
[2]) Muratori, SS. Bd. 8, 1073 ff.
[3]) SS. l. c. 1071.
[4]) Memorie, Bd. 1, 232.
[5]) Reg. 1198—1254, LXXVI und LXXVIII.
[6]) Geschichte K. Friedrich's II. Bd. 1, 21.
[7]) Archivio storico, Bd. 16 Abth. 1, 34. Barbieri, Einleitung zu dem Chron. Parm. S. IX (in den Monumenta hist. ad prov. Parm. et Placent. pertinentia Bd. 4), wagt keine Entscheidung.
[8]) Die letzten Hohenstaufen. S. 400 Nr. 15.
[9]) Göttinger Nachrichten 1871 S. 519—528.

Abfassung seiner Chronik vor. Andererseits ist aber vom Jahre 1282 an abwärts Salimbene Quelle für den Text des Zeitbuches, von 1282 an aufwärts, also für die vorausgehende Geschichte, eine Grundlage für dessen Randnoten. Bis zu dem Jahre 1282 soll also der erste Theil des Codex Estensis bereits geschrieben gewesen sein, als der Verfasser desselben Salimbene's Arbeit heranzog. Dafür liefert die Ausgabe des Memoriale bei Muratori allerdings die nöthigen Belege nicht, um so schlagender aber sind die Beweise, welche Dove der Prüfung des handschriftlichen Materials in Modena entnommen hat. Dass das Zeitbuch nicht ein Werk Salimbene's ist, folgt unter anderem mit aller nur wünschenswerthen Klarheit aus dem Umstande, dass der Verfasser desselben an Stelle von Muratori SS. Bd. 8, 1120 E f. ursprünglich einen für Abt Joachim compromittirenden Text aus Martin von Troppau (M. G. SS. XXII, 440 ad a. 1254) niedergeschrieben hatte. Er radirte ihn freilich aus, aber die Worte sind noch deutlich zu lesen (Dove, S. 43 f.). Und was trat an die Stelle der Rasur? Fast genau der Text Salimbene's über ebendiesen Gegenstand (ed. Parm. S. 233), wobei selbstredend der Abt von Fiore in einem anderen Lichte erscheint als zuvor. Aber das ganze Blatt war bereits beschrieben. Salimbene, der nun für das Zeitbuch das Material liefert, ist bei seinem Lieblingsgegenstand ausführlicher, als die entstandene Lücke es erlaubt. Darum muss der Schreiber des liber de temporibus einen Theil der Correctur, die ihm Salimbene's Chronik bietet, an den Rand setzen.

Salimbene ist mithin unmöglich der Autor des Zeitbuches, also auch nicht des Memoriale. Ueber den wahren Verfasser desselben hat Dove keine bestimmte positive Erklärung abgegeben und füglich nicht abgeben können. Ein Aufschluss hierüber ist durch eine Entdeckung möglich geworden, welche Graf Malaguzzi-Valeri im Stadtarchiv zu Reggio gemacht hat. Holder-Egger hofft, dass sich derselbe binnen kurzem öffentlich aussprechen werde [1]).

Ist es also sicher, dass Salimbene dieses Zeitbuch nicht geschrieben, so darf es als ebenso gewiss gelten, dass er selbst so manches diesem entlehnt hat. Wie viel seine Chronik der directen Benützung desselben verdankt, lässt sich mit Bestimmtheit kaum ermitteln.

Was ist nun aber dieses Zeitbuch [2])?

---

[1]) Nach brieflicher Mittheilung dat. 1887 August 4.
[2]) Dove, welcher in Modena die Handschrift sah, hat S. 23 ff. die Arbeit genau analysirt.

Es kündigt sich selbst folgendermassen an: Incipit liber ed temporibus et aetatibus, ad perpetuam rei memoriam. — In nomine Domini nostri Jhesu Christi Amen. Breve compendium collectum ex variis cronicis et per ordinem digestum de temporibus, in quibus sederunt certi pontifices Romani et imperatores imperaverunt, reges regnaverunt, sederunt Regini pontifices, consules et potestates civitatem Reginam rexerunt et de quibusdam gestis sub diversis pontificibus et principibus, potestatibus et aliis rectoribus, ut in certis locis hujus compendii majora gesta et magis necessaria facilius omissa prolixitate valeant inveniri. Explicit prologus. In dem Index heisst es: Incipiunt capitula de omnibus aetatibus et gestis factis et ordinatis a tempore Christi citra usque in hodiernum diem infra scripti libri. Ut istius libri sententia compendiosius alio toto quolibet et levius cognoscatur, ego scriptor libri per capitula plurima secundum istius sententiam eundem distinxi, pertractans in unoquoque, de quibus operibus intellectus in singulis omnibus habeatur.

So also zeichnet der Verfasser selbst sein Werk nach Inhalt und Plan. Aus ihm schöpfte Salimbene für seine Chronik, soweit sich dieselbe in dem verstümmelten römischen Codex zurückverfolgen lässt, mithin von 1167 bis nicht weit über 1280 hinaus, wo er selbst Quelle für den Zeitbuchschreiber wurde. Dieser Einfluss des liber de temporibus ist aus der offenkundigen Uebereinstimmung in Auswahl und Gruppirung der Thatsachen unleugbar. Dass dem Parmesen bis zum Jahre 1212 Sicard ungleich bessere Dienste leistete, ist in seinen Klagen, mit denen die ed. Parm. ihren Text beginnt, ausgesprochen. In der That, die eben erwähnte Einleitung zum liber de temporibus und sein Index lassen in ihrer Plattheit schliessen, wie berechtigt die Bemerkung ist: Amodo incurrimus verba inculta et rudia et grossa et superflua, quae etiam in multis locis grammaticam non observant. Doch eins tröstete ihn: Ordinem historiae habent congruum. Gerade dieser ordo historiae war für Salimbene vielfach massgebend.

Aber auch andere Einflüsse stehen ausser Zweifel. Es sind dies die Materialen selbst, welche dem Verfasser des liber de temporibus im Minoritenkloster von Reggio, wo ja auch Salimbene grossentheils sein Werk schrieb, zu Gebote standen; so im besonderen die Annalen von Reggio, welche Dove aus dem liber de temporibus herausgeschält und am Schlusse seiner quellenkritischen Studie in Beilage II zusammengestellt hat. Dove's Ansicht [1]) geht nun dahin, dass diese zwar nicht offi-

---

[1]) S. 69 ff.

ciellen, aber doch zuverlässigen Jahrbücher von 1198—1281 incl. in meist stetig anwachsendem Strome gleichzeitige Führung, von 1273—1281 durch den Verfasser des Zeitbuches selbst, bekunden, während die Notizen über die Jahre 1154—1198 durch eine «Verlängerung nach rückwärts» nachträglich gesammelt worden seien. Ist nun auch gegen diese Aufstellungen Einsprache erhoben worden, einerseits von Winkelmann[1]), welcher die «Annalen» von Reggio für eine Compilation mit dominicanischem Grundstock hält, andrerseits von Scheffer-Boichorst[2]), demzufolge die Nachrichten über die letzten Jahre keineswegs das geistige Eigenthum des Minoriten von Reggio sind, so steht doch inhaltlich der einheitliche Charakter des von Dove abgelösten localhistorischen Geschichtswerkes fest und mag immerhin den Namen «Annalen von Reggio» beibehalten.

Worauf es hier ankommt, ist der Umstand, dass sie nicht blos in dem Zeitbuch des Codex Estensis und in der durch den Autor desselben umgeformten Gestalt, sondern auch in ihrer ursprünglichen Fassung dem Minoriten von Parma für die Zwecke seiner Chronik dienten. Zum Beweise davon diene folgender Vergleich (s. Dove, S. 45 f., 182):

liber de temporibus cf. Muratori, SS. 8, 1126 B. u. C.	**Salimbene** ed. Parm. 246 f.
Item sub eodem mill. et eodem anno (1266) fuit supradictus dominus Bonacursus Bellenzonum de Florencia Regin. potestas per octo menses, videlicet de mensa madii[3]) usque ad Kal. januarii proximi venturi. Et eo anno die tertio septembris facta fuit pax inter partem extrinsecam illorum de Sesso et partem intrinsecam Robertorum; (fehlt nichts) et fuit praedicta pax utilis pro pauperibus et mala pro nobi-	Et eo anno die tertio septembris facta fuit pax inter partem extrinsecam illorum de Sesso et partem intrinsecam Robertorum. Et in civitate Regina fuit potestas dominus Bonacursns Bellenzonum de Florentia[4]) et fuit utilis pro pauperibus et malus

---

[1]) In den Göttinger gel. Anzeigen 1873 S. 1842 ff.
[2]) Jenaer Literaturzeitung, 1874 Nr. 30 S. 456.
[3]) In der Handschrift folgt: junii.
[4]) Diese Notiz bringt der lib. de temp. vor der Nachricht über den Friedensschluss.

libus; et ideo expulerunt eum nobiles, quia bene recuperabat jura communis a praedictis magnatibus et ab omnibus aliis personis.	pro nobilibus; et ideo expulerunt eum nobiles, quia bene recuperabat jura communis et bene tenebat justitiam.
Et eo anno pax Guelforum de Florentia reddierunt[1]) in dicta civitate et postmodum expullerunt dicti Guelfi Ghibillinos extra dictam civitatem.	Porro millesimo suraposito pars Guelforum de Florentia rediit in Florentiam et postmodum expulerunt ghibillinos extra dictam civitatem.

Was ergibt sich aus der Betrachtung dieser Paralleltexte? Zunächst ist bekannt, dass das Zeitbuch dem Minoriten von Parma zur Verfügung stand. Doch diese Thatsache allein genügt nicht zur Erklärung der Varianten jener beiden Stellen. Salimbene hatte offenbar, ebenso wie der Autor des liber de temporibus die Annalen von Reggio vor sich, nur erfuhren sie durch ihn nicht die gleiche Misshandlung wie durch seinen Mitbruder. Soeben hatte dieser «pax» geschrieben. Da bietet ihm die Vorlage «pot», die Abkürzung für potestas. Die geduldige Feder schreibt zum zweiten Male «pax». Das fünfte folgende Wort (mala) wird diesem noch angepasst, die Quelle hatte malus; das elfte (eum) nicht mehr. Der Gedanke hatte nach pro nobilibus einen gewissen Abschluss gefunden. Die Copie bringt «eum», wie ihre Vorlage, ohne zu bemerken, dass das Demonstrativ der männlichen Form hier allein am Platze ist. Aber noch ein drittes Mal entgleitet der achtlosen Hand des Copisten das liebgewordene «pax»; «pars» hätte er lesen sollen. Was er schreibt, ist völlig ungereimt. Salimbene hingegen gibt seine Vorlage, die Jahrbücher von Reggio, verständig wieder. Sein Text bliebe trotz des feinen Sinnes, den der Minorit bei Behandlung des ihm zur Verfügung stehenden geschichtlichen Materials nicht selten an den Tag legt, unerklärt ohne die Annahme, dass er, der Parmese, die ungetrübte erste Quelle benützt habe.

Wer es versucht, dieser Localgeschichte von Reggio und vom ersten Theil der noch vorhandenen Chronik Salimbene's jene Partieen loszuschälen, welche der Minorit den beiden besprochenen Arbeiten Sicard's entnommen hat, wird mit Ausscheidung der fast endlosen rein subjectiven Excurse des Autors in dem Reste mehrere andere fremde Zuflüsse erkennen, welche

---

[1]) Muratori suchte einen Sinn herzustellen durch die Correctur: facta est pax Guelforum..., qui redierunt. Das Manuscript beleuchtet das Verhältniss des Zeitbuchschreibers zu seiner Quelle weit besser.

theils ausgesprochen universalhistorischen Charakter an sich tragen, theils mehr individueller Natur sind [1]).

Hierher gehört zunächst nach Dove eine von ihm als Beilage I., allerdings nur in ihrer «möglichen Ordnung» (S. 65), zusammengestellte Papstchronik bis zum Tode Gregor's IX. (1241), hierher gehören ferner Martin von Troppau, welcher bei Cölestin IV. eintritt und dessen Benützung bis zum Tode Johann's XXI. (1277) reicht, ein Brief des Patriarchen Robert von Jerusalem, eine Circularnote Karl's von Anjou, ein «Parmeser Notizblatt» (Dove S. 141) und mehrere andere kleinere Vorlagen. Diese Stücke sind im einzelnen zu besprechen.

Zunächst fordert die «Papstchronik» eingehende Beachtung. Dove verlegt ihre Abfassung in die Zeit des Interregnums und schliesst dies aus den Worten: quo (Friderico II.) deposito et defuncto sedes imperii usque hodie vacat [2]).

Ist dieser Schluss berechtigt?

Nicht in der Papstchronik, sondern bei Salimbene, ed. Parm. S. 378, findet sich folgender in vielfacher Beziehung interessante Text: Solummodo unum cardinalem fecit (Honorius IV.), quem misit in Alamanniam, ut inde dominum Rodulfum ad Imperium electum adduceret, sicut credebatur a vulgo, volens eum in Imperio coronare [3]); sed mortuus est Papa, et Rodulfus sine Imperii corona remansit. Per quod apparet, voluntatis esse divinae, ut in republica nullus de cetero Imperator consurgat, quia de Friderico II. dictum fuit ab his, qui prophetico spiritu futura praedicunt: «In ipso quoque finietur Imperium, quia etsi successores sibi fuerint, imperiali tamen vocabulo ex romano fastigio privabuntur» [4]).

Imperium bezeichnet an dieser Stelle die Kaiserwürde und nur diese, jene Würde, auf welche der jedesmalige deutsche König einen gewissen Anspruch hatte, die zu verleihen aber nach der Auffassung des Mittelalters [5]) keinem andern als dem Papste zustand.

---

[1]) Vgl. Dove S. 56 ff.
[2]) Dove S. 151. Salimb. ed. Parm. S. 414. Muratori, SS. Bd. 7, 1079 B.
[3]) Dass dies auch der Wunsch Rudolf's war, dafür darf er selbst als Gewährsmann gelten. Salimbene, S. 237, schreibt: ... Rodulfus promittens, quod si negotium prosperaretur de Imperio possidendo, validius, quod concesserat, confirmaret. Nun war aber Rudolf damals schon deutscher König. Es kann sich mithin nur um die Kaiserkrönung handeln.
[4]) Vgl. oben S. 215 f. und Salimb., ed. Parm. S. 233.
[5]) Vgl. oben S. 1.

Könnte das Wort im Texte der Papstchronik nicht die gleiche Bedeutung haben? Wenn aber dies, dann wäre Dove's Beweisführung erschüttert. Sein Schluss wäre unsicher.

Thatsache ist, dass Salimbene — er schrieb nach 1280 — den Text, auf welchen Dove sich beruft, in einem andern Sinne verstanden hat, als der Bonner Gelehrte. Aber wie? Fasst nicht Salimbene ebenso wie der Papstchronist im Eingang seines Berichtes über Innocenz III. (Dove S. 150 oben: Innocentius III. Fredericum pupillum imperatorem fecit) das Wort imperator gleichbedeutend mit «deutscher König»? Sagt er nicht S. 237 ed. Parm.: Rodulfus de voluntate domini Papae Gregorii decimi electus fuerat in Imperatorem? Heissen nicht bei ihm S. 167, wie Rudolf, so auch Heinrich Raspe und Wilhelm von Holland «in imperio successores»? Gewiss, es ist unleugbar, dass an diesen Stellen imperator, zunächst den deutschen König bezeichnet, allerdings den deutschen König, insofern er berufen ist, einmal mit der Kaiserwürde bekleidet zu werden.

Doch Salimbene bietet mehr. Bei ihm [1]) findet sich in gleichem Zusammenhange die gleiche Wendung, auf welche Dove seinen Beweis für die Abfassungszeit der Papstchronik gründet. Innocentius .... Ottonem IV. in [2]) imperatorem coronavit. Weil dieser sein Wort nicht hielt, papa eum ab Imperio deposuit. Ottone deposito Fredericus, Henrici filius, eligitur et ad honorem Imperii coronatur. Es folgt sodann die Rechtfertigung der Excommunication Friedrich's II. Denique ... Innocentius papa IV. ... concilium apud Lugdunum convocans ipsum Imperatorem deposuit, woran sich der schon bekannte Satz schliesst: quo deposito et defuncto sedes Imperii usque hodie vacat. Salimbene, der, wie gesagt, den Text zu dem seinigen gemacht hat und sicher einen vernünftigen Sinn damit verbunden wissen will, hat nach 1280 geschrieben. Das Interregnum war längst beendet.

Ist nun in diesem Satze bei Salimbene jeder Hinweis auf das Interregnum als solches ausgeschlossen, dann ist durchaus nicht ersichtlich, dass derselbe Text in demselben Zusammenhange bei dem Papstchronisten grade von dem Interregnum handeln soll.

Mit dem Gesagten steht in bestem Einklang, dass Salimbene ad a. 1287 S. 378 der sicheren Ueberzeugung ist, es sei Gottes Wille, ut in republica nullus de cetero Imperator con-

---

[1]) Clédat, Thesis, S. 103 f.; ed. Parm. S. 413 f.
[2]) So Clédat l. c. Bei Dove, S. 150 fehlt «in».

surgat. Friedrich II. sei der letzte gewesen. Dieser könne wohl successores, ja sogar successores in imperio haben (ed. Parm. 378. 167), wie Heinrich Raspe, Wilhelm von Holland, Rudolf von Habsburg, aber — und darauf kommt es hier lediglich an — nec aliquis istorum potuit prosperari, ut ad plenam dignitatem imperii perveniret (S. 167). Das eben will es heissen: sedes imperii usque hodie vacat — von den unmittelbaren Nachfolgern Friedrich's II. ist keiner zum Kaiser gekrönt worden. Damit ist jeder scheinbare Widerspruch beseitigt.

Soviel darf als vollkommen gesichertes, allerdings nur negatives Resultat gelten: es ist nirgends gesagt und nirgends bewiesen, dass Dove's Papstchronik gerade während des Interregnum's abgefasst worden sei. Hat sie wirklich existirt, so fällt sie in die Jahre 1250—1312 (Kaiserkrönung Heinrich's VII.), allerdings ein sehr nichtssagendes Ergebniss.

Wie steht es nun mit ihrer Existenz? Hat die Papstchronik als solche überhaupt je bestanden? Alles hängt von den Gründen ab, welche Dove veranlasst haben, für die bezüglichen Berichte ein selbständiges Werk in Anspruch zu nehmen. Diese Gründe sind zu prüfen. Eine Erörterung der Frage ist offenbar am Platze. Denn es handelt sich um eine wirkliche oder angebliche Quelle Salimbene's, dessen historischer Unterbau Gegenstand dieser Untersuchung ist, um eine Quelle, die ja, wie sämmtliche Materialien des Zeitbuchschreibers dem Minoriten von Parma nicht nur in dem liber de temporibus, sondern daneben auch, wie behauptet wird, in ihrer selbständigen Form zu Gebote stand.

Dove stellt S. 64 die Beweise für seine Ansicht zusammen. Er empfindet einigermassen die Schwierigkeit und sagt: «Man wird mir nicht entgegnen, jene frühere universalhistorische Quelle sei eine Fiction, der Autor des Zeitbuches selber habe diese Nachrichten von den verschiedensten Seiten her zusammengetragen und Salimbene sie nachher, so weit er sie brauchen mochte, eben aus dem liber de temporibus herübergenommen; denn wenn auch das letztere wahr wäre — während doch die häufig richtigeren und zum Theil verständigeren Lesarten bei Salimbene dem widerstreiten — so kann, ich wiederhole es, jene erstere Annahme angesichts des Kap. 196 absolut nicht bestehen. Wäre hier der Compilator des liber de temporibus irgend selbständig verfahren, so hätte er sich seinem Zwecke und seiner Gewohnheit gemäss durchaus auf das Leben Innocenz's III. beschränken müssen; von diesem zu Friedrich II. und von Friedrich zu Gregor, ja zu Innocenz IV. und dem Interregnum konnte ihm beim Jahre 1198 niemals eigener Antrieb, vielmehr einzig das Muster einer Vorlage fortreissen, bei der dieser rasche Gang besser gerechtfertigt sein mochte, als bei seinem annalistischen und wo nicht streng annalistischen, doch überall streng katalogischen Verfahren».

Bei etwas näherem Zusehen wird man sich von der Beweiskraft dieser Worte schwerlich überzeugen können. Unwillkürlich drängt sich die Frage in den Vordergrund: Was ist es doch, dass «dieser rasche Gang» bei dem Papstchronisten «besser gerechtfertigt sein mochte»? Papstgeschichte schreibt er, und soweit Dove sie in ihrer «möglichen Ordnung» zusammengesetzt hat, sind die kürzeren oder längeren Berichte über jeden einzelnen Papst, Cölestin III. und Innocenz III. ausgenommen, scharf von alledem geschieden, was nicht ihn, sondern einen andern, gleichviel ob Vorgänger oder Nachfolger, betrifft. So bei Anastasius IV., Adrian IV., Alexander III., Lucius III., Urban III., Gregor VIII., Clemens III., Honorius III., Gregor IX. Und dieser nämliche Autor erlaubt sich, um von Cölestin III. ganz zu schweigen, bei Innocenz III. die Freiheit, von diesem über Honorius, ohne seiner auch nur Erwähnung zu thun, auf Gregor IX., von Gregor IX. gleichfalls auf dessen zweiten Nachfolger Innocenz IV. überzuspringen? während doch Honorius III. und Gregor IX. sofort in eigenen Abschnitten eine verhältnissmässig ausführliche Erwähnung finden. Für Innocenz IV. indess, der dem Gesagten zufolge dem Papstchronisten sehr wohl bekannt war, bietet sein Werk für Dove nichts mehr. Eigenthümlich doch, dass sofort nach Gregor IX. bei Salimbene Martin von Troppau nachhelfen muss. Jedenfalls hat die Anomalität in dem Verfahren des Papstchronisten als ebenso wunderlich zu gelten, wie es bei dem Verfasser des Zeitbuches der Fall wäre, wenn er seine Nachrichten selbst gesammelt hätte. Oder hat sich etwa, um die gleiche Erscheinung durch die gleiche Ursache zu erklären, hat sich etwa auch der Papstchronist «durch das Muster einer Vorlage fortreissen lassen»? Das wäre ein processus in infinitum.

Aber die «häufig richtigeren und zum Theil verständigeren Lesarten bei Salimbene» widerstreiten der Annahme, dass dieser seine hierher gehörigen Nachrichten aus dem liber de temporibus herübergenommen; er muss sie aus einer zu Grunde liegenden ersten Quelle geschöpft haben. Dies ist ein zweites Argument Dove's. Es gilt also, auch hier die Einzelfälle zu prüfen, aus denen sich die Berechtigung für die aufgestellte Behauptung zu ergeben scheint. Mehr Texte und Beispiele zu besprechen, als Dove selbst anführt, ist nicht gefordert; hätte er andere, zum mindesten, hätte er bessere gehabt, er würde sie sicher nicht verschwiegen haben. Andrerseits aber ist keine der von ihm beigebrachten Belegstellen zu übergehen, sei es nun, dass sie unmittelbar eine zusammenhängende Vorlage empfehlen oder dass die Wiedergabe bei dem Parmesen für Dove eine solche nahe legt. Beides mag hier im Zusammenhange besprochen werden, da auch Dove das einschlägige Material, ohne die zwei verwandten Momente von einander zu unterscheiden, S. 57—64 in ununterbrochener Reihenfolge liefert [1]).

Ein von Muratori zur Hälfte unterdrückter Zusatz zu Cap. 178 lautet, soweit er hier in Betracht kommt, nach der Handschrift so [2]): Quando supradictus papa Alexander canonice fuit electus; et schisma duravit XVIII annis (ut superius dictum est); infra quod tempus Theotonici, qui apud Tusculanam [3]) pro imperatore Frederico morabantur, Rome apud montem Portum invadunt, et tot a nona usque ad vesperas occiderunt, ut nunquam ex Romanis tot milia sint occisa, licet tempore Anibalis tot occisa sint, ut tres cophinos annulorum, quos de digittis procerum occisorum id est Anibalis (sic!!)[4]) extrahi fecit et Carthaginem destinavit. Quorum multo (sic!!)[5]) apud S. Stephanum sepulti sunt et habent hoc epythafium: mille decem decies et sex decies quoque seni.

Hier setzt Dove ein. Die Schlacht bei Tusculum sammt der Reminiscenz aus der römischen Geschichte findet sich bereits in der vita Alexandri III.[6]), wo es gegen Ende der Erzählung so heisst: Quippe ab eo tempore, quo Annibal Romanos apud Cannas devicit, tantam Romanorum stragem nullus recolit extitisse [7]).

Dove schreibt: «dass daraus die obige Version von einem am unrechten Orte mit Gelehrsamkeit prunkenden Bearbeiter hergestellt worden, liegt auf der Hand. Jedenfalls aber war dieser Bearbeiter nicht unser Compilator» (der Verfasser des liber de

---

[1]) Vgl. auch Dove, S. 147—152.
[2]) Bei Dove, S. 58. Die Ausrufungszeichen sind von dem Herausgeber beigesetzt.
[3]) Sic.
[4]) Dove verbessert: idem Annibal, S. 147 f. Auch der Schluss des Satzes bedarf der Nachhilfe.
[5]) Nach Dove's Correctur: multi, S. 148.
[6]) Bei Watterich, Pontif. Rom. vitae, Bd. 2 (Leipzig.1862) S. 404 f.; cf. 563.
[7]) Vgl. Livius, lib. XXIII, c. 12.

temporibus). «Denn erstens hätte dieser nicht die Grabschrift hinzuzudichten gewagt, zweitens zeigen die unsinnigen Fehler, dass er auch hier glatt abgeschrieben».

Dem gegenüber darf bemerkt werden, dass die behauptete «Hinzudichtung» der Grabschrift durch den Zeitbuchschreiber durchaus nicht gefordert ist durch die Annahme, die Papstchronik sei kein selbständiges Werk. Ohne auf die in Anspruch genommene Evidenz einer Bearbeitung gerade der Stelle aus der vita Alexandri III. näher einzugehen, steht die Möglichkeit immer offen, dass der Zeitbuchschreiber in seinem Bericht über die Grabschrift einfach das gesagt hat, was er darüber las oder auch reden hörte. Dass sich an die Erzählung von jener furchtbarsten Niederlage, durch welche das alte Rom betroffen wurde, so mancherlei «gelehrtes» und ungelehrtes ansetzen konnte, ist sehr begreiflich, und es bedurfte auch für den Autor des liber de temporibus keiner geschriebenen, am allerwenigsten einer als selbständiges Ganze bestehenden Vorlage, wie die vermeintliche Papstchronik es ist [1]).

Doch «die unsinnigen Fehler zeigen, dass er auch hier einfach glattweg abgeschrieben» [2]). Gemeint sind der scheinbar grobe Verstoss «id est Anibalis» anstatt idem Anibal und «multo» für multi. Das letztere darf mit Fug und Recht als Schreibfehler gelten, zumal bei einem Manne, dem vor allen Dove in dieser Beziehung das Aergste zutrauen würde. Indess könnte Dove aus seiner Papstchronik noch andere, wenn es beliebt, weit «unsinnigere Fehler» beibringen, für seinen Zweck wäre dadurch nichts gewonnen. Es ist im Interesse der vorliegenden Frage, aber nur im Interesse dieser, zu bedauern, dass Dove den Text der von ihm hergestellten Annalen von Reggio nicht mit all den Irrthümern und Entstellungen herausgegeben hat, welche ihm die Handschrift darbot. Nach seinen Erklärungen S. 68 f. ist das Heer derselben ausserordentlich stattlich, die Fehler selbst sind öfters recht bedenklicher Art.

Nun ist es allerdings wahr, Dove erklärt vieles davon als «thörichte Versehen eines nachlässigen Copisten». Für so manches

---

[1]) Durch die Güte des Herrn Wilpert in Rom ging mir nachträglich folgende Notiz zu: «Die Ruinen der Basilika des hl. Protomartyr Stephan auf der via latina wurden vor etwa dreissig Jahren ausgegraben. Inschriften fand man nur wenige; auch von jenem Verse: mille decem decies u. s. w. zeigte sich keine Spur. Indess liegt nach dem Urtheile des Commendatore de Rossi kein Grund vor, an seiner Echtheit zu zweifeln», ein neues Moment gegen Dove.

[2]) Dove S. 58.

indess reicht von seinem Standpunkte diese Erklärung nicht aus. Dove hält nämlich die annalistischen Notizen über Reggio von 1273—1281 für «eigene Aufzeichnungen des Bruders» (S. 141. 193 und sonst oft; s. oben S. 138 f.). Hier also schreibt einmal der Verfasser des liber de temporibus nicht ab, er gibt sein eigenes Werk, das Resultat seines Sammelfleisses. Was er dabei in stilistischer Beziehung, überhaupt in Bezug auf alles das gesündigt, wodurch die äussere Form eines Geschichtswerkes bedingt ist, das hat Dove an Ort und Stelle gesehen, dem Nichteingeweihten aber nur für einige wenige Fälle verrathen, die doch immerhin einen gewissen Einblick in die Arbeitsweise des Zeitbuchschreibers gestatten. Den bekannten Geburtsort Kaiser Friedrich's II. nennt er nicht Aesium (Jesi), sondern Esisium [1]). Der Name durfte einem Bewohner von Reggio geläufig gewesen sein, und Nachlässigkeit erklärt diesen Fehler weit besser, als Unwissenheit. Wiederum sein eigener Text ist es, wenn er schreibt: Et viderat, quod non bene adjuvabatur, dereliquit civitatem Mediolanensem et exivit foras cum militibus suis et venit in civitatem Laudi (Dove, S. 200). So liest und so interpungirt Dove nach dem Original. Ebenso hatte auch Salimbene gelesen. Er fühlte, dass dem Satze etwas fehle. Der Minorit von Parma fügt ein Wörtchen hinzu und sagt: Et ut viderat. Salimbene war überzeugt, dass es sein Confrater nicht gerade aus Rücksichten der Akribie weggelassen habe [2]).

Zu dem Jahre 1275 schreibt der Verfasser des liber de temporibus: Misit ad Malatestam capitaneum Bononiae, qui volebat bellum omnino (Dove, S. 195). Dove — und darauf kommt es lediglich an — hält diese Lesart für verkehrt; denn er sagt in Note 7: «Noster perverse: qui volebat». Salimbene war der nämlichen Ansicht und verbesserte: quod volebat bellum omnino.

Mehr Belege für die Unachtsamkeit des Zeitbuchschreibers gibt Dove nicht. Hat er ihm vielleicht ausser den angeführten keine geliefert? Schwerlich; ist ja doch die Orthographie des Zeitbuches über alles Mass verwahrlost» (S. 68).

Aber was hat denn der so scharf urgirte Text «id est Anibalis» mit der Orthographie zu thun? Scheint es sich ja hier

---

[1]) Dove, S. 195; s. Anm. 1, wo die Correctur Salimbene's angezeigt ist.

[2]) Dass ein Text, wie der eben angeführte, recht wohl geeignet ist, die oben S. 139 vorgetragene Ansicht Scheffer-Boichorst's gegen Dove zu empfehlen, kommt hier nicht in Betracht. Ich habe mich vor der Hand auf Dove's eigenen Standpunkt zu stellen.

einzig und allein um den «unsinnigen» Verstoss eines geistlosen Abschreibers zu handeln. Und doch liegt nichts näher, als auch an dieser Stelle nichts anderes, als ein orthographisches Versehen zu erblicken, nebenbei ein Versehen der allerentschuldbarsten Art.

Der Druck freilich und namentlich Dove's Druck S. 58 mit dem Schrecksignal «sic!!» erleichtert das Verständniss des Vorganges nicht. Dove kannte das Manuscript. Es lohnt sich der Mühe, die Stelle zu reproducieren, wie sie in diesem stehen mag, und zwar an der Hand einer Angabe, die der genannte Gelehrte selbst macht. S. 17 und 49 erwähnt nämlich Dove die sehr gewöhnliche Abbreviatur für «id est», von der er versichert, dass sie in Muratori's Ausgabe des Memoriale potestatum Regiensium auch nicht ein einziges Mal richtig wiedergegeben sei. Es ist das Zeichen i. Ob immer so im ganzen Codex, bleibe dahin gestellt. Jedenfalls aber haben die Abkürzungen für id est und für idem so grosse Aehnlichkeit, dass auch ein Mann von aufgewecktem Wesen als der Zeitbuchschreiber es war, das eine für das andere setzen konnte, ohne deshalb die Vermuthung zu begründen, dass er nach einer Vorlage gearbeitet habe. So aber ist das ganze ein leichtes orthographisches Versehen. Denn es ist sehr wohl möglich, dass der Verfasser des liber de temporibus «idem», beziehungsweise das entsprechende Zeichen schreiben wollte, aber in Folge einer kleinen Störung seiner schriftstellerischen Aufmerksamkeit die Abbreviatur für id est wiedergab. Dieser Fall tritt häufig ein [1]).

Weit weniger Bedenken noch kann Anibalis für Anibal erregen. Kurz zuvor hatte der Mann die Form Anibalis geschrieben. Das oben S. 140 erwähnte, ungleich drastischere Beispiel zeigt mit überraschender Klarheit, was die Feder des Zeitbuchschreibers, in mechanischer Wiederholung eines eben gebrauchten Wortes zu leisten imstande ist.

Ueberdies wenn sich der Autor des liber de temporibus andere «thörichte Versehen» zu Schulden kommen lassen, wenn er «Irrthümer und Verstösse» begehen konnte, wie sie Dove S. 69 rügt, «Verdoppelung eines Wortes, falsche Rection des Verbums oder Relativs, endlich besonders die den Italienern so geläufige Ersetzung des Nominativs durch den Accusativ oder die daher entspringende Vertauschung von Masculinum und

---

[1]) Cf. J. L. Walther, Lexicon diplomaticum, Gottingae 1745–1747, S. 165, 12. 448, 26 f. 162 15 f. 165, 13 ff. 166, 3. Die Verschiedenheit der Zeit thut nichts zur Sache, da die von Walther beigegebenen Jahreszahlen nicht durchweg im exclusiven Sinne zu verstehen sind.

Neutrum»[1]), so ist das einzig auf Kosten seiner Indolenz zu setzen. Aber gerade diese erklärt, wo so arge Blössen vorliegen, einen kleinen Schreibfehler, eine Verwechslung zweier jedenfalls sehr ähnlicher Zeichen in der ungezwungensten Weise.

Hiermit ist aber auch das vorsichtige «scheint» beseitigt, womit Dove, S. 59 Zeile 1, eine Art neuen Beweises für seine Papstchronik als selbständiges Werk andeutet.

Was die wenigen Wendungen betrifft, in welchen die Papstchronik einen Anklang an Sicard verräth[2]), so würde aus der Leugnung ihres einheitlichen Charakters noch keineswegs folgen, dass der Zeitbuchschreiber das Werk des Bischofs von Cremona selbst in Händen hatte. Sicard starb 1215, und die Nachrichten seines Chronikons mögen in manche andere Schrift übergegangen sein. So konnte der Verfasser des liber de temporibus unter den Materialien, aus denen er die Notizen über die frühere Zeit sammelte, recht gut auch Sicardische Sätze herausheben, ohne vielleicht selbst um ihren Ursprung zu wissen.

Dove sieht sodann mit einiger Wahrscheinlichkeit seine Ansicht empfohlen durch den Zusatz: sub Artaldo, rege Anglorum[3]), Worte, welche Salimbene in der Erzählung über den Tod des Thomas Beket einfügt und die im Zeitbuch fehlen. Aber es müsste Wunder nehmen, wenn ein für alles so interessirter Geist wie Salimbene, der doch in den scheinbar geringfügigsten Dingen mit Personalnotizen fast bis zum Uebermass aufzuwarten versteht, von dem englischen Könige nichts gewusst hätte, unter welchem der in der ganzen Kirche hochgefeierte Erzbischof von Cantebury den Martyrtod erlitt. Uebrigens ist es in diesem Falle einmal möglich, auf eine schriftliche Vorlage hinzuweisen, welche dem Minoriten zur Verfügung stand und welche die fragliche Notiz enthielt. Es ist keine Papstchronik, es ist die Legende des heiligen Thomas[4]). S. 47 entlehnt ihr der Chronist eine längere Stelle wörtlich und später erwähnt er auf Grund eben dieser Quelle (sicut dicitur in legenda, S. 408) den nämlichen rex Artaldus, der zum Ueberfluss auch S. 91 genannt ist.

Wenn die Bemerkung, dass «Kap. 193 (Murat. 1077 C) über Heinrich's VI. Krönung aus den Annalen selbst zu stammen

---

[1]) Wozu man auch den Fall oben S. 147 rechnen mag.
[2]) Vgl. Dove's Anmerkungen S. 147. 148. 149. 150. Ferner S. 59. 102.
[3]) Dove, S. 59. 148.
[4]) Dieser ist offenbar auch der Text entlehnt, auf welchen Dove S. 59 besonderes Gewicht zu legen scheint: in provincia Angliac ante altare in festivitate Innocentium a militibus regis (passionem subiit). Die Worte finden sich gleichlautend bei Salimbene und im Zeitbuch.

scheint» (Dove, S. 59) ohne alle nähere Begründung auftritt, also auch eine eingehende Erwägung nicht fordern darf, ebenso wenig wie das «möchte doch wohl» und eine andere ähnliche Wendung (S. 61), so sieht bald darauf Dove im Capitel 194 (Murat. 1077 D) «einen recht deutlichen Beweis, dass der Verfasser des Zeitbuches alle diese Nachrichten einer zusammenhängenden päpstlich-kaiserlichen Weltgeschichte entnommen; denn während es seiner Ueberschrift nach von Cölestin III. allein handeln sollte, schreibt die unaufhaltsame Feder weiter ab bis in die Geschichte Innocenz's III. hinein, zur Eroberung von Constantinopel» (Dove S. 60. 149).

Gegen diese Beweisführung gilt in voller Kraft alles das, was oben S. 143 f. betreffs des Capitels 196 gesagt wurde, mit welchem ja, wie Dove meint, die seiner Behauptung widersprechende Annahme «absolut nicht bestehen kann» (S. 64).

Auch der «charakteristische Passus» bei Dove S. 60. 149, das darin ausgesprochene abfällige Urtheil über Joachim von Fiore, die köstliche «mönchische Meteorologie» sollen «zu dem Geiste der wahrscheinlich einheitlichen päpstlich-universalhistorischen Quelle stimmen». Es ist nicht leicht, den Grund hierfür zu finden. Denn die wunderlichen Raben mit glühenden Kohlen im Schnabel und andere Vögel in Menge, welche die Luft durchfliegen und die Häuser anzünden, sind Dinge, welche der Zeitbuchschreiber als eigene Composition liefern konnte. Dove hat sich übrigens durch seine schlechte Handschrift des Salimbene täuschen lassen. Sie bot ihm aus dem ganzen Passus über die seltsamen Naturerscheinungen unter der Regierung Heinrich's VI. nur einen Satz und zwar den vernünftigsten. Dove glaubte nun, Salimbene habe nur diesen aufgenommen. Thatsache ist, dass der Parmese hier ohne alle höhere Kritik vorging und die Stelle des Zeitbuchschreibers, wie sie lag, einfach copirt hat [1]).

Eine Schwierigkeit scheint in dem «male sensit» über den Abt von Fiore zu liegen. Denn Muratori SS. Bd. 8, 1120 E 1121 A findet sich eine Stelle, in welcher ganz entschieden für den Propheten und seine Lehre Partei genommen wird. Jener erste Text dürfte deshalb einer selbständigen Quelle angehören, die in ihrer Auffassung über den merkwürdigen Mann von der des Zeitbuchschreibers abwich.

Doch wäre es auch durchaus nicht leicht, auf diese Einwendung zu antworten, stünde nichts weiter, als Muratori's

---

[1]) Vgl. Dove S. 60 und Clédat, Thesis, S. 95.

Druck zur Verfügung, so hilft hier ein Ergebniss der paläographischen Studien Dove's selbst [1]). Die Handschrift des Zeitbuches liefert nämlich an der betreffenden späteren Stelle (Murat. 1120 E 1121 A) den Beweis, dass der Verfasser desselben ursprünglich antijoachimitisch gesinnt war, dass er sich aber von Salimbene bestimmen liess, einen seiner früheren Ansicht entflossenen Text, soweit es anging, auszuradieren und durch die Worte seines für den Mann von Fiore so begeisterten Mitbruders zu ersetzen. Dass eine verborgene Notiz in einem entlegenen Theile desselben Werkes nicht auch der Rasur erlag, darf nicht als Schwierigkeit betrachtet werden.

Die Prüfung der «häufig richtigeren und zum Theil vollständigeren Lesarten bei Salimbene» führt zu einem neuen Texte, der nach Dove «nicht aus dem liber de temporibus selbst, sondern aus dessen Quelle» genommen wurde. «Dafür zeugt, dass jener (der Autor des Zeitbuches) schreibt: Circa Romanam ecclesiam semper Henricus exercuit et ideo» eo mortuo Innocentius III., ne frater ejus Philippus promoveretur, se opposuit. «Das odia hinter Henricus ist Conjectur Muratori's, die aber nicht das Richtige trifft, bei Salimbene dem sorgfältigeren Abschreiber steht: tyrannidem Henricus exercuit [2])».

Warum trifft doch Muratori mit seiner Conjectur nicht das Richtige? Sachlich ist ja die Ergänzung odia gar nicht übel. Dove verschweigt den Grund für seinen Vorwurf. Oder liegt dieser etwa in der Lesart des Minoriten von Parma, der ja der «sorgfältigere Abschreiber» war? Aber die Papstchronik, welche er und sein minder sorgfältiger Mitbruder in Reggio jeder für sich ausgeschrieben haben sollen, ist in ihrer Existenz noch keineswegs erwiesen, und Dove selbst weist gerade auf die «häufig richtigeren und zum Theil vollständigeren Lesarten bei Salimbene» hin, als böten diese ihm eine Grundlage für seine Ansicht. S. 60 indess legt die Darstellung Dove's nothwendig den Gedanken nahe, als treffe Salimbene's Ergänzung eben deshalb das richtige, weil er der sorgfältigere Abschreiber war. Der Vorgang ist klar. Dove ist so überzeugt von seiner Papstchronik als einer einheitlichen Leistung, dass er hie und da von ihr als einer ausgemachten Thatsache ausgehen zu dürfen glaubt.

Ist nun aber wirklich auch in der gegentheiligen Ansicht das «tyrannidem» Salimbene's ein besserer Ersatz als das «odia» Muratori's? Ohne Zweifel. Abgesehen von allem andern kannte

---

[1]) S. 43 f. Vgl. oben S. 137.
[2]) Dove, S. 60. Murat. 8, 1077 D. Salimbene bei Clédat, Thesis, S. 95.

Salimbene den Zeitbuchschreiber und sein Werk genau. Er wusste, dass dessen Latein sich in ziemlich engen Grenzen bewege, wusste auch, dass etwas weiter unten [1]) dieselbe Phrase, nur in unverkümmerter Gestalt, wiederkehre: tyrannidem contra ecclesiam exercuit. Seine eventuelle Vermuthung bei dem ersten Texte, welchem das Object fehlte, traf deshalb thatsächlich in höherem Masse das Richtige, als Muratori. Einer Papstchronik bedurfte es bei alledem keineswegs.

Bei Dove folgt nun S. 61 die Behandlung des Cap. 196, welches ihm für seinen Zweck so ausserordentlich fruchtbar zu sein scheint. Hierüber ist bereits oben S. 143 f. gesprochen worden. Was dort unerwähnt blieb, der verkehrte Bericht Salimbene's über die Schlacht bei Muradal[2]), die er doch soeben noch in anderer, besserer Form nach Sicard erzählt hatte [3]), ist insofern belanglos, da selbst nach Dove in diesem Einzelfall Salimbene nicht die vermuthete Quelle, sondern den liber de temporibus selbst «in nachlässiger Weise» entstellt hat. Doch entbehrt dieser Umstand auf der andern Seite nicht des Interesses, da die gänzlich verschrobene Darstellung Salimbene's beweist, wessen sogar der «sorgfältigere Abschreiber» fähig war.

Dove bringt S. 151 zu «Romipetas» die Note: «Sic! Cf. Salimbene S. 413». Soll hierin vielleicht irgendwie ein Hinweis auf die oft betonte Ansicht über die Papstchronik liegen? Möglich. Salimbene hat aber gleichfalls «romipetas» — bedeutet Rompilger —, und zwar nicht blos in der ed. Parm., sondern auch bei Clédat[4]), dessen Ausgabe den Codex Vat. selbst wiedergibt.

Konnte ferner Dove zu seiner Zeit für den Text: fecit concilium, in quo statuit, quod (ed. Parm. 5) «gar eine Emendation der Parmeser Abschrift» vermuthen, so hat sich seitdem die Frage über diesen Punkt — es handelt sich um ein neues Argument des Bonner Gelehrten — einigermassen vereinfacht. Clédat hat die ersten fünfzig Seiten der Parmeser Ausgabe mit dem römischen Original verglichen und das reiche Ergebniss dieser Collation in dem Annuaire de la faculté des lettres de Lyon, Bd. 3, 163 ff. veröffentlicht. Zu der bewussten Stelle weiss er nichts zu melden.

---

[1]) Murat. 8, 1079 A. Der Abstand beträgt hier nicht ganz 1½ coll. Von Lücken im Umfang dieses Textes berichtet Dove nichts. S. Dove 151. Salimb. ed. Parm. 413.
[2]) Ed. Parm. S. 2.
[3]) Bei Clédat, Thesis, S. 116.
[4]) Thesis, S. 103.

Aber soviel scheint doch sicher: Das Sätzchen: Honorius fecit concilium, quod ipso jure sint excommunicati [1] «zeigt, dass der Compilator eine fremde Vorlage flüchtig abgeschrieben hat». Dove ist genau unterrichtet, dass in der Papstchronik canonem stand; statt dessen habe der Zeitbuchschreiber concilium gelesen. Salimbene, der hier, wie Dove gesteht, direct aus dem liber de temporibus geschöpft hat, fügte als Ergänzung hinzu: concilium, in quo statuit, quod.

Auch dieser Beleg für die Vorlage einer selbständigen Papstchronik kann unmöglich gelten. Soll die Wendung des Zeitbuches fehlerhaft sein, so liegen für dessen Verfasser den Klagen zufolge, welche Dove gegen ihn erhebt, weit schlimmere «thörichte Versehen», «Irrthümer und Verstösse» vor. Aber, muss man überhaupt eine Sprache wie «statuit, quod» gelten lassen, so ist concilium, quod sint — excommunicati gar nicht einmal als Fehler zu bezeichnen. Die Grammatik kennt eine sog. prägnante Ausdrucksweise, die selbst den besten Autoren nicht fremd ist und in der That durch ihren energischen Fortschritt im Gedankengang ausserordentlich wirkungsvoll ist. Sie stellt in ihrer natürlichen Fassung den sachlichen Vorgang weit frischer dar, als die streng stilisirte Rede.

Ohne nur im entferntesten andeuten zu wollen, dass der Verfasser des Zeitbuches etwa eine rhetorische Form gewählt habe, genüge hier nur der Hinweis darauf, dass sein Ausdruck nicht schlechthin fehlerhaft ist, sondern ein für seine Verhältnisse recht leidliches Latein enthält.

Schliesslich, muss denn die Vorlage, welche der Mann gedankenlos abgeschrieben haben soll, durchaus ein zusammenhängendes Ganze, muss sie, was vor allem in's Gewicht fällt, eine fremde gewesen sein? Damit ist der Uebergang gegeben zu Dove's Achilles, zu dem «zwingendsten» seiner Argumente (S. 65). Der Fall ist bezeichnend, und der genannte Gelehrte verdient den besten Dank, dass er auf zwei scheinbar unbedeutende Worte aufmerksam gemacht hat, welche in dem Manuscript stehen, bei Muratori aber unterdrückt sind.

In seinem Bericht über Honorius III. (Murat. 8, 1083 B) meldet der Zeitbuchschreiber die Regierungsdauer des Papstes, erwähnt das Concil, dessen Kanones u. dgl. Zum Schluss heisst es: Ecclesiam Dei in pace gubernavit et imperatorem Fridericum coronavit et statuit etiam, quod qui habitum gestaverit ultra

---

[1] Murat. 8, 1083 B; s. Dove. S. 63.

annum, compellatur fieri Monachus. So Muratori l. c. In der Handschrift folgen nun noch die Worte: Cui successit. Der nächste Papst findet seine Stelle aber erst Muratori 1105. Was sich dem cui successit unmittelbar anschliesst, sind Localnotizen über Reggio, «so dass man sieht, wie in der Quelle unmittelbar die Geschichte Gregor's IX. folgte, von welcher der Compilator in der ersten Hitze noch die beiden Anfangsworte sinnlos mit abschrieb» [1]).

Es soll unumwunden zugestanden werden, dass dieses Argument unter all denen, welche Dove für seine päpstlich-kaiserliche Weltchronik in's Feld führt, weitaus das beste ist. Es erklärt in der That den Vorgang gut, begründet also den Werth einer Hypothese. Aber es frägt sich: Ist die von Dove gegebene Erklärung die einzig mögliche? Dann allerdings wäre die Papstchronik gerettet. Die Frage ist mit «nein» zu beantworten. Es gibt zum mindesten eine Erklärung, die den Thatbestand ebenso gut beleuchtet, etwaige Schwierigkeiten ebenso gut löst. Mit einem Worte, fordert Dove von seinem Beweise mehr als die Berechtigung einer Hypothese, durch die jede andere Auffassung ausgeschlossen sein soll, so wird sein Plaidoyer zum Sophisma. Die beanspruchte Wirklichkeit der Papstchronik ist damit noch nicht dargethan.

Gesetzt den Fall, der Verfasser des liber de temporibus hätte thatsächlich «diese Nachrichten von den verschiedensten Seiten her zusammengetragen» (Dove 64), wie wäre er dabei wohl zu Werke gegangen? Dove nennt seine Arbeit ein «sorgsam und langsam compilirtes Werk» [2]). Wie diese ehrende Bezeichnung auch immer zu verstehen ist, irgend einen Sinn für Geschichte und für Behandlung eines historischen Stoffes räumt Dove dem Autor des Zeitbuches sicher ein. Dafür spricht, dass dieser die annalistischen Nachrichten über Reggio während der Jahre 1273—81 selbständig zusammengestellt haben soll, dafür spricht, dass er von Dove als der Verfasser der Biographieen Nikolaus' III. und Martin's IV. angesehen wird (S. 68), dafür

---

[1]) Dove, S. 63.
[2]) S. 21. Einige andere Urtheile desselben Gelehrten über dasselbe Buch sind folgende: S. 52 heisst es, dass der Mann «bereits seit einigen Jahren» an seiner Schrift arbeitete. Aber trotz allen Fleisses ist die Leistung des Compilators «äusserst mangelhaft», «wimmelt von sinnlosen Fehlern und Flüchtigkeiten» (S. 25. 67), enthält die «gröbsten Irrthümer» (S. 26), verdient den Vorwurf der «Confusion» (S. 30), ist schliesslich ein «wüstes und klägliches Machwerk» (S. 31) — und doch eine «sorgsame Compilation»?

spricht vor allem eine Bemerkung, mit der Dove durch eine gütige Auslegung dem Zeitbuchschreiber vielleicht einen feineren Takt zutraut, als er besessen hat. Dove will erklären, woher es doch komme, dass das Zeitbuch gerade von 1282 an und nicht etwa ein oder zwei Jahre früher schon mit fast einziger Ausnahme der localgeschichtlichen Berichte von Reggio einfach Salimbene als Quelle benütze. Der genannte Gelehrte schreibt: «Wenn Salimbene zu den Ereignissen des Jahres 1282 im Verlaufe seiner Darstellung auch erst im Sommer 1884 gelangte, so hat er doch jedenfalls seit 1282 selbst sich Notizen gemacht, und sein Werk konnte eben von 1282 an mit gutem Fug einem Geschichtschreiber von Reggio als Originalquelle dienen, für die Zeit vor seiner Uebersiedlung nach Reggio aber, d. h. für 1280 und Anfang 1281, keinesfalls» (S. 52).

Das ist ja an sich sehr wahr und einleuchtend. Aber dass der Autor des Zeitbuches zwischen Chronicon Salimb. ad a. 1282 und Chron. Sal. ad a. 1281 Anfang einen so tiefgreifenden Unterschied zu entdecken vermochte, dass er mit Rücksicht auf sein «wüstes, klägliches Machwerk» Originalquelle und abgeleitete Quelle so scharf auseinander hielt, spricht doch nicht gegen jedes Geschick für die Lösung einer geschichtlichen Aufgabe. Soviel Methode wenigstens darf man voraussetzen: Der Minorit von Reggio konnte eine kleine Sammlung gehabt haben, die Frucht seines Fleisses, die ihm bei Abfassung des Werkes selbst als Fundgrube diente. Ihr entnahm er den jedesmaligen compilatorischen Abschnitt, sofern er ihn nicht etwa direct irgend sonst woher copirte. Die Anlage seiner Leistung lässt es einigermassen errathen, wie das Repertorium im grossen Umriss beschaffen war. Der liber de temporibus enthält Papstchronik und Weltchronik. Die eine hebt sich vor der andern sehr bequem ab. Die gleiche Scheidung mag nun auch in den vorbereitenden Notizen durchgeführt gewesen sein, nur schärfer noch, insofern hier das sachlich Zusammengehörige auch in örtlicher Verbindung erscheint. Ein schönes Vorbild hierfür hatte er in den Jahrbüchern von Reggio bis 1273, die ihm nur einen der zu behandelnden Gegenstände, aber in fortlaufender annalistischer Reihenfolge boten. Der Localnotiz waren sodann von ihm die übrigen Daten beizusetzen, die sich auf das gleiche Jahr bezogen, und so ging das Geschäft höchst einfach vonstatten.

Möglich und zudem sehr naturgemäss ist dieser Vorgang jedenfalls; das ganze liegt in dem Wesen der Sache begründet. Darauf allein kommt es an. Weil nun der Zeitbuchschreiber vor allem eine Papstchronik liefern wollte, so wäre es recht wohl denkbar, dass er in erster Linie ununterbrochene Notizen über die Päpste sammelte. Da ergibt sich aber von selbst, dass möglicherweise, nachdem er die Erzählung über den einen abgeschlossen, der Name des nächstfolgenden einmal mit dem ausserordentlich elementaren cui successit — «und auf den kam» — angefügt wurde. Bei der Uebertragung in das Werk selbst hatte der Copist diese Worte bereits geschrieben, als er sich seines Hauptplanes inne wurde. So folgt dem cui successit ein Stück Weltgeschichte.

Diese Erklärung ist ungezwungen und darf an sich die gleiche Berechtigung in Anspruch nehmen, wie die Dove'sche. Die Dinge konnten so liegen, wie es hier dargestellt wurde, sie mussten es nicht. Sie konnten so liegen, wie Dove es will, sie mussten es nicht. Seine Deutung hat nicht einmal die grössere Wahrscheinlichkeit für sich.

In einem Punkte indess berührt sich die vorgetragene Hypothese mit der von Dove vertretenen. Zugegeben nämlich, dass sich alles so verhalten habe, wie es soeben als möglich und recht wohl denkbar nachgewiesen wurde, so ergibt sich als Erklärung des cui successit im Manuscript allerdings der Hinweis auf eine Vorlage, ebenso wie Dove sie fordert. Nur ist eine weitere Frage die: War die Vorlage eine fremde oder war es ein eigenes Blatt? War es die selbständige Papstchronik eines andern Autors oder waren es die oft recht mageren Noten, welche der Zeitbuchschreiber mit eigener Hand für seine Zwecke zusammengestellt und einmal oder auch öfter durch ein Relativsätzchen von zwei Worten aneinander geknüpft hatte?

Leise Andeutungen, die Dove sonst noch, z. B. S. 65, zu Gunsten einer für sich bestehenden päpstlich-kaiserlichen Weltchronik einfliessen lässt, können füglich übergangen werden, da sie schwerlich als Beweise gelten wollen.

Aus dem bisher Gesagten folgt, dass die Existenz der Papstchronik durch die beigebrachten Belege mit nichten erwiesen ist. Hat sie darum nicht existirt? Wer weiss es?

Auf einen Umstand soll indess hingewiesen werden, der Dove entgangen zu sein scheint, der aber seine Ansicht nur zu empfehlen imstande ist. Der Zeitbuchschreiber charakterisirt in dem schon erwähnten Prolog sein Werk nach Inhalt, Form, Quellen und Zweck folgendermassen:

Breve compendium	Form
collectum ex variis cronicis	Quellen
et per ordinem digestum	Form

de temporibus, in quibus sederunt certi pontifices Romani et imperatores imperaverunt, reges regnaverunt, sederunt Regini pontifices, consules et potestates civitatem Reginam rexerunt, et de quibusdam gestis sub diversis pontificibus et principibus, potestatibus et aliis rectoribus, } Inhalt

ut in certis locis hujus compendii majora gesta et magis necessaria facilius, omissa prolixitate, valeant inveniri [1]). } Zweck

Ueberblickt man dieses durch den Text selbst nahegelegte Schema, so ergeben sich einige, wie es scheint, recht fruchtbare Combinationen. Die Päpste sind dem Zeitbuch die Hauptsache; das gesteht auch Dove. Aber es zieht ebenso die Kaiser und Könige, die Bischöfe und weltlichen Behörden von Reggio in den Kreis seiner Darstellung — alles kurz und bündig. Das Ganze soll ja ein Compendium sein, in welchem man Dinge von grösserer Wichtigkeit bequem finden könne. Als Quellen nennt der Prolog «verschiedene Chroniken», und zwar stehen diese für den Autor des Zeitbuches im Vordergrund. Er nennt sie, die ihm den Stoff für seine Arbeit geliefert haben, obenan, noch ehe er sagt, was in seinem Compendium stehen soll. Also Chroniken sind es, variae cronicae, denen er sein Material entlehnt hat. Und eine Chronik sollte es nicht sein, die ihm das wichtigste Element seines liber de temporibus, die Papstgeschichte, vermittelt hat? Man sollte meinen, dass der Hauptgegenstand doch wohl der Quelle entnommen ist, welche der Verfasser im Augenblick, da er die Feder ansetzt, rundweg als seine einzige bezeichnet. So hätte der Mann für die früheren Päpste den liber pontificalis, für die letzten den Martin von Troppau benützt, für die dazwischen liegenden in analoger, seinen eigenen Worten treu entsprechenden Weise zu einer Chronik, zu einer Papstchronik, seine Zuflucht genommen.

Auf diesem Wege wäre die Annahme einer selbständigen Quelle für die in Rede stehenden Nachrichten einigermassen gestützt. Sie könnte sehr wohl auch dem Bruder Salimbene in ihrer ursprünglichen Form, nicht blos in der durch den Zeitbuchschreiber gewonnenen Gestalt vorgelegen sein.

In der That liesse sich mit einer derartigen zusammenhängenden Vorlage auch ein anderer Umstand in wünschenswerthen Einklang bringen. Es ist das Verhältniss Salimbene's und des

---

[1]) Dove, S. 24.

Zeitbuches zu Vincenz von Beauvais. Dass dessen Speculum historiale den beiden Franciscanern in Reggio zur Verfügung stand, wird niemand behaupten wollen. Der Berührungspunkte sind zu wenige. In den meisten Fällen ist die Aehnlichkeit rein sachlicher Natur. Die Berichte sind Darstellungen mehrerer Autoren, welche den gleichen Gegenstand behandeln. So die Erzählung von der Niederlage der Sarazenen in Spanien [1]), die Nachrichten über den Abt Joachim von Fiore [2]). Andere Stellen indess finden sich, in denen irgend eine sprachliche Beziehung zu dem französischen Geschichtschreiber unleugbar ist. Hierfür diene folgendes Beispiel:

Salimb. ed. Parm. 414.	**lib. de temp.** Murat. 8, 1079 B.	**Vinc. Bellov.** P. III, lib. 30, c. 138.
Denique Gregorio multis tribulationibus presso et defuncto (Innocentius IV. . . . Imperatorem deposuit.) (ed. Parm. 8.)	Denique Gregorio multis tribulationibus presso et defuncto (Innoc. p. IV. . . . Imperatorem deposuit.)	Denique idem papa Gregorius multis tribulationibus undique pressus fuit . . . et . . . migravit. (c. 136.)
Ipse (Gregorius IX.) etiam canonizavit beatam Elysabeth, quae fuit filia Regis Ungariae et uxor Langravii Thuringiae [3]),	Eo tempore fuit sancta Helysabeth, filia Regis Ungariae, quae fuit uxor Lantegravii [3]),	His quoque temporibus sancta Elyzabet in alemannia claruit, quam idem papa Gregorius canonizavit . . . Haec filia regis Ungariae conjunx fuit landegravii Thuringiae [3]) . . .
quae inter alia innumera miracula [4]) XVI [5])	quae inter alia innumera miracula XVIII mor-	Inter innumera miracula XVI mortuos

[1]) Ed. Parm. S. 2. Murat. 8, 1078 D. Vinc. Bellov. P. III, lib. 30, c. 2. Das mir zu Gebote stehende Exemplar des Dominicaners ist der schöne und «sehr seltene» (Potthast, Bibl. medii aevi 564) Incunabelndruck Ant. Sorg. Aug. Vind. in mon. SS. Ulrici et Afrae 1474. 3 Bände. Dove's Citate gehen dieser Ausgabe regelmässig um ein Buch voraus.

[2]) Hier können nur in Betracht kommen einerseits lib. de temp. bei Dove S. 43 (es ist der oben S. 137 erwähnte, an Stelle von Murat. 8, 1120 E und 1121 A ausradirte, aber noch lesbare Text), ferner lib. de temp. bei Dove S. 60 (Murat. 8, 1077 D ist der Satz unterdrückt), andrerseits Vinc. Bellov. P. III, lib. 29, c. 40.

[3]) Vgl. Martini Chron. M. G. SS. XXII, 439 ad a. 1226.

[4]) Hier deutet der Parmeser Druck unrichtiger Weise eine Lücke an. S. Clédat, im Annuaire Bd. 3, 165.

[5]) Es ist beachtenswerth, dass Salimbene nur von sechszehn Todten-

mortuos suscitavit et coecum natum illuminavit. De cujus corpore usque hodie oleum effluere videtur.	tuos suscitavit et coecum natum illuminavit; de ejus corpore usque hodie oleum effluere videtur.	potenter suscitavit, cecum natum illuminavit. Repertum est oleum mirifici odoris de corpore ejus emanasse, quod hodie etiam inspicientibus patet.
Ferner: **lib. de temp.** Murat. 8, 1073 B. Eo tempore ... floruit magister Petrus Lombardus Episcopus Parisiensis, qui Libros sententiarum, glossas Psalterii et Epistolarum Pauli utiliter copulavit (!).		**Vinc. Bellov.** P. III, lib. 29, c. 1. Sub quo scl. Ludovico floruit magister Petrus Lombardus Parisiensis episcopus ... Hic librum sententiarum ... utiliter compilavit. Sed et majores glosas psalterii et epistolarum pauli similiter ... collegit et ordinavit.

Für das Jahr, welchem im Zeitbuch dieser Text angehört (1154), kann eine Uebereinstimmung mit Salimbene nicht nachgewiesen werden, da dieser Theil der Handschrift verloren ist. Dies thut indess der Sache selbst nicht den mindesten Eintrag. Denn es genügt vollkommen, die Verwandtschaft zwischen dem lib. de temp. und Vincenz von Beauvais dargethan zu haben, um Beziehungen zu einer etwaigen dritten Quelle Salimbene's und des Zeitbuches herzustellen. Ohne also eine directe Benutzung des Franzosen durch die beiden italienischen Minoriten behaupten zu wollen, da bei aller Identität des behandelten Gegenstandes die Anklänge doch sehr vereinzelt sind, ist doch auf der andern Seite gerade durch die hie und da auftretenden Congruenztexte die Annahme einer gemeinsamen Quelle geboten, der sie entnommen sind. Vincenz von Beauvais gesteht es oft und oft, dass er seine Nachrichten «aus Chroniken» geschöpft habe, so beispielsweise eben das Capitel über die heilige Elisabeth [1]), dessen äussere Anlage folgende ist:

---

erweckungen spricht, wie auch Vincenz von Beauvais. Der lib. de temp. zählt deren achtzehn, und zwar sowohl bei Muratori wie bei Dove (S. 151), welcher die Handschrift selbst sah.

[1]) P. III, lib. 30, c. 136.

De sancta Elyzabet. Ex cronicis.
Capitulum CXXXVI.

Nun folgt der Satz: His quoque temporibus ... canonizavit (s. oben S. 158). Darauf: Ex gestis ejus, mit der Fortsetzung: Haec filia regis Ungariae (s. oben l. c.). Die Erzählung über die Heilige von Thüringen ist also zum grössten Theil ihren gesta entnommen, und diese hat Vincenz von Beauvais in irgend einer Chronik gefunden. Ebenso ist das über den Lombarden erzählte einer fremden Quelle, einer compilirten Chronik entlehnt, wie das eingeschobene «Actor» beweist. Der Druck Dove's scheint dafür «ex cronicis» zu bieten (s. Dove, S. 57).

Könnte nun nicht eine jener Chroniken, welche Vincenz von Beauvais für sein Werk benützt hat, gerade jene Quelle gewesen sein, die auch dem Verfasser des liber de temporibus, eines compendium collectum ex variis cronicis, und dem Fr. Salimbene für die Papstgeschichte bis gegen Ende der ersten Hälfte des dreizehnten Jahrhunderts gute oder üble Dienste leistete?

Nach einer mehr oder weniger problematischen Papstchronik folgt vom Tode Gregor's IX. an bis zum Ende der Regierung Johann's XXI. († 1277) nicht blos für das Zeitbuch, sondern auch für Salimbene Martin von Troppau in dritter Redaction als eine Quelle, aus welcher der Parmese zum Theil wenigstens direct geschöpft hat[1]). Nur das letztere bedarf hier eines Beweises. Im liber de temporibus finden sich die Erzählungen Martin's von Troppau zu den Jahren 1259, 1260 und 1265, ja sogar der Martin'sche Bericht (M. G. SS. XXII, 473) über den Sarazeneneinfall in Spanien 1266, welcher im Zeitbuch bereits nach der Biographie Clemen's IV. erwähnt ist (cf. Murat. 8, 1125 A), als Randnoten, die später, jedoch von derselben Hand zugesetzt wurden. Sie sind nach Dove's Versicherung (S. 67) ein Nachtrag aus Salimbene. Dem Parmesen muss also die Chronik Martins von Troppau selbst vorgelegen sein.

Fortlaufende Textvergleiche würden auch hier das Verhältniss am besten beleuchten. Doch liegt eine Schwierigkeit vor. Es handelt sich um den Nachweis, dass Salimbene den Martin von Troppau nicht bloss aus dem Zeitbuche kannte, sondern dass er ihn selbst benützt hat. Es müssten also der liber de temporibus, die Chronik Salimbene's und ihre genannte gemeinschaftliche Quelle einander gegenüber gestellt werden. Aber den liber

---
[1]) Vgl. Dove, S. 66.

de temporibus kennt nicht jedermann. Er ist in Modena verwahrt; und das Memoriale potestatum Regiensium bei Muratori 8 «darf hinfort niemand mehr für brauchbar erachten» (Dove, V f.), da es Text und Randnoten der Handschrift durch nichts unterscheidet. Nun wäre es aber in der vorliegenden Frage dringend nöthig, zu wissen, was Text und was späteres Beiwerk ist, da gerade das letztere durch seine wenigstens theilweise Abstammung von Salimbene jene Quellenbeziehungen in klares Licht zu setzen geeignet wäre.

In dieser misslichen Lage liess sich trotzdem ein Passus ausfindig machen, welcher dem Bedürfniss in genügender Weise entspricht und, wenn er auch nicht Anfang und Ende der Benützung Martin's durch Salimbene bestimmt, doch soviel beweist, dass der Parmese seinen nordischen Fachmann selbst in Händen hatte. Die Stelle lautet:

Salimb. ed. Parm. S. 249.	**Martini Chron.** codd. 7—11. M.G. SS. XXII, 441 f.	**liber de temp.** bei Murat. SS. 8, 1124 E.
Hic etiam Papa (Clemens IV.) canonizavit Viterbii in ecclesia fratrum Praedicatorum Edroigam, quandam ducissam Poloniae mirae sanctitatis viduam, quae inter alia commendabilia, cum canonizatio ejus per plures annos differetur . . . . . [2])	Hic etiam Papa (Clemens IV.) canonizavit Viterbii in ecclesia fratrum Praedicatorum Edwigam[1]), quondam ducissam Poloniae, mirae sanctitatis viduam, quae inter alia commendabilia, cum canonizatio ejus per plures annos differretur, ipsa procuratori in curia Romana, super eodem negotio cum esset in tristitia, per visum apparuit ac eum de expedicione negocii et etiam de die expeditionis certificavit.	Hic etiam supradictus Papa (Clemens IV.) canonizavit Viterbii in ecclesia fratrum Praedicatorum Edidigam, quandam ducissam Poloniae, mirae sanctitatis viduam.

[1]) In den Handschriften finden sich die Lesarten: edwygam, edungam, ecreriginam, hedwigam, hedewigam. M. G. l. c. in den Noten.
[2]) Glücklicherweise beginnt die Lücke des Parmeser Druckes nicht früher.

Das sind die Berichte der drei Schriftsteller über die schlesische Heilige. Sei es nun, dass der Zeitbuchschreiber seine Nachricht dem Mitbruder in Reggio oder dem Polen entlehnte, jedenfalls lag dem Parmesen dieser selbst vor.

Mit dem Tode Johann's XXI. (1277), beziehungsweise mit der Thronbesteigung Nikolaus' III. schliesst eine Quelle ab, welche dem Bruder Salimbene theilweise den Stoff für die Nachrichten über die Päpste seit Gregor IX. vermittelte. Woher schöpfte er seine Berichte über die nun folgenden Nikolaus III. und Martin IV.? Dove (S. 141; vgl. S. 67 f.) ist der Ansicht, dass der Minorit von Parma hierfür das Zeitbuch benützt habe, dessen Verfasser seinerseits in jenen «beiden Papstleben eins der wenigen eigenen Stücke» dem Leser darbiete. Danach ist also der Autor des liber de temporibus hier einmal selbst Originalquelle für Salimbene. Ueber die Handschrift in Modena gibt Dove die beachtenswerthe Notiz, dass die Vita Nikolaus' III. «ohne Kapitelzahl am Rande stehe, die Biographie Martin's IV. im Texte als zweite Hälfte des Kap. 299; ein Stück davon ist daneben am Rande unter eigener Rubrik ‚Martinus pp. IV.' wiederholt».

Dass nun thatsächlich die beiden genannten Lebensbeschreibungen dem Verfasser des liber de temporibus als dessen Schöpfung angehören, glaubt Dove in folgender Weise erschliessen zu dürfen: «Woher stammen die beiden Papstleben? Aus Salimbene nicht, der über Nikolaus nur eine kurze Betrachtung bringt, welche unser Compilator hernach als Marginalnote copirt hat (Sal. 271 und Mem. pot. Reg. 1143 C—D), und der auch über Martin, wie schon früher[1]) erwähnt worden, nicht so ausführlich ist, wie der Zeitbuchschreiber. Betrachtet man nun die beiden Biographieen, wie sie der letztere bringt, so sieht man deutlich, dass sie einerseits nach Martin'schem Muster fabrizirt, andererseits aber ebenso entschieden franziskanisch gehalten sind, wie Martin's Werk dominikanisch. Martin geht bekanntlich mit der Wahl des Nikolaus zu Ende, und die einfachste Annahme wird sein, dass der Autor des liber de temporibus, in dem wir ja einen Minoriten vermuthet haben, diese Fortsetzung Martin's, wenn man es so nennen darf, selber für sein Werk componirt hat» (Dove S. 67 f.).

Ist diese Annahme wirklich die «einfachste»? Salimbene (ed. Parm. S. 271 f.) bringt über Nikolaus nur eine kurze Betrachtung, heisst es. Das ist sehr zweideutig. Denn ausser diesem

---

[1]) Dove, S. 52.

Passus, den sich der Zeitbuchschreiber allerdings der Hauptsache nach zu eigen gemacht hat, bietet Salimbene über den genannten Papst an zerstreuten Stellen ein recht ansehnliches Material; S. 54. 55. 131. 142. 273. 277. 281. 289. 351. 376. Ob Codex Vat. 7260 sonst noch einschlägige Nachrichten birgt, wird eine vollständige Ausgabe desselben zeigen. Wie gut unterrichtet beispielsweise Salimbene über Nikolaus III. ist und wie ausführlich er stellenweise sein kann, beweist der Umstand, dass sich die neun Cardinäle, deren Ernennung durch den Autor des Zeitbuches allgemein gemeldet wird — nur zwei Minoriten werden im besondern angeführt —, bei Salimbene nahezu sämmtlich bestimmen lassen und zwar nicht blos durch ihre Namen, sondern auch durch eine Reihe der eingehendsten Personalnachrichten[1]). Mit einem Worte: Was der Zeitbuchschreiber über Nikolaus III. bringt, ist theils bei dem Parmesen zu finden und hier nicht selten weit ausführlicher, theils konnte es, sofern ein und der andere Punkt selbst in dem römischen Manuscript des Salimbene nicht enthalten ist, der Autor des liber de temporibus selbst wissen. Das muss vor allem Dove zugeben, der ja die ganze Biographie Nikolaus III. diesem Manne als eigene Arbeit zuspricht. Dass wegen jener Identität der von beiden erzählten Thatsachen der Verfasser des Zeitbuches die Chronik Salimbene's benutzt habe, soll damit nicht gesagt sein. Doch eins lässt sich mit voller Bestimmtheit versichern. Die Vita Nikolaus' III. im liber de temporibus trägt nicht blos franciscanische Färbung, wie Dove selbst zugesteht, sie zeigt auch deutliche Spuren Salimbenischer Auffassung. Hierher gehört der Satz: Toto tempore, quo Cardinalis fuit, nunquam voluit dona suscipere, sicut alii Cardinales; ferner die Notiz: Quidam Anglicus Cisterciensis fuit Cardinalis, qui (dona) recipiebat, sed omnia dabat pauperibus; der versteckte Vorwurf: multos (cardinales) fecit de parentela sua; die Bemerkung, dass Nikolaus III. hohe Summen für die Unterstützung des heiligen Landes aufgebracht habe, dass diese aber von Martin IV. für seine Kriege auf italischem Boden aufgewendet worden seien[2]). Auch der Schlusssatz ist echt Salimbenisch: Item dictus Papa Nikolaus abstulit Rocham de Suriano Comitibus dictae Terrae et Rochae, quia imputata eis fuerunt multa delicta, et hac de causa abstulit eis et dedit dictam Rocham

---

[1]) Ed. Parm. S. 54 f. 222. 271. 272. 281. 317. 351. Vgl. Ciaconius, Vitae et res gestae Pontif. Roman. et S. R. E. Cardinalium, Bd. 2 (Rom. 1677), 221 ff.
[2]) Cf. Sal. ed. Parm. S. 183. 223. 285. 288.

cum territorio dictae Rochae in feudum Domino Ursoni de Ursinis fratri suo pro Ecclesia Romana [1]).

Durch derartige Texte, die allerdings auch aus unbekannter Feder geflossen sein können, unleugbar aber eine Beziehung zur Denkweise Salimbene's bekunden, ferner durch den von Dove constatirten Umstand, dass das Leben Nikolaus' III. ohne Capitelzahl am Rande steht, also nachgetragen wurde, ist eine Vermuthung über den Ursprung dieses Abschnittes nahegelegt. Zweifelsohne handelt es sich hier um eins der vielen Versehen des Zeitbuchschreibers. Die Geschichte Papst Nikolaus' III. hatte er ausgelassen. Er bemerkt den Fehler, vielleicht auf Anregung Salimbene's, der damals schon in Reggio weilte. Das Leben Nikolaus' III. muss am Rande Platz finden und verräth bereits in mehreren eigenartigen Zügen die Inspiration Salimbene's, dessen Chronik allerdings soweit noch nicht gediehen war, der aber in seiner mittheilsamen Art oft und oft Gelegenheit genommen hat, sich mit seinem Confrater über den beiderseitigen Gegenstand ihrer literarischen Musse zu besprechen. So erklärt es sich, dass die Biographie Nikolaus' III. am Rande des Manuscriptes erscheint, dass sie wörtlichen Anklang an die betreffende Darstellung Salimbene's nicht bietet, aber doch in mehrfacher Beziehung die Signatur des Parmesen an sich trägt, dass, wie öfter im Zeitbuch, endlich auch der von Salimbene niedergeschriebene Passus über den genannten Papst noch als Marginalnote auftritt.

Auch die Biographie Martin's IV. ist nach Dove ein Werk des Zeitbuchschreibers [2]). Denn über ihn ist Salimbene «nicht so ausführlich» wie jener (S. 67). Wie unterscheiden sich also die Berichte beider über diesen Papst? Bei Salimbene ed. Parm. 279 fehlt im Eingang der Vita die Angabe des Geburtsortes: (Fuit Gallicus) de Corboliaco, quod est Castrum prope Parisius ad VII leucas [3]). Im übrigen deckt sich der liber de temporibus an

---

[1]) Vgl. Sal. ed. Parm. S. 282. Die angeführten Texte stehen sämmtlich Murat., SS. 8, 1141 C—1142 A.

[2]) Diese Vita Martins' IV. wurde von Dove unter die Annalen von Reggio (1273—1281) aufgenommen, welche der Zeitbuchschreiber selbst zusammengestellt haben soll. Sie ist in Klammern eingeschlossen (S. 207 f.). Dove erklärt sein Verfahren in einer merkwürdigen Note (S. 208). Warum wurde doch das Leben Nikolaus' III., das ja nach Dove auch vom Verfasser des lib. de temp. herrührt, nicht gleichfalls, also etwa auf S. 199 oder 201, in die Beilage B eingetragen? Dass sie im Manuscript am Rande steht, kann nicht entscheidend sein; entscheidend ist einzig ihre Provenienz.

[3]) Murat. SS. 8, 1149 C; s. Dove, S. 52.

der von Dove bezeichneten Stelle genau mit der Darstellung des Parmesen, nur dass der Zeitbuchschreiber hie und da ein Wörtchen vermissen lässt, zweimal ein etiam, ein hic und was schon bedenklicher ist, von dem Relativsatz: quos etiam tenebat secum ad habitandum, wie Salimbene sagt, fehlen im Zeitbuch die letzten zwei Worte.

Was nun die Localnotiz im Eingang der Vita Martin's IV. betrifft, so war es zum vorhinein für Dove durchaus nicht erwiesen, dass dieselbe nicht in der ihm damals unbekannten römischen Handschrift steht, obwohl auch die ed. Parm. an der betreffenden Stelle den Eindruck erweckt, dass ihr Text vollständig sei[1]). Das gute Glück wollte es, dass im gegebenen Falle Parmeser Druck und Cod. Vat. 7260 übereinstimmen[2]). Der Zusatz findet sich auch in Salimbene's römischer Handschrift nicht. Was folgt daraus? Absolut nichts. Der Zeitbuchschreiber konnte ihn sehr wohl selbst beifügen. Von ihm stammt ja nach Dove nicht blos diese kurze Notiz, sondern die ganze Biographie Martin's IV.

Nach dem Gesagten ist das Argument[3]) Dove's thatsächlich auf folgende Form zurückzuführen: Die Biographieen Papst Martin's IV. bei Salimbene und bei dem Verfasser des liber de temporibus decken sich, mit Ausnahme eines Zusätzchens, das bei dem Parmesen nicht steht. Dieses Sätzchen kann aber der College Salimbene's nicht selbst dazugegeben haben. Also hat ebendieser Zeitbuchschreiber die ganze Vita Martin's IV. selbst verfasst. Was sagt die Kritik zu solcher Beweisführung?

Was ferner an sich nicht zu urgieren ist, auf Dove aber nach mehrfachen ähnlichen Vorgängen seinen Eindruck nicht verfehlen darf, ist folgendes: Salimbene (S. 259) sagt von Martin IV.: De collegio cardinalium fuit assumptus; prius dicebatur dominus Symon. Das ist verständlich. In dem liber de temporibus des Codex Estensis stehen diese Worte vollkommen gleichlautend mit einziger Ausnahme des prius, wofür die Handschrift primus[4]) liest. Sollte Dove nicht geneigt sein,

---

[1]) Vgl. Clédat, Annuaire, Bd. 3, 164 ff.
[2]) Ich verdanke diesen Aufschluss einer brieflichen Mittheilung des Herrn Dr. Holder-Egger, dat. 1887 Sept. 6. Uebrigens bietet der Cod. Estensis an der gedachten Stelle nicht Corbeliaco, wie nicht blos Muratori, sondern auch Dove S. 52 schreibt, sondern Corboliaco; Holder-Egger ebd.
[3]) S. 67.
[4]) Muratori, SS. 8, 1149 C, hat dafür die Correctur «primo». Die im Texte verwerthete Notiz entnehme ich gleichfalls den liebenswür-

auch an dieser Stelle «das thörichte Versehen eines nachlässigen Copisten» (S. 68 f.) entdecken zu wollen? Dann aber wäre die Vita Martin's IV. nicht mehr ein Werk des Zeitbuchschreibers, sondern muss als ein entlehnter Passus betrachtet werden. Ist dies einmal zugestanden, dann kann nur Salimbene als Vorlage in Rechnung kommen.

Am schwersten fällt in die Wagschale, dass Salimbene ausser jenen Nachrichten über Martin IV. auf S. 279 f. nicht viel später (S. 281 ff.) einen sehr interessanten und ziemlich ausführlichen Excurs zur Geschichte eben dieses Papstes bringt. Das ganze hat mit einigen Mängeln und Lücken der Verfasser des Zeitbuches einfach abgeschrieben, wie Dove selbst nach seiner Hypothese S. 52 f. zugeben muss.

Und Salimbene ist über Martin IV. «nicht so ausführlich» wie der Zeitbuchschreiber? In der That, diese Worte sind unverständlich. Denn der erste Theil der Erzählung beider deckt sich in schönster Weise — der Zusatz de Corboliaco ... kann doch wahrlich nichts beweisen —, und was das Zeitbuch sonst noch über den Papst bietet, ist aus Salimbene.

Mithin dürfte der Vorgang etwa so aufzufassen sein. Der Parmese beginnt nach glaubhafter Annahme 1282 sein Geschichtswerk. Er arbeitet rasch. Am 23. Juni des Jahres 1284 steht er bei den Ereignissen von 1250; am 14. September 1284 hat er das laufende Jahr selbst erreicht (S. 298). In die Zwischenzeit der beiden genannten Monatstermine fällt also auch die Behandlung der Jahre 1277—1280. Während nun sein historisierender Mitbruder die Geschichte Nikolaus' III. nachträgt (Murat. 8, 1141 C—1142 A), war der Parmese ihm gegenüber noch im Rückstand, konnte indess jenem so manchen Wink geben für die Geschichte dieses Papstes. Der Zeitbuchschreiber ist ein gelehriger Mann. Immer deutlicher treten die Einflüsse Salimbene's hervor. Auch die Darstellung des liber de temporibus wird allmählich lebendiger, subjectiver. Salimbene schreitet frisch voran, und als sein Confrater die Zeichnung Martin's IV. in Angriff nahm, da lag ihm bereits die Arbeit seines Collegen vor. Er schreibt sie ab, und zwar noch im Jahre 1284 (oder Anfang 1285), was aus dem späteren Gebete für den noch als lebend

---

digen Eröffnungen Dr. Holder-Egger's. Es ist kaum nöthig zu bemerken, dass ich für sämmtliche an die gütigen Aufschlüsse über die Handschriften geknüpften Folgerungen lediglich selbst einzutreten habe, es sei denn, dass, wie in dem einzigen Falle oben S. 135, das Gegentheil ausdrücklich gesagt ist.

eingeführten Karl von Anjou erhellt [1]). Das gleiche mühelose Verfahren des Copierens beobachtet der Verfasser des Zeitbuches mit grosser Consequenz für die Folgezeit. Ja er findet, dass Salimbene's Chronik auch für die früheren Partieen manche ansprechende Notiz liefert. So entfloss eine grosse Zahl der von Dove charakterisirten Randnoten im liber de temporibus. Als letzte derselben bezeichnet der genannte Gelehrte (S. 46) die Bemerkung, welche bei Muratori 1145 D den Parmesen nur unvollkommen wiedergibt.

Doch gerade diese Randnote scheint die gegebene Erklärung vollständig zu nichte zu machen. Denn sie gehört zu dem Jahre 1279 — und Salimbene soll das Jahr 1277 nicht vor seinem Mitbruder erreicht haben? Keineswegs; denn Salimbene und seine Chronik sind nicht identisch. Für den nachzuholenden Nikolaus III. (1277—1280) konnte er dem Zeitbuchschreiber nur durch mündliche Andeutungen behilflich sein. Inzwischen arbeitet er rüstig weiter. Für Martin IV. liefert er bereits das Material. Sein College trägt am Rande auch früheres nach, zuletzt ad a. 1279.

Hiermit ist eine fernere Abweichung von Dove gegeben. Dieser ist nämlich der Ansicht, dass Salimbene dem Texte des Zeitbuchschreibers erst von 1282 an [2]) zu Grunde liege (S. 52 f.). Er schliesst diess mit Wahrscheinlichkeit aus dem bei Salimbene fehlenden, oben erwähnten Zusatz de Corboliaco ... Noch einmal: Der Zeitbuchschreiber konnte die ganze Biographie Martin's IV. selbst componieren, aber diese Localnotiz derselben Vita unter der Voraussetzung, dass sie entlehnt sei, nicht beisetzen? Genug. Die Biographie Martin's IV. (1281 Febr.—1285 März) darf nach dem Gesagten als ein Werk Salimbene's gelten [3]). Der Text des liber de temporibus gibt mithin den Wortlaut des Parmesen nicht erst für 1282, sondern bereits für 1281 wieder [4]).

Dadurch nun, dass dem Zeitbuchschreiber auch diese zwei Papstbiographieen abgesprochen werden, kann kaum noch eine erhebliche Partie seine Buches als das gesicherte geistige Eigen-

---

[1]) Muratori, SS. 8, 1149 C u. D; 1158 B.
[2]) D. h. von der Darstellung dieses Jahres an.
[3]) Wenn es begreiflich ist, wie Dove das Leben Nikolaus' III. dem Zeitbuchschreiber als geistiges Eigenthum überlassen konnte — nur ist die Grundlage seiner Beweisführung hinfällig —, so bin ich ausser Stande, auch nur einen Schein von Berechtigung dafür zu finden, dass der Autor des lib. de temp. die Biographie Martin's als sein Werk in Anspruch nehmen soll.
[4]) Vgl. oben S. 155.

thum des Mannes gelten. Denn die annalistischen Nachrichten über Reggio von 1273—1281, welche Dove ihm als Frucht selbständiger Thätigkeit beilegt, hat Scheffer-Boichorst[1]) mit guten Gründen als eine Compilation beleuchtet. Auch eine Papstchronik ist als Vorlage für das letzte Jahrhundert, bevor Martin von Troppau eintritt, wahrscheinlich gemacht. Es gilt also nicht blos im positiven, sondern auch in streng exclusivem Sinne das Wort Dove's: «Unzweifelhaft von eigener Mache des Compilators sind nur die Rubriken, Ueberschriften und der Index» (Dove, S. 26). Der Mann hat sein Wort eingelöst: Breve compendium collectum ex variis cronicis. Eine solche Chronik war die Salimbene's, und wo sie noch nicht ausreichte, der Chronist Salimbene selbst.

Alle im vorstehenden nicht genannten Vorlagen des Parmesen, der auch in Bezug auf historische Partieen von 1281 an im ganzen grossen originell schrieb, tragen das Zeichen ihrer Abkunft meist an der Stirn, so z. B. eine mit den Worten «ut repperi in veteribus chartis» (ed. Parm. S. 10) belegte urkundliche Notiz über den Namen seiner Familie, eine beträchtliche Masse landschaftlich-historischer Nachrichten, Feldzugsbeschreibungen aus fernliegenden Jahren, Theuerungspreise, die aus schriftlichen Vorlagen herübergenommen sein müssen (Dove, S. 6), Entlehnungen aus Flavius Josephus (S. 53 der ed. Parm.), aus Gregor dem Grossen (S. 85), Paulus Diakonus (S. 86), ein in der ganzen Christenheit bekannter Brief des Patriarchen von Jerusalem (S. 60 f.), das Schreiben des Mongolenchans an Papst Innocenz IV. (S. 84 f.), das Document Karl's von Anjou (S. 294 ff.), ein Parmeser Notizblatt (S. 342 ff.) vorwiegend baugeschichtlichen Inhalts. Dove hat dasselbe als fast gleichlautend mit den Annales Parmenses minores (M. G. SS. XVIII, 664 ff.) erkannt[2]).

Historische Quellen, welche der Chronist verwerthet, lagen ihm indess nicht immer schriftlich vor. Gar nicht selten geschieht es, dass ihm nachweislich das Gedächtniss den Stoff liefern muss, dessen Lectüre ihn vor einer langen Reihe von Jahren beschäftigte. Dies dürfte mit den Erzählungen der Fall sein, welche ursprünglich dem liber pontificalis von Ravenna angehören[3]). Es mag dies an einem Beispiele ersichtlich gemacht werden. Zugleich wird dasselbe Salimbene's Behandlungsweise gegenüber einer fremden Materie beleuchten, die ihm nur noch in der Erinnerung gegenwärtig war. Die Vermuthung ist sicher

---

[1]) Jenaer Literaturzeitung, 1874 Nr. 30 S. 456; s. oben S. 139.
[2]) Dove, S. 142.
[3]) Vgl. oben S. 60.

vollkommen glaubhaft, dass er den liber pontificalis von Ravenna in ebendieser Stadt gelesen hat, wo er sich um das Jahr 1265 befand und fünf Jahre aufhielt (s. oben S. 56 ff.). Ein Text, den der Minorit in jener Zeit, also vor etwa fünfzehn Jahren, vor sich hatte, und seine Wiedergabe in der Chronik sollen mit einander in Vergleich treten.

Agnelli, qui et Andreas, **liber pontificalis** ecclesiae Ravennatis, ed. Holder-Egger, M. G. Script. rerum Langob. et Ital. saecl. VI—IX (Hannoverae 1878) S. 383 f. Vgl. Migne, Patrol. Lat. t. 106, 737 B u. C.	**Salimbene** ed. Parm. S. 409.
Et venit in illis diebus Carolus, rex Francorum, Ravennae et invitatus, ut ibidem epularet, gratanter venit. Dixerunt enim sacerdotes suo pontifici: Domine retine simplicitatem tuam et cave, ne aliqua loquaris, quae apta non sint. Quibus ille respondit: Non, filii, non, sed oppilo os. Cumque comederent et biberent, coepit pontifex rogare regem dicens: Pappa, Domine mi rex, pappa; et admiratus rex interrogavit dicens: Quis est hic sermo, quem vates loquitur, pappa, pappa? Tunc de circumstantibus sacerdotibus dixerunt ei: Non attendat Dominus noster rex, quod aliqua injuria aut illusionis sint verba, sed suasionis. Vir iste servus et orator vester magnae simplicitatis est; sed sicut mater, quae blandit filios suos et prae nimio amore suadet, ut aliquid comedant, ita et ista magna clementia postulatus est vestram clementiam, ut comedatis et jucundemini. Tunc rex palam	Nota, quod in pontificali Ravennae frequenter legi, quod quidam archiepiscopus ravennas ad tantam devenerat senectutem, quod verba puerilia loquebatur; nam factus fuerat cum puero puer. Cumque magnus Karolus Imperator venturus esset Ravennae et cum eo pransurus, rogaverunt eum clerici sui, ut propter honestatem ostendendam et bonum exemplum dandum coram magno Imperatore a levitatibus abstineret. Quibus ipse dixit: Bene dicitis, bene; et ego ita faciam. Cumque juxta se sederent ad mensam, tetigit familiariter archiepiscopus manu sua scapulas Karoli dicens: pappa, pappa, domine Imperator. Cum autem imperator quaereret ab astantibus, quid diceret, dixerunt ei, quod prae nimia senectute modo puerili invitabat vos ad comedendum. (fehlt nichts) Tunc Imperator alacri vultu am-

omnibus imperat silentium, vocem erupit dicens: Ecce vere Israelita, in quo dolus non est. | plexatus est eum dicens: Ecce vere Israelita, in quo dolus non est[1]).

Die gewaltige Masse historischen Stoffes ist nun nach der Weise des Parmesen durchflochten und durchwoben von weitschweifigen, oft höchst ergötzlichen Reflexionen, von den buntesten persönlichen Erinnerungen, die ihm bei seinem ausserordentlich starken Gedächtniss reichlich zuflossen, von herbeigetragenen mündlichen Berichten, die er denn auch mit seinem stereotypen: ut audivi ab ore N. einleitet, von Bibeltexten und ihren schiefen Deutungen, von Citaten aus classischen Autoren und aus mystischen Schriften, von satirischen und humoristischen Poesieen, vor allem von Weissagungen, die ihm die Propheten des alten Testaments, aber nebenher auch die «Erythreische und Tyburtinische Sibylle»[2]), unter seinen neuen Propheten namentlich Merlin, Michael Scotus und der unvermeidliche Joachim von Fiore liefern müssen.

Die kritische Analyse eines jeden Schriftstellers hat den Endzweck, ein Urtheil über den Werth seiner Leistung für die Geschichte der von ihm behandelten Zeit zu ermöglichen. Es erübrigt also noch die Antwort auf die Frage: Welchen Gewinn zieht im allgemeinen der Historiker aus der Chronik des Minoriten von Parma? Mit Uebergehung alles dessen, was einer ferneren Zeit angehört, wofür mithin Salimbene seine Zuflucht zu fremden Hilfsmitteln nehmen musste, mit Uebergehung auch jener Theile seiner Chronik, welche die ihm besser oder minder verbürgte Geschichte entlegener Gebietstheile behandelt, soll hier einzig das in Betracht kommen, wofür der Parmese entweder selbst Augenzeuge ist oder doch die Nachrichten von Personen

---

[1]) Zwei Züge (archiep. tetigit scapulas ... und Imp. amplexatus est eum) sind im lib. pont. nicht ausdrücklich erwähnt, passen aber recht gut zu dem in der Quelle entworfenen Bilde des Kaisers und des Bischofs Gratiosus.
[2]) S. 167. Nach Salimbene gab es zehn Sibyllen. Jene zwei kannte er nach ihren Schriften. Unter die Zahl derer, welche zukünftige Dinge vorhergesagt haben, rechnet Salimbene in einem Athemzuge folgende: Joachim, Merlin, Methodius, die Sibylle, Isaias, Jeremias, Oseas, Daniel, den Verfasser der Apokalypse und Michael Scotus, den Astrologen Friedrich's II. (S. 284). Vgl. Dove, S. 142.

einziehen konnte, deren Werth als Zeugen er unschwer zu beurtheilen vermochte.

Es hat sich gezeigt, dass Salimbene in Bezug auf Dinge dieser Art gar nicht selten im Widerspruch mit der Wahrheit steht. Die Erzählung von der Abkunft Kaiser Friedrich's II., das an der einen Stelle (S. 391) unrichtig angegebene Verwandtschaftsverhältniss zwischen dem Kaiser und Peter von Aragonien [1]), die allerdings sehr begreifliche Behauptung eines zweimaligen Generalates für Fr. Elias von Cortona (S. 402. 404)[2]), die Zeichnung des Bischofs Roland Taberna (s. oben S. 71 f.), die Angaben über den Ausgang Conrad's IV., der seinen Vater nur einige Tage überlebt haben soll (S. 82. 225. 244. 245), der Ansatz für Salinguerra's Tod (vgl. Dove, S. 70)[3]) — alles dies scheint das Ansehen des Minoriten nicht zu empfehlen.

Dazu kommt ein anderer Umstand. Salimbene ist sehr subjectiv, leicht erregt, schnell begeistert, aber auch schnell verstimmt, er ist der ergebenste Freund, aber auch der glühendste Feind. Seine Parteinahme ist feurig; so gegen die Franzosen, stellenweise gegen die Parmesen, gegen den Weltklerus. Für den hochverehrten «heiligen» Propheten von Fiore kennt er keinen andern Affect als den des Ersterbens, Dinge, welche wohl geeignet sind, die erzählten Thatsachen in einem falschen Lichte erscheinen zu lassen und die historische Treue des Chronisten in Zweifel zu setzen.

Aber Salimbene hat andere Eigenschaften, die seinen Werth als Geschichtschreiber begründen, um so mehr, da sie selbst das Correctiv bieten für jene Partieen, wo fremdartige Beweggründe das Urtheil des Mannes bestimmt haben. Salimbene ist offen und ehrlich. Sind die von ihm überlieferten Thatsachen auch nicht immer reinste Geschichte, so ist doch seine Darstellung stets der wahrste Ausdruck seines Denkens und Fühlens; und es will schon etwas bedeuten, wenn man einem Historiker nachsagen kann, dass er, wenn auch unwahr, doch nie zum Lügner geworden ist. Salimbene redet, wie er denkt, verheimlicht auch die letzten Triebfedern seiner Wünsche und Leidenschaften nicht[4]). Gerade darum ist es nicht zu

---

[1]) S. 399 ist die Angabe richtig.
[2]) Vgl. Josef Felten, Papst Gregor IX, S. 227 Anm. 4 und Ehrle, Zur Quellenkunde der älteren Franciscanergeschichte I, in der Zeitschrift für kath. Theologie Bd. 7 (1883) S. 339 Anm. b.
[3]) Auf andere Punkte hat Julius Ficker in seinem Regestenwerke hingewiesen.
[4]) Nur in diesem Sinne hat P. Jeiler Recht, wenn er (Kirchen-

schwierig, das subjective Beiwerk von den erzählten Thatsachen loszulösen. Der Chronist hat zudem einen gewissen natürlichen Drang, sich möglichst klar zu werden über die Vorgänge der grossen und kleinen Welt. Wo er nicht persönlich zugegen sein kann, zieht er Erkundigungen von unterrichteten Persönlichkeiten ein. Ein gutes Gedächtniss und eine glückliche Mittheilungsgabe unterstützen ihn.

Der grosse B. G. Niebuhr hat es als zwei Hauptaufgaben des Historikers bezeichnet, zunächst aus dem Text der Quelle mit Ausscheidung alles dessen, was der Anschauung des Berichterstatters angehört, die Thatsache rein und unvermischt herzustellen, sodann die Vergangenheit möglichst getreu und lebensfrisch in die Gegenwart zu projiciren. Das letztere hat Fr. Salimbene bei seiner Art der Darstellung jedem, der sein Buch zur Hand nimmt, sehr erleichtert. Aber auch die Lösung der ersten Aufgabe kann bei Benutzung eines Autors nicht zu schwer fallen, welcher die persönlichen Einflüsse, die seine Arbeit erfährt, selbst so klar ausspricht. So ist denn unter Voraussetzung kritischen Gebrauches Fr. Salimbene für das dreizehnte Jahrhundert thatsächlich «eine der werthvollsten Quellen» (Wattenbach). Im besondern hielt Böhmer[1]) eine Geschichte des Lombardenbundes, welche auf die damals noch ungedruckte Chronik des Parmesen verzichten müsse, für entschieden verfrüht, und Dove[2]) nennt die Leistung des Franciscaners in Bezug auf gleichzeitige Geschichte seines Ordens eine «Originalquelle ersten Ranges.»

---

lexikon I², 1400) sagt, Salimbene sei ein «durch rücksichtslose Wahrheitsliebe ausgezeichneter Franciscaner» gewesen.

[1]) Bei Janssen, Bd. 2, 532.
[2]) Doppelchronik, S. 5.

Personenregister.

Adamo de 6.
Adelasia 10.
Aegidia, Salimbene's Schwester 10.
Affò und Affò-Pezzana 2. 3. 52. 62. 63. 65. 85. 88. 136.
Agnellus 169.
Agnes, Salimbene's Nichte 10. 77.
Albert Cremonella 11. 54.
Albert Rezzato, Bischof 103.
Albinus 102.
Alexander III. 110. 145.
Alexander IV. 52. 110. 112.
Almiramamolintus 126.
Amati 90.
Andreas Fr. 7.
Anselm Fr. 25.

Balianus de Sydone 6. 7.
Baratti 10.
Barbieri 3. 136.
Bartholomäus Fr. von Mantua 59.
Bartholomäus Fr. von Parma 34. 36.
Benedict Fr. 103.
Bernhard, ein Verwandter P. Innocenz' IV. 27. 118.
Bernhard Oliverii de Adam 118.
Bernhard Podesta 61.
Bernhard Fr. von Quintavalle 17. 18.
Bertani 2. 127.
Berthold von Regensburg 103. 104. 116.
Biondo 2.
Böhmer 3. 26. 70. 81. 85. 91. 95. 136. 172.
Bonaventura hl. 2.
Boncompagno de Prato Fr. 75.
Bonelli 2. 90.

Bonifatius Fr. 69.
Bonifatius von Montferrat 131.
Bonusdies Jude 68.

Cantarelli 4. 93. 94.
Ceriani 90.
Clarus Fr. 24.
Clédat 4. 8. 10. 22. 66. 73. 75. 77. 86. 89. 93. 130.
Clemens IV. 61. 110. 113. 161.
Clerici 4. 65.
Conrad IV. 82. 89. 109. 120. 171.
Conrad von Monferrat 131.
Conradin 57. 82. 109. 113.

Denifle 92.
Dionysius hl. 15.
Dominicus hl. 73.
Dove 2. 3. 32. 62. 64. 65. 74. 77. 79. 85. 95. 127 ff.

Ehrle 88.
Elias von Cortona 11—17. 51. 80. 82. 97. 171.
Elisabeth hl. von Thüringen 158.
Elisäus 40. 51.
Enzio 26. 27.
Ermengarda 7. 8.
Esdras 54.
Ezzelino da Romano 27. 50. 52. 53. 60. 81. 82. 100. 123.

Ficker J. 26. 109. 171.
Flos Olivae 68. 71.
Favius Josephus 168.
Fontana 50. 52. 53. 55—58. 60—62. 69. 107.

Franciscus hl. von Assisi 15. 17. 18. 20. 73.
Friedrich I. Barbarossa 1. 145.
Friedrich II. Kaiser 1. 6. 10—13. 17. 19. 26. 27. 29. 30. 32. 35. 45. 47. 50. 59—61. 78. 81. 82. 93. 95. 98. 109—111. 114. 119. 123. 141—143. 147. 171.

Gabriel Fr. 35.
Gams 55.
Gatharola 16.
Gebhart E. 4. 19. 40. 52. 66. 73.
Gerard de Canale 29.
Gerard de Cassio 6. 7.
Gerardin von Parma 50.
Giberto da Gente 54. 56.
Girard von Borgo San Donnino 34. 52—54. 80. 98.
Girard von Modena 9—11.
Gregor I. der Grosse 168.
Gregor VII. 1.
Gregor IX. 1. 17. 19. 110—112. 144. 158.
Gregor X. 51. 69. 73. 113.
Gregor von Montelongo 27. 28. 100.
Gregorovius 68.
Grenones 6.
Guido de Adamo jun., Salimbene's Bruder 10. 11. 13. 17. 25. 30. 58.
Guido de Adamo sen., Salimbene's Vater 6: 10. 12—15. 17. 21. 23. 29. 30.

Haymo Fr. 13.
Hedwig hl. 161.
Heinrich Fr. 16. 17. 101. 111.
Heinrich IV. deutscher König 1.
Heinrich V. Kaiser 1.
Heinrich VI. Kaiser 106. 151.
Heinrich Raspe 142. 143.
Heinrich Testa von Arezzo 26.
Henzola Guidolin von 8.
Henzola Jacob von 8.
Höfler 2. 81. 86. 104.
Holder-Egger 4. 5. 86. 87. 90. 92. 129—131. 135. 136. 166. 167.
Honorius III. 110. 153.
Honorius IV. 68. 73. 141.
Hugo Fr. 18. 19. 39—43. 45. 98. 101. 111. 121.
Humilis Fr. 13.

Illuminatus Fr. 17.
Imelda, Salimbene's Mutter 6. 7. 13. 21. 23. 30.
Innocenz III. 93. 95. 110. 142. 144. 151.
Innocenz IV. 18. 26. 27. 29. 30—32. 35. 43. 45. 46. 50. 78. 101. 110—112. 142. 144. 168.

Jacob Colonna 58.
Jacobinus Fr. 9.
Jeiler O. s. Fr. 171.
Jeremias Fr. 12.
Jeremias der Prophet 54.
Joachim von Fiore 4. 18—20. 34. 39—43. 50. 52. 56. 59. 74. 82. 121. 131. 137. 158. 171.
Johann von Parma 38. 39. 42. 43. 45—47. 59. 60. 98. 111. 112. 114.
Johann von Planum Carpi s. Piano di Carpine.
Johann von Procida 89.
Johann von Vicenza 9. 104.
Johanninus Fr. 28. 42—44. 47.

Karakosa, Salimbene's Schwester 10.
Karl von Anjou 38. 57. 106. 110. 113. 114. 123. 168.
Karl der Grosse 169.

Latinus Cardinal 105.
Ledos 89.
Lorenz O. 32. 79. 90.
Ludwig IX. hl. 34. 36—39. 71. 79. 105. 106. 111. 112.
Lukas Fr. 104.

Mabilia 104.
Malaguzzi-Valeri 137.
Manfred 82. 89. 110. 112.
Manfred, Salimbene's Schwager 10.
Mansi 55.
Maria, Mutter Gottes 13. 23. 73.
Maria, Salimbene's Schwester 10. 30.
Marini 88—90.
Martha hl. 42.
Martin IV. 114. 115. 163—165.
Martin Bischof von Mantua 58. 59. 103.
Martin von Fano 52.
Martin von Troppau 109. 136. 144. 160.
Mathilde, die grosse Gräfin 10.

Matteo Rosso 68.
Matulinus 61. 62.
Mercur 122.
Monferrat 131 ff.
Moses 54.
Münter 68.
Muratori 2. 3. 124 ff.
Mussafia 3.

Nantelmus Fr. 45.
Nazarius 68. 70. 71.
Niebuhr B. G. 172.
Nikolaus III. 97. 114. 162—164.
Nikolaus IV. 66.
Nikolaus, Salimbene's Bruder 10.
Novati 4. 18. 51. 86. 92. 93. 102.

Obizzo II. 66.
Octavian Cardinal 31. 67. 100. 111.
Oddo Cardinal 38.
Ognibene 7—15. 23.
Otto IV. 93. 110. 142.

Pabst 94.
Papencordt 86. 90.
Pateclus 51.
Paulus Diakonus 168.
Pegna Franz 88.
Peregrinus Fr. 57.
Peter von Aragonien 110. 114. 171.
Peter Cardinallegat 131—133.
Petrus Lombardus 39. 40. 159.
Petrus O. M. 63.
Petrus O. Pr. 41.
Pezzana s. Affò.
Philipp Fontana s. Fontana.
Philipp von Schwaben 151.
Piano di Carpine 32. 33. 78. 109. 111.
Pinottus 73.
Pontius Fr. 44. 45.
Primas canonicus coloniensis 70. 100.

Raumer F. v. 2.
Raymund Fr. 42.
Raynald Fr. 17.
Rechelda 10.
Reggi 88.
Reumont 68.
Reusch 91.
Richard von St. Bonifaz 27.
Richard Fr. 25.

Rigaud Erzbischof 70.
Roland Taberna Bischof 71—73. 171.
Rossi de 91. 146.
Rubens Hier. 55.
Rudolf von Habsburg 1. 109. 113. 114. 115. 141—143.
Rudolf Fr. 20.
Rufinus Fr. 28. 46. 47.

Saint Priest 89.
Salimbene (Ursprung des Namens) 15.
Salinguerra 171.
Sanvitali 88.
Savelli Cardinal 88.
Savioli 88.
Scheffer-Boichorst 94. 130 ff.
Sbaralea 2.
Schelling 56.
Schirrmacher 85. 136.
Segalelli 80. 88.
Sermoneta 90.
Sicard 124 ff.
Sigonio 2.
Simon de Montesarculo Fr. 45.
Sosfredus Cardinallegat 132.

Tabarrini 3. 65. 136.
Theodorich Erzbischof 103.
Thomas Beket hl. 149.
Tiraboschi 88. 89.
Torribia 88.
Traversari 96.

Ughelli 72.
Urban IV. 56. 57. 60. 63. 69. 112.

Vatazzes 46.
Vincenz von Beauvais 158 ff.
Vita Fr. 16.
Vitalis Bischof 25.

Wadding 88.
Waitz 136.
Wattenbach 76. 172.
Wilhelm von St. Amour 119.
Wilhelm von Monferrat 131.
Wilhelm von Pedemontis Fr. 45.
Wilhelm Fieschi, Cardinal 31.
Wilhelm von Holland 142. 143.
Wilpert 146.
Winkelmann E. 136. 139.

www.ingramcontent.com/pod-product-compliance
Lightning Source LLC
Chambersburg PA
CBHW020244170426
43202CB00008B/219